徐志摩（1896-1931），詩人、散文家。曾與胡適等人在上海創辦《新月》月刊，這是他送給胡適的照片。（香港商務印書館提供）

（上）徐志摩與張幼儀的二哥法學家張君勱。

（下）1918年，徐志摩經由張君勱介紹拜梁啓超為師。

1920年，「中國第一才女」林徽因與父親林長民在英國遊學。同年，徐志摩與她在倫敦相遇。

（上）徐申如夫婦和與他們過從甚密的張幼儀大姊夫婦。

（下）1918年，18歲的張幼儀摟著長子徐積鍇。

（上）**1921**年，徐志摩與張幼儀在歐洲拍攝的第一張合影。
（下）徐志摩的長子徐積鍇與奶奶在硤石老家門口。

（右上）徐志摩的父親徐申如先生。
（左上）徐志摩的母親錢穆英女士。
（左圖）志摩的誕生地：硤石保寧坊
老屋。

（上）就讀於杭州一中時的徐志摩。

（下）1919年，徐志摩留學美國時寄給父母的紀念照片。

KINGS COLLEGE,
CAMBRIDGE.

Nov 7, 1921

Dear Mr. Russell:

Mr Ogden spoke of his project of commencing an International Philosophy Series and also mentioned your recommendation of translating Mr. Su Hu's 'Principles of Chinese Philosophy'. I quite agree that Mr Hu is among the best qualified on this subject and his book is one of the valuable studies in recent years, distinguished alike for his independence of judgment and careful analysis. It would be a good thing altogether if Mr Hu could undertake himself

（上）1920年9月，徐志摩放棄唾手可得的哥大博士學位，前往英國欲跟從一生崇拜的英國大哲羅素學習。圖為羅素夫婦。

（下）1921年，徐志摩致羅素信函。

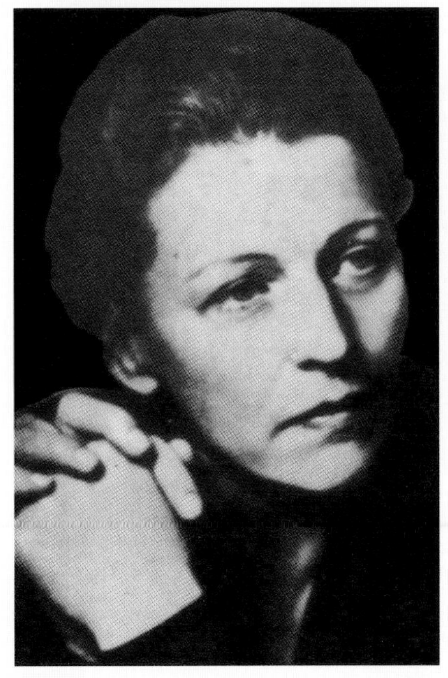

（上）1925年，徐志摩第二次歐遊期間曾拜訪《黛絲姑娘》作者哈代，並譯介他的詩作。

（下）1924年，賽珍珠（1938年諾貝爾文學獎得主）初識徐志摩，對他激賞不已；徐志摩去世前一天曾去拜訪他們夫婦，並送她《猛虎集》。曾有記載，她曾愛慕徐志摩。

（右上）摯友胡適。徐志摩曾和他及友人們共組新月社、新月書店、《新月》月刊；時人稱胡適是新月的領袖，徐志摩是新月的靈魂。

（左上）郁達夫以小說聞名，是徐志摩的杭州一中同學兼文友。

（下圖）散文名家梁實秋，曾邀徐志摩到清華演講。

（右上）文學家夫婦陳西瀅與凌叔華（約攝於1927年）都是徐志摩的知己。

（左下）詩人聞一多，與徐志摩共編《晨報副刊·詩鐫》、《詩刊》等。

（右下）哲學家金岳霖，是徐志摩的好友。

1924年，徐志摩、林徽因等人合演泰戈爾劇作《齊特拉》為泰戈爾祝壽，此合照被當時報紙喻為松（泰戈爾）、竹（徐志摩）、梅（林徽因）「歲寒三友圖」。

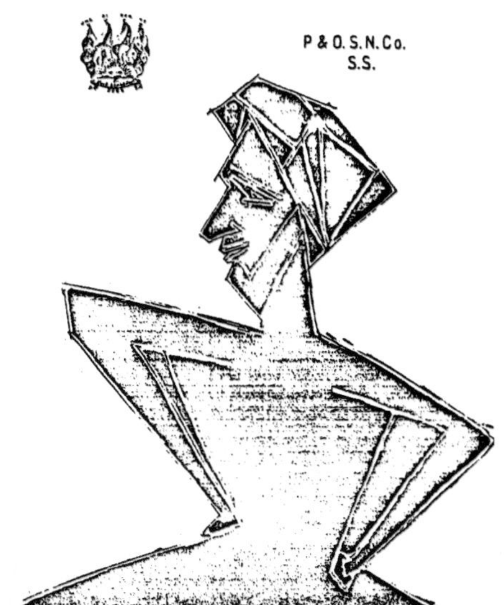

（上）泰戈爾的鋼筆漫畫，刊於《新月》月刊。

（下）泰戈爾的秘書、徐志摩的好友恩厚之，與夫人在英國建立實驗農莊達廷頓莊，曾匯款支助徐志摩在中國實踐泰戈爾訪華時擬於山西建立印度式農村建設的計畫。

1924年，印度詩人泰戈爾來華訪問演講，徐志摩擔任多場的翻譯者，是引介泰戈爾作品至中國的功臣，兩人交深莫逆。右起為徐志摩、林徽因、泰戈爾、恩厚之、林長民（右5）、梁思成（左1）。

泰戈爾訪華期間，與徐志摩（右二）、胡適（右三）等人攝於蔣百里（徐志摩表叔）上海家中。

（右上）丁玲與胡也頻1927年在北京；1931年，沈從文曾透過徐志摩營救胡也頻，並支助丁玲母子返鄉，後以丁玲為雛形寫作〈瑺女士〉。

（左上）1924年，魯迅批駁徐志摩譯波特萊爾詩〈死屍〉的譯者題記，兩人首次交鋒。1926年，徐志摩也曾涉入魯迅、陳西瀅因「閒話」引起的風波。

（下圖）1923年，徐志摩因為評論郭沫若的詩，與成仿吾等人打筆仗。圖為郁達夫與創造社同人郭沫若（左）、成仿吾（右）合影（1926年）。

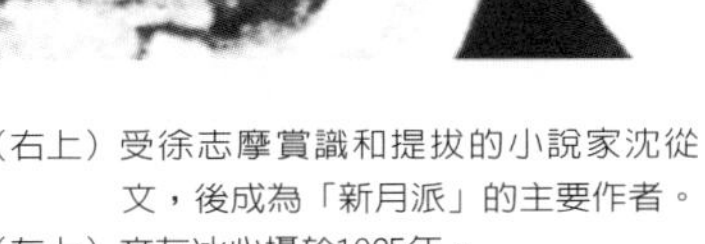

（右上）受徐志摩賞識和提拔的小說家沈從文，後成為「新月派」的主要作者。

（左上）文友冰心攝於1925年。

（下圖）老年的劉海粟。他曾在上海功德林餐廳宴請王賡，勸他與陸小曼離婚，相助徐志摩此情事甚多。

在上海光華大學任教時的徐志摩。

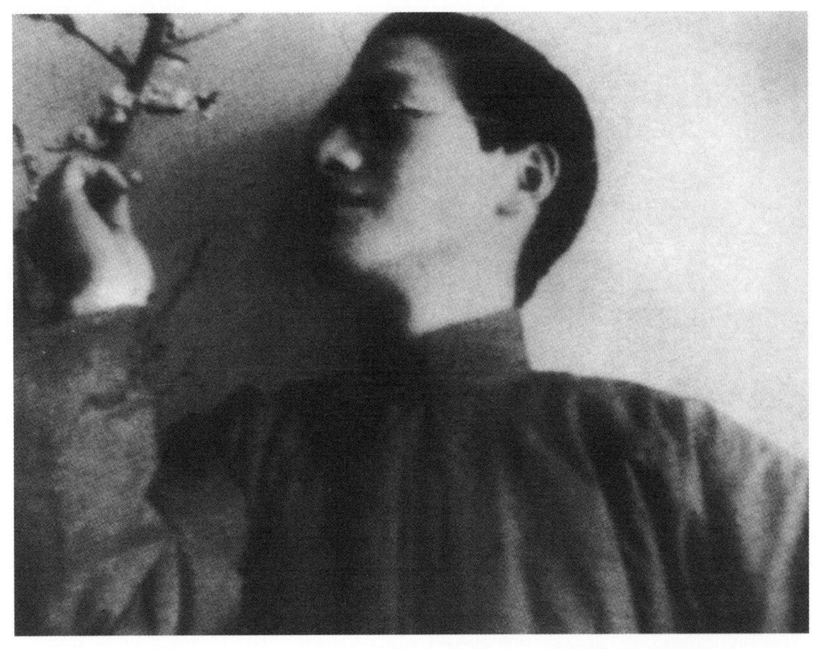

（上）徐志摩約攝於1924年。
（下）自歐洲、蘇聯旅遊歸來的徐志摩。

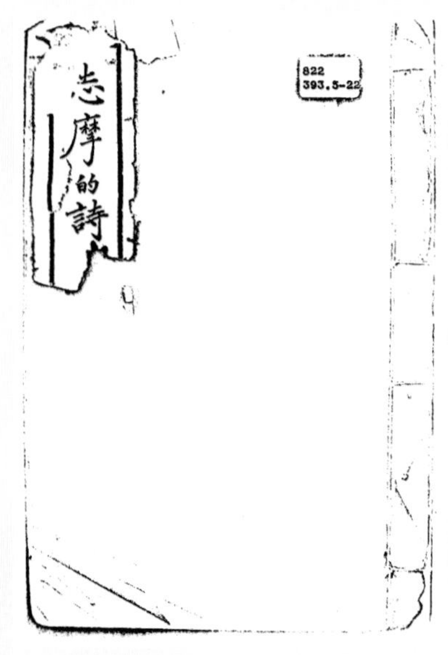

（右上）《志摩的詩》第一版線裝本封面。
（左上）徐志摩主編的《詩刊》（1931年）第二期封面。
（下圖）由陸小曼整理出版的《志摩日記》。

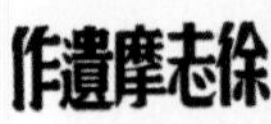

最是那一低頭的溫柔，
像一朵水蓮花不勝涼風的
道一聲珍重，道一聲珍重——
那一聲珍重裏有蜜甜的
沙揚娜拉！

（上）1926年徐志摩主編的《晨報副刊・劇刊》等刊頭。
（下）徐志摩詩作〈沙揚娜拉〉手稿。

（上）胡亞光畫徐志摩像，張大千補衣裾。

（下）「新月社」成員邵洵美在徐志摩的紀念冊《一本沒有顏色的書》上作畫題詩。

1931年，徐悲鴻畫陸小曼。

婚後的陸小曼自署「小曼用功小景，為老師解嘲」送給胡適。（香港商務印書館提供）

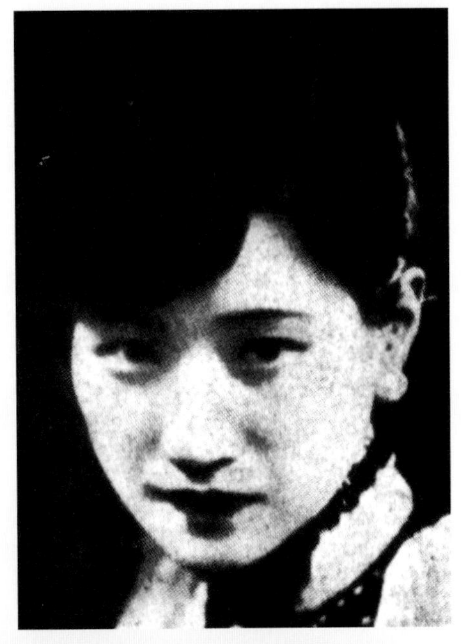

（上）陸小曼刊於晨光版《無題集》（1947年）。

（下）1926年10月3日，徐志摩與陸小曼在北平北海公園結婚。

張幼儀與青年時期的徐積鍇。

（上）徐積鍇一家人在美國定居。
（下）1986年聖誕節，張幼儀和姪孫女張邦梅（《小腳與西服》的作者）於紐約寓所。

張幼儀擔任上海女子商業儲蓄銀行副總裁時留影（約1937年）。

張幼儀上海家中，孫兒繞膝歡。

1926年，徐志摩與陸小曼合照於蜜月中。

（上）徐志摩與陸小曼合照於結婚隔天。
（下）徐志摩與陸小曼在上海的家「眉軒」書房。

1931年11月19日，36歲的徐志摩搭乘的「濟南號」郵機在濟南附近誤觸開山失事。墓碑原待凌叔華題字，後由張幼儀敦請書法大師張宗祥書「詩人徐志摩之墓」。

1983年，徐志摩故鄉硤石當局將在文革中被毀壞的徐志摩之墓重遷建於硤石西山白水泉旁。

新世紀叢書

當代重要思潮・人文心靈・宗教
社會文化關懷

百年家族
徐志摩

20 世紀中國最具華采的人文景觀

方　慧◎著
李喜所◎審訂

說徐志摩

◎**梁實秋**（新月社員、著名莎翁學者）

徐志摩不僅僅在新文學史上佔一席位，其作品經過五十年的淘汰考驗，也成了不可否認的傳世之作。

志摩的詩之異於常人者，在於他的豐富情感之中帶著一股不可抗拒的「媚」。這嫵媚，不可形容，你不會覺不到，它直訴諸你的靈府。——志摩的詩是他整個靈魂的表現。

志摩使用文言詞藻，我們不嫌其陳腐，因爲他尚於運用。他的國文有根柢，有那麼多的詞藻供他驅使，新詞舊語，無往不宜。

◎**葉公超**（前北大、西南聯大等校英文系教授、主任，前中華民國外交部長，新月社員）

他對於任何人，任何事，從未有過絕對的怨恨，甚至無意中都沒有表示過一些憎嫉的神氣。他那本性的純眞，似乎總不容他去追究人家的罪惡。

◎**楊振聲**（前西南聯大文學院長、校長，新月社員）

他那「跑野馬」的散文，我老早就認爲比他的詩還要好。那用字，有多生動活潑！那顏色直是「濃得化不開」！那聯想的富麗，那生氣的充溢，尤其是那態度與口吻，有多輕清，多頑皮，多伶俐！而那氣力也眞足，文章裡看不出懈怠，老那樣夏雲的層湧，春泉的潺湲！他的文章的確有他獨到的風格。在散文裡不能不讓他佔一席地。

◎**柳存仁**（英國倫敦大學哲學與文學博士、作家）

志摩這個人，比他被稱爲志摩這個詩人還要偉大。我們喜歡，我們許多人都是如此，他的詩是因爲那是他寫的。——他的人格就是他的天才。——這就是他的散文比他的詩好的原因：在他的散文中比他的詩裡更有他的眞我。

◎**朱自清**（著名作家、歷任清華大學教授）

徐志摩是試用外國詩的音節到中國詩裡最可注意的人，他試用了許多外國詩體。——徐志摩的詩猶如他的人，是跳著濺著不舍晝夜的一道生命水。

◎**林語堂**（世界著名作家）

讀了徐志摩的詩歌（也包括散文），才眞正相信現代口語是可以寫成美麗的作品的。

志摩，情才，亦一奇才也，以詩著，更以散文著，吾以白話詩念不下去，獨於志摩詩念得下去。其散文尤奇，運句措辭，得力於傳奇，而參任西洋語句，了無痕跡。

◎**茅盾**（著名作家）

志摩是中國文壇上傑出的代表，志摩以後的繼起者未見有能並駕齊驅。

◎**許君遠**（前上海大公報國際新聞主編）

「美」充滿著他的「人」，充滿著他的靈魂，甚至充滿於他的文字。他的文字的美，的確是他給予現代中國文藝的一大貢獻。他所用的字全很新鮮，有音調美，有活潑美；他的散文完全備有「詩」的原素，句句浮現著快人的感情，篇篇是一幅古典派的圖畫。

他的詩以後也許有人能及得上，散文也有人與他在別一條途徑上齊名，但他的活潑的筆調，幽美的情趣，與夫新鮮的疊字，跳縱的氣勢，則是任何人也學不來的。

◎**鄭西諦**（前時事新報副刊主編）

他寬容，包納一切，他無心機，這使他對於任何方面都顯得可以相融洽。他鼓勵欣賞任何派的文學，受他誘掖的文人可眞不少！——詩人小說家都是氣量狹小得令人可怕的，志摩卻是超出於一切的常例之外，他的度量的深淵，頗令人難測其深處。

◎**劉廷芳**（哥倫比亞大學哲學博士，前北大教授）

志摩能使人愛他，志摩能使人愛人，志摩有無畏的人格。

◎**陶孟和**（前北大政治系名教授、新月社員）

志摩是一個理想主義者。他的理想曾受了希臘主義的影響：求充分的，完全的生命。他要在生命中求得最豐富的經驗。他在尋求各種經驗的時候，他有他的一定的水準，一定的偏向。

他的生命是不斷供給他的朋友們優美的印象與感覺。志摩的一生不是自我中心的取者，實在是十二分利他的與者。——他的禮貌，舉止，態度，言語，無處不與人以快感，他是一切人的朋友，我們難以想像有人會作他的仇敵。

◎**陳西瀅**（前北大教授、新月社員）

尤其朋友裡缺不了他。他是我們的連索，他是黏著性的，發酵性的。在這七八年中，國內文藝界裡吵了不少的架，許多熟朋往往弄的不能見面。但我沒有聽見有人怨恨過志摩，誰也不能抵抗志摩的同情心，——他從沒有疑心，從不會妒忌。他使這些多疑善妒的人十分慚愧，又十分羨慕。

◎**胡適**（中國新文學運動的奠基者、新月社員）

他的人生觀眞是一種「單純的信仰」，這裡面只有三個大字：一個是愛，一個是自由，一個是美。他夢想這三個理想的條件能夠會合在一個人生裡。他一生的歷史，只是他追求這個單純信仰的實現的歷史。

◎**林徽因**（被喻為民國第一才女，歷任東北大學建築系教授、新月社員）

雖然四年了，你脫離去我們這共同活動的世界，本身停掉參加牽引事體變遷的主力，可是誰也不能否認，你仍立在我們煙濤渺茫的背景裡，間接的是一種力量，尤其是在文藝創造的努力和信仰方面。

——你的身影永遠掛在這裡那裡，同你生前一樣的飄忽，愛在人家不經意時蒞止，帶來勇氣的笑聲也總是那麼嘹亮，還有，還有經過你熱情或焦心苦吟的那些詩，一首一首仍串著許多人的心旋轉。

〈編輯說明〉
二十世紀中國最具華采的人文景觀

今天一般讀者所熱衷於徐志摩者，皆是他風花雪月的部分，卻較少人注意他積極從事中國新文化改造的志業。本書主要呈現了他在這方面的風貌。

一九二二年徐志摩歸國後積極投入新文化運動，爲文、教學傳揚新觀念，成立詩社，從事編輯出版，探索白話詩的形式與內涵，創作與譯著並舉。在他短短的三十六年（一八九六——一九三一）生命中，僅以約十年的時間即留下了許多傳世之作，開創了現代新詩的形式與格局，成就非凡。被茅盾譽爲「中國文壇傑出的代表，在志摩之後未有與並駕齊驅」。

由他一手主導成立的新月社、《新月》月刊、新月書店，在當時聯繫聚集許多當時最精彩的文人，互相之間詩文往來，評論時務，形成一股文化流風，乃是百年間難得再有的盛況。

新月團體曾被評爲是當時中國除三民主義、共產主義之外的第三種思想力量。魯迅與上海《民報》皆曾爲文呼籲不可忽視新月的政治地位。徐志摩在現代中國的重要性，除了在詩文創作上，很重要的一部分即在這裡。如果不是他的早逝，以他在文化界呼風喚雨的能力，將爲中國新文化再創造點什麼也未可知。

與當時的文人一樣，他關懷中國的前途、社會觀念的改造。除藉著在婚姻上的身體力行以實踐其自由與人本的觀念外，還撰寫散文〈政治生活與王家三阿嫂〉做爲他的政治宣言。而早在他於哥倫比亞大學時，即具社會主義理想，還被取外號爲「布爾什維克」。一九二三年發表〈就使打破頭，也還要保持我們靈魂的自由〉，支持北京大學校長蔡元培在「羅文幹案」所採取對北洋軍閥不合作的立場。

一九二八年他還懷抱建設農村綠色之夢，也籌募了一筆錢正準備實踐，可惜因內戰摧殘而告罷。

他還批評當時的中國社會是「文明而沒有靈魂，一個浮游著一堆體力弱、智力低，在德性上是懦夫，在靈性上是叫化子的國家，自然而然的就出現了文藝與人生隔絕的狀況」。他在〈藝術與人生〉中說：「正因爲我們沒有生活，我們才沒有藝術」。

對徐志摩來說，藝術即是他的生活，生活即是他的藝術。他是一個認眞生活的人，而且就是要用他的理想硬生生的放到他的生活之中，以眞實的生活與作爲來檢驗他的理想。與他同時代的知名作家柳存仁說：「他的人格就是他的天才」，可以說是洞見。

徐志摩最大的信仰是「自由」，詩人楊牧評論時說：「徐志摩代表了一種個人的，獨立、自主的精神，在二十世紀前四分之一的中國，或甚至全世界，都是不平凡的。」

本書較多著墨在徐志摩的文學生活部分，以及他與他那時代許多精彩文人的往來互動，所形成的二十世紀中國最具華采的人文景觀。

百年家族——徐志摩

【目錄】本書總頁數共480頁

1 硤石富家

巨變的年代

十九世紀末的中國社會，正是晚清政府日益腐敗、帝國主義侵略不斷擴大的時代。一八九四年，發生了一件震驚神州大地的事件，甲午中日一戰，堂堂中華帝國竟然敗於蕞爾島國日本。次年，清政府與日本簽訂了喪權辱國的《馬關條約》，賠款之鉅，割地之多，與此前清政府同西方列強所簽訂的屈辱條約相比，尤爲突出。這番重創既暴露了政府的腐敗無能，更無情地說明了中外之間的巨大差距。

爲救亡圖存，維新派人士康有爲、梁啓超領導了「公車上書」，要求拒和遷都，變法圖強。同年，民主革命的先行者孫中山也舉起了革命的旗幟，開始了武力推翻清王朝的抗爭。這一切都啓迪人民去思考，激勵人民去奮鬥，但無論「公車上書」，還是孫中山領導的武裝起義，都未能阻止民族危難的加深。

著名的新月派詩人徐志摩就降生在這樣一個天昏地暗、民族危機日趨加深的年代裡。一八九七年，德國武裝佔領膠州灣，沙俄出兵強佔旅順、大連，帝國主義各國紛紛掀起了瓜分中國的狂潮。雖然如此，這一年他卻投胎於江南一塊風光旖旎的土地和一個家道興旺的富商之家。

地靈人傑硤石鎮

浙江海寧縣（今海寧市，原隸屬杭州府），地處長江三角洲杭嘉湖平原南緣，南枕錢塘江，與蕭山、上虞隔江相望，西連餘杭，北依桐鄉與嘉興市郊，東臨海鹽。海寧土地肥沃，經濟發達，交通便利，河港密佈。河港與京杭大運河相連，交通便利，乘船可直達上海、杭州、湖州、蘇州、嘉興等地。每年農曆八月十五前後，海寧鹽官鎮的錢塘江口，潮聲震耳，浪濤壁立，形成「萬馬突圍天鼓碎，六鼇翻背雪山傾」的奇麗、壯觀景象，由於交通便利，四面八方的人們都會集於此，觀看這有名的「海寧潮」（《海寧市誌》）。

海寧人文薈萃，學風濃熾，素稱文化之邦，以一縣之狹而所出人才之盛，在神州大地上是罕有其匹的。自唐至清末，海寧共有進士三百六十六人。尤其清代海寧陳家，「一門三宰相，六部五尚書」，袁花查家「一門五狀元，叔姪七翰林」（《海寧民俗風情大觀》），簪纓科第之盛，千百年來可謂海內獨步。在濃郁的人文傳統中，海寧還形成了許多世家，歷史上影響較大的有海寧陳家、袁花查家、鹽官王家、硤石蔣家、海寧許家以及陳木扇醫學世家等。本書傳主詩人徐志摩，就誕生在與袁花查家和硤石蔣家關係密切的海寧縣硤石鎮。

硤石鎮（今爲海寧市市府所在地），鎮傍東、西兩山，有河縱貫其間，山明水秀，含精蘊華。這裡不但留下了許多美麗的傳說，更哺育出一批批錦繡英才。東晉有官至尚書的張延光，明代有方志學者潘廷章，清代誕生了尙書許汝霖、著名學者陳鱣、晚清著名數學家李善蘭，近代國學大師王國維。與徐志摩同時代的有著名軍事理論家蔣百里、鐵道專家徐騮良、電影事業奠基人之一的史東山、文史名家張宗祥、蔣復璁、吳其昌與吳世昌兄弟等。硤石西南二十公里許的鹽官鎮便是近代大學者王國維的故鄉。東南十四公里處的袁花鎮，爲現代傑出翻譯家、詩人查良錚（穆旦）和當今武俠小說大師金庸（查良鏞）的故鄉。名人學者中，蔣百里是徐志摩的表叔；吳其昌、吳世昌兄弟和徐志摩是祖父一輩排下來的姨表兄弟，有意思的是徐志摩還是金庸的遠房親戚（金庸的母親爲徐志摩父親的堂妹）。

硤石鎮所依傍的東、西兩山，相傳在秦朝以前，這兩山連在一起，通稱硤山或雙山。有一年，自命天下霸業繫於一身的秦始皇南巡，在船上聽到了硤山「水市出天子」的童謠，舉目遠望，又覺得硤石巓峰確有「王者之氣」。他倒抽一口涼氣，十分震驚，又惱怒至極，隨即命令十萬囚徒將硤山攔腰斬斷。從此，硤山便分爲東、西兩山。兩山對峙而立，山上草木蔥鬱，石奇洞幽。東山海拔八十八•九公尺，山中有一種罕見的浮石，丟在水裡泡上幾年仍會浮起。西山又名紫薇山，海拔四十六公尺，山上有一種奇怪的蘆葦，放在水裡會下沈。這樣「有石可浮水，有蘆卻沈水」成了硤石古鎮的兩大奇觀，年長月久，那「浮石沈蘆」便成了人們口頭上東西兩山的代稱。現在，浮石還隨處可以撿到，沈蘆卻已不見蹤跡。

東山頂上，有一座七層六角寶塔，塔沿掛有四十二只風鈴。每每微風吹拂，那風鈴就會發出陣陣清脆柔和的美妙鈴聲。東山腳下，是一面清澈如鏡的碧綠池水，池畔又有東寺和三不朽祠兩座寺廟。

與東寺遙遙相望的是西山麓宏偉的西寺，至今還一身斑駁地座落在那裡。寺前是一寬闊場地，廣場上有一對唐朝傳下的經幢。逢年過節，這裡是全城最熱鬧之處，鎮民和鄉民紛紛會集於此，從事一些民間的遊藝活動。緊傍西寺，便是開智學堂。沿著小徑上西山，山腰有廣福寺和梅壇。梅壇是當地雅士文人作畫賦詩的場所，房舍依山建築，近旁栽有不少名花異草，頗為優雅。再攀援而上，山頂有翼然亭。翻越過去，就是後山的白水泉了。

浙江，海寧，硤石，風景秀麗，學風興盛，名人大家輩出，眞是個「人傑地靈」的好地方。金庸在一九七五年版的《書劍恩仇錄》後記中回憶其家鄉時曾說：「我是浙江海寧人。……海寧不出武人，即使是軍事家蔣百里，也只會講武，不會動武。」看來，徐志摩日後成就為一位才情俊逸的詩人、散文家，與故鄉濃郁的書香、鄉賢的風範是一脈相承的。

開明富紳徐申如

東西兩山中間的硤石鎭是一個典型的江南城鎭，一條狹長的硤河在街區中間輕輕流過，沿河又有許多小支流、小河港縱橫交錯，像一片水網穿流於街道住宅之間，一座座各具風韻的小橋又連結著東西南北的大街小巷，成了一個「開窗見河，出門過橋」的水鄉鬧市。河港兩邊，街道排列得頗爲整齊。就在保寧坊，又叫西南河的地方，有一棟古老的四進樓房，那裡住著一戶姓徐的富商，徐志摩就出生於這個富商之家。

硤石徐家祖居海鹽縣花巷里，始遷祖松亭公於明代正德年間，輾轉來到硤石，並開始經商。後代一直在此居住下去，世代經營絲行、醬園和錢莊。按硤石徐氏族譜記載，徐志摩曾祖徐廉墅，名宗泉，字詞源，太學生，先後娶朱、吳、張、王四氏，生有六男四女。祖父徐星匏，名明樞，試名元衡，工於書法，嫻習掌故，娶同邑伊橋太學生孫二酉女，繼娶嘉興王店國學生何松岩女。當時徐家已是硤石鎭上有名的商家。

徐志摩的表弟吳其昌回憶，住在保寧坊中寧巷的徐家和住在大瑤橋的吳家，都是當時硤石鎭上殷實的商家。吳其昌的祖父吳少華和徐志摩的祖父徐星匏，本來就是頂好的連襟兄弟，後又同娶了鹽官鎭伊橋的孫氏親姊妹，結成了姨表親，兩家的走動就更爲頻繁了。吳少華一生中最高興的事情就是做菜請客。徐星匏先生當然很喜歡去吳家，「湯半雞」便是兩老先生最普通的下酒物。當時吳家和徐家的房子都是一樣的「馬頭牆」、「四開柱」、「蠣殼窗」，廳前都有一個扁長的天井，天井兩邊栽著兩株桂花或是紫荊和山茶。徐志摩老家的老廳叫「徐愼思堂」，因資格太老，不免顯得又黑又舊。老廳有時堆滿貨件，老媽子有時還在貨件兩旁放幾個雞箱，「長年老伯伯」有時也在漆黑的「四開柱」上攀上麻繩，曬一雙布襪或褲子。雖然如此，但一幢幢的內廳全都是「金漆金光」、「高廳大屋」（吳其昌：〈志摩在家鄉〉）。到吳少華晚年，吳家因負債累累呈衰敗之象，而徐星匏經營的徐裕豐醬園卻很成功，在當地已頗有名氣。加上星匏先生交遊甚廣，他還經常在縣衙或親族間走動，幫吳家說情。徐星匏生有一女二子，女兒嫁入沈家（徐志摩兒時好友沈叔薇就是其子）；長子徐蓉初，名光濟，小字祖蔭，經商之餘，「富收藏，尤多海寧文獻」；次子就是徐志摩的父親徐申如。

徐申如，名光溥，小字曾蔭，一八七二年生於硤石芙蓉溪。按族譜排列，他排行老七，人稱「老七爺」。徐申如先娶同邑國學生沈炳華女爲妻，繼娶海寧縣慈溪村國學生錢純甫長女錢慕英。據家譜記載，徐申如爲「淸候補中書科中書」，徐志摩在一九二六年十月八日的家書中則說：「徐氏固商賈之家，沒有讀書人」。看來申如公上述官職當是花錢捐下的。徐申如生就一副奇相：頭大、身大、手大、腳大，濃眉大眼之下，長一個比常人大出一倍的下巴。和他的不凡長相一樣，徐申如在近代浙江實業界也成就了一番不凡的事業。他思想開明，頭腦靈活，頗具開拓精神和遠見卓識，又有正義感。他交遊甚廣，與近代中國的狀元實業家、江蘇南通的張謇尤爲友善，並深受其「實業救國」的影響。因此徐申如在繼承父業後，事業比他的父祖要發達得多，時人稱之爲「浙江的張謇」。除經營舊式的徐裕豐醬園外，徐申如還先後合股創辦裕通錢莊、開設了人和綢布號、硤石雙山絲廠，並在「十里洋場」的大都市上海開辦了票莊銀號。此外，徐申如還積極開辦近代性實業，一九一三年集資創辦硤石電燈公司，爲浙江最早興建的火力發電廠之一；後來又與徐蓉初一起創辦捷利電話公司。因而，徐申如成了硤石一帶遠近聞名的首富，在滬杭一帶的金融實業界擁有相當的地位。

早年的徐申如還爲滬杭鐵路經過硤石有重大貢獻，這也是他一生中最值得自豪的事。一九〇八年江浙商界集資修建滬杭鐵路時，原本計畫從上海出發，途經嘉興、桐鄉直接到達杭州。身爲該鐵路主要集資股東之一的徐申如，獨具慧眼，深知硤石是江南米絲的大宗集散地，要振興硤石工商業，必須先開發硤石交通。所以，他一面以鐵路公司董事的身分，與滬杭鐵路督辦湯壽潛交涉，一面鼓動海寧士紳，聯名具呈，力爭鐵路要東彎經過硤石。當時，硤石鎮的封建保守勢力認爲，鐵路過境會破壞地方風水，會引來盜賊，竭力反對，甚至糾結了一夥人砸毀徐家。徐申如毫不氣餒，在當時主持滬杭鐵路勘測設計製圖工程的徐勵身（中國鐵道工程學的先驅之一，徐申如的本家姪孫）的幫助下，力排衆議，願望終於實現。今天，硤石成了滬杭鐵路上的一個經濟重鎮，與徐申如的卓識和努力是分不開的。

徐申如還熱心地方公益，曾在家鄉與人興辦消防事業，又與其兄徐蓉初創辦貧民習藝所。一九三四年海寧大旱，他任旱災賑濟委員會首席常委兼上海分會主任，積極參與募捐賑災。辛亥期間，他還有一項很值得稱許的革命舉動，曾冒著身家性命的危險，在杭州起義前三日把四千粒七九步槍子彈運到杭州，促成三日後光復杭州。徐申如的實業成就與種種社會舉措，使他在當地頗具聲望，一八九七至一九三五年間，先後擔任硤石商會總理、會長、主席近二十年。一九一一年曾遞補爲浙江省諮議局議員，又當選爲硤石鎮董事會總董。《民國人物傳》稱他「曾因興辦實業，蜚聲浙江」（《海寧市誌》）。

一八九七／誕生

徐申如爲徐家掙得了產業和名聲，便希望生子養後，指望著興盛的家道能在下一代手裡有更喜人的昌隆局面。就在徐申如二十五歲，他的第二個妻子錢慕英二十三歲的時候，西元一八九七年一月十五日（農曆十二月十三日），兩夫婦喜得一子，就是後來蜚聲中國現代文壇的著名詩人徐志摩。也許正是徐志摩的降臨給徐申如帶來了好運氣，這一年，徐申如與人合股創辦了硤石第一家錢莊「裕通錢莊」，並擔任硤石商會的總理。

做爲徐家的長孫，徐申如夫婦的獨苗，無疑徐志摩的出生給徐府增添了莫大的歡樂。按族譜排列之序，父母給兒子取名章垿，字槱森，因父名申如，故小名又申。徐志摩讀小學時都用章垿之名。那麼，大家所熟悉的「志摩」一名是怎麼來的呢？這要從志摩週歲那天說起。

按江南風俗，小孩週歲稱「晬盤之喜」，那天要用一只紅漆木盤，盛放弓、矢、筆墨、算盤等，置於桌上，看小孩抓取什麼東西來玩耍，以識定孩子將來的志向。所以，「晬盤」又稱「試兒」。志摩週歲那天，「試兒」開始，在十分熱鬧的喜樂聲中，正當身穿百家衣、頸掛長命鎖的小志摩在紅漆木盤裡亂抓亂摸時，一位法名「志恢」的和尚恰好從徐府經過，此人在硤石一帶頗有名氣，都說能摸骨算命，預知未來。徐家人在這個特殊的日子爲給小主人討個吉利，便將他請了進來。果然，志恢和尚一見到乖巧伶俐、玉雪可愛的徐志摩，眼睛頓時爲之一亮，伸手在志摩頭上前前後後、仔仔細細撫摩一遍，口中念念有詞，然後對徐申如夫婦說：「阿彌陀佛！此子係麒麟再生，將來必成大器。」和尚這一多半出於恭維的話，說得徐申如心花怒放，正道出了他望子成龍的心聲。

當時已接近世紀之交，但傳統思想仍居主導地位。尤其在浙江，明清以來一直是中國文化重鎮，學者輩出，功名甚盛，而海寧又爲其中特出者，對傳統文化仍然十分看重，文化精英自然才是大家最終崇拜和嚮往的角色。在這種濃郁的文化氛圍中，徐家儘管商業發達，畢竟還是受到這種文化傳統的歧視。爲改變現狀，在經商之餘，徐申如廣交名士，攀附上流社會。如他與當時已在政界、商界均有地位與名聲的大實業家張謇交往，共同興辦實業。另外，在徐家家譜裡特意在祖上名字下標明「太學生」、「附貢生」之類的虛名，也流露了徐家人對功名的羡慕和嚮往。《徐志摩年譜》上也說志摩祖父徐星匏「工書法，嫻習掌故」，伯父徐蓉初「富收藏，尤多海寧文獻」，如此等等，正說明了徐家對可望而不可及的「文士」之嚮往。但實際情況正如徐志摩在《猛虎集》序文裡所說：「我查過我的家譜，從永樂以來，我家裡沒有寫過一行可供傳頌的詩句」，也可以說是「沒有讀書人」。所以，已踏上商途的徐申如到底心理不平衡，一心指望兒子能走「學而優則仕」的道路，以光宗耀祖。

徐申如畢竟不是一般的商人，連狀元公張謇都從事實業，時代的確在發生巨大變化。一九〇五年廢科舉後，傳統學問已完全失去往日燦爛的光環，此時出洋留學，取得洋功名又成了新科舉。精明的徐申如便一方面希望兒子能取得新功名，一方面希望兒子學金融，以承父業，兩全其美。隨著徐志摩一天天長大，徐申如不時回憶起兒子「抓週」的難忘一幕，印象也越來越深刻，而徐志摩從小以來的出色表現，也使他切實看到了「必成大器」的先兆。終於在一九一八年徐志摩赴美留學前夕，徐申如鄭重其事地提出，要爲兒子取一個意味深長的新號，叫「志摩」。這顯然是爲了記下當年志恢和尙摩頂祝福的預言。從此，「志摩」取代了原來的名字「章垿」，除了少時的家鄉人，「徐章垿」這個名字就鮮爲人知了。不過，當初徐申如萬萬沒有想到，許多年後的徐志摩並沒有成爲他心中期待的新一代金融實業家，也沒有成爲人文傳統中的大學者，而成了中國現代文學史上傑出的詩人。成爲詩人以後，徐志摩曾用南湖、詩哲、海穀、大兵、雲中鶴、仙鶴、刪我、心手、諤諤等筆名發表詩文。也常與胡適等好朋友用「黃狗」一名遊戲筆墨，日子一久，朋友們便在公共場合，直呼其爲「黃狗」，徐志摩聽了不生氣，還說：「黃狗有什麼不好，狗講義氣，有時實在比人更像人。」接著便學犬吠聲，使滿座爲之哄堂。

賢淑慈愛的祖母和母親

徐志摩自小生得聰明乖巧，加上他獨子長孫的特殊地位，使他獲得全家人的寵愛，愛得最深的要數他的祖母了。祖母雖不識字，但勤勞、寬和、溫情，又精明能幹。小至客廳擺設、關門上閂，大至男婚女嫁，都由她吩咐和經管，志摩一有皮焦骨熱，也由她悉心照料。志摩很喜歡祖母，祖母雖不識字，但很能講故事。夏天乘涼的晚上，志摩常和比他大兩歲的表兄沈叔薇一起，點著一盞雕有詩詞、山水花木的西瓜燈，圍在祖母身邊，聽她講「鐵牛鎮海」、「飛磚造塔」的故事。這些抑惡揚善的民間故事潛移默化地滋潤著徐志摩純淨的心靈。

祖父徐星匏也特別疼愛志摩，但終不如祖母對他的悉心關愛。在志摩的記憶中，他六歲那年的一個晚上，祖父辭世，他在睡夢中被人從床上抱起，他只是「跪在地板上，手裡擎著香，跟著大衆高聲的哭喊了」。而祖母對他的嬌寵，使他多年難忘。一九二三年秋，祖母故去，二十八歲的徐志摩寫下萬字長文〈我的祖母之死〉。在文中，徐志摩回憶小時候祖母慈愛的情景，深切地表達了失去祖母後的悲痛，細膩地抒發了對那愛他疼他寵他的好祖母無盡的哀思。「早上走來祖母的床前，揭開帳子叫一聲軟和的奶奶，她也回叫了我一聲，伸手到裡床去摸給我一個蜜棗或是三片狀元糕，我又叫了一聲奶奶，出去玩了，那是如何可愛的辰光，如何可愛的天眞，但如今沒有了，再也不回來了……」「我們承受她一生的厚愛與蔭澤的兒孫，此時親見，將來追念，她最後的神化，不能自禁中懷的摧痛，熱淚暴雨似的盆湧，然痛心中卻亦隱有無窮的讚美，熱淚中依稀想見她功成德備的微笑，無形中似有不朽的靈光，永遠的臨照她綿衍的後裔……」

徐志摩的母親錢慕英是徐申如的第二個妻子。她出生於一八七三年，是海寧縣慈溪村國學生錢純甫的長女。錢慕英略通文墨、秉性平和，人緣極好。

志摩小時候不願洗澡和剃頭，溫柔的母親總說那句「今天我總得捉牢他來剃頭，今天我總得捉牢他來洗澡」（〈談再管孩子〉），而又眼看著志摩笑嘻嘻地跑開。一九一八年，兒子出國留學，她無限牽掛，與媳婦張幼儀一起撫育孫子徐積鍇。在徐志摩與陸小曼的婚事上，她看出了兒子內心的痛苦，也理解兒子浪漫的性情，她最早同意兒子的這樁婚事，並說服了老伴申如公。

一九二二年十月，剛留學歸來的徐志摩在上海三泰客棧見到與他分別四年的母親後，這樣描述自己的激動之情：「我可憐的娘……也只有兩行熱淚迎她唯一的不孝的嬌兒。但久別初會的悲感，畢竟是暫時的，久離重聚的歡懷，畢竟是實現了。」（〈西湖記〉）

一九三一年四月二十三日，母親病逝，徐志摩寫信給他的摯友胡適，訴說了失去母親後的悲痛和自己對母親的深切悼念之情：「我的母親已於半小時前瞑目。她老人家實在太可憐了，一輩子只有勞苦和煩惱，不會有過一半天的淸閒。回想起來，我這做兒子的也眞是不孝，受了她生養天大的恩惠，付還她的只是憂傷。但她眞是仁慈，在病中沒有一句怨言，這使我感到加倍的難受。……可憐我從此也是無母的人，昊天罔極，如何如何！」

日後的徐志摩性情溫柔誠摯，成爲「人人的朋友」，這與祖母、母親這兩位女性長輩對他的疼愛嬌寵，及溫情寬和的性格對他的影響是分不開的。

徐家的老傭人家麟，在徐志摩心中也是一位可親可敬的人。家麟勤勞而有德性，志摩和他十分要好。家麟經管著徐家的菜園和後花園，他常常帶著志摩去園子裡幹活。在志摩看來，家麟的樣樣活都做得輕鬆自如，他有時也模仿著家麟動手做一點。家麟是一位種花行家，耐心地教志摩辨識種種花名、花性，那些豐富的種花知識，志摩都聽得十分有趣。後來，這些都融入了他多采的詩文。家麟還是一位講故事的能手，講得比學堂老師還有趣味得多。志摩尤其喜歡纏著家麟講《說岳全傳》，講得志摩笑，講得志摩哭，講得志摩著急、跺腳。家麟另有一種能耐是唱讚神歌。誰家許了願請神，就得請他去。他那不圓潤的粗嗓子，卻能唱出一種有節奏、有頓挫的詩句，志摩雖然聽不清楚家麟唱些什麼，但他覺得家麟的聲調美極了，以致常常在家麟美妙的歌聲中甜甜睡去。從家麟那裡，徐志摩體驗了貧苦勞動者樸素的情感，吸取了民間文學的營養。家麟死後，徐志摩以家麟爲原型，寫了一篇樸實動人的小說〈家德〉以誌紀念。

清風白水似的童真

出生成長在相對輕鬆開明的家庭環境裡，徐志摩從小便養成了活潑、浪漫、愛美的性情，家鄉的秀麗山水及其他自然風物在志摩眼裡是那麼清新與美好。他常常跟著家人或小夥伴到東山、西山的寺廟遊玩。有時撿回東山浮石，要家人雕成各種精緻的盆景；有時放一只紙鳶上天，捕捉四面八方的清風流雲；有時在茵茵的草地上「豁虎跳」；有時攀上「八仙台」，幻想有神仙從雲端裡飄下來；或與同學捉迷藏，躲進寺廟的神龕裡……

家中臨河的後視窗是志摩見到的一個小世界，他常常趴在後窗看那彎彎曲曲的沙泗濱和濱中悠然來往的船隻，盼著賣菱的小船划過來。當聽到「開鍋熱老菱、百熱沸燙」的吆喝聲時，他便趕緊把銅板放在籃子裡，吊到賣菱的小船上，一會兒就提上來半籃又甜又粉的熟老菱。他也經常在夜幕降臨後，抬頭仰望夜空，觀看那閃閃發亮的繁星。尤其是中秋之夜，他更是呆坐在樓窗外等著「月華」。如果天上有雲霧繚繞，他就替「亮晶晶」的月亮擔憂。如果看見了魚鱗似的雲彩，他就非常愉快，默禱著月兒快些開花。因爲他常聽人說，只要有「瓦楞」雲，就有月華……

但硤石首富徐申如深知，要應驗志恢和尚「此子必成大器」的預言，就必須趁早對兒子晏駕管束。於是，四歲的志摩被父親送進了家塾。志摩先後跟著當地慶雲橋的秀才孫蔭軒先生和袁花鎮的查桐軫先生，過了整整七年的家塾生活。

家鄉美麗的景象、童年的思緒是成年後的徐志摩永遠的記憶，他在那篇著名的散文〈想飛〉中作了生動的描繪。徐志摩的另一散文〈雨後虹〉，也宣洩了對壓抑他活潑天性的傳統家塾生活的不滿。在夏日午後的悶熱難耐中，可憐的「讀書官官」們還是照常臨帖習字，高喊著「黃鳥黃鳥」、「不亦說乎」，突然沈悶的雷聲在屋頂發作，一場鋪天蓋地的雷陣雨轟然而至，處處可聞「品林澎朗」的聲響。這不僅給原本死寂的課堂氣氛帶來了意想不到的活躍和混亂，還中斷了查老夫子令貪玩孩子頭疼的教學，因爲先生本人也放下書本去窗邊愁看天色了。「彷彿豬八戒聽得師父被女兒國招了親，急著要散夥的心理」，小志摩樂不可支地巴望「電光永閃著，雨永倒著，水永沒上階沿，漫入室內，因此我們的讀書寫字也永遠止歇！」

徐志摩從家鄉田野、森林、山谷、湖、草地、雲彩、晚霞、星月、麥浪、花鳥、雷聲等大自然的風光中感受快樂，獲取靈感，道法自然，全身心地擁抱這純美的大千世界，寫下許多融入了自然和諧，以及流露出濃烈的唯美主義傾向的優美詩篇，這與他從小在家鄉所受的自然薰陶是分不開的。一九二四年，徐志摩特地寫了一首〈東山小曲〉，流露了自己對家鄉東山秀麗景色的深情及其天眞、淳樸、浪漫的性靈：

早上——太陽在山坡上笑，
　太陽在山坡上叫：——
看羊的，你來吧，
　這裡有粉嫩的草，鮮甜的料，
好把你的老山羊，小山羊，餵個滾飽；
小孩們你們也來吧，
　這裡有大樹，有石洞，有蚱蜢，有小鳥，
快來捉一會盲藏，豁一個虎跳。

中午——太陽在山腰裡笑，

太陽在山坳裡叫：——
遊山的你們來吧，
這裡來望望天，望望田，消消遣，
忘記你的心事，丟掉你的煩惱；
叫化子們你們也來吧，
這裡來偎火熱的太陽，勝如一件棉襖，
還有香客的佈施，豈不是好？……

2 學貫中西

家塾與學堂

硤石人把啓蒙入學稱爲「串牛鼻子」，即小孩一入學就要受到管束，不能再任性頑皮了。徐志摩四歲入家塾啓蒙，塾師孫蔭軒是本縣慶雲橋的秀才。這時雖是二十世紀初，在開風氣之先的上海已實行新式啓蒙教育，但在大多數地區，傳統幼學仍然居主導地位。海寧雖地近上海，在啓蒙教育中也使用了一些新教材，但此時科舉未廢，兼之海寧又以傳統文化名世，所以像所有的秀才先生一樣，孫先生對志摩這批乳臭未乾的小孩子實施的還是「之乎者也」式的啓蒙教育，就連教志摩認基本的方塊字，也組成一句句傳統的好口彩：「文星高照」、「狀元及第」、「捷足先登」、「一鳴驚人」。

徐志摩雖調皮，活潑好動，有時學課不勤，但聰明穎悟。孫蔭軒很欣賞他，稱讚他「初學聰明超儕輩」（陳從周：《徐志摩年譜》）。

一年後，家塾換了塾師，請來了本縣袁花鎮上的查桐軫先生習古文。袁花查家是海寧有名的世家。查先生本人是位貢生，古文功底相當深厚，學問很不一般，可人有些古板，教規比以前的孫先生嚴厲得多，隨便不得。查先生生性怪癖，是位髒得不能再髒的老先生，一生沒洗過一次澡，連擦把臉也是難得的；他好抽大煙，一讀書就露出滿口黃黑的牙，散發出一陣陣惡臭。跟著這位嚴厲古怪的老夫子，活潑好動的志摩就像上了鐐銬的囚徒，再也擺脫不了讀古書、做古文的「苦役」了。整整六年時間，徐志摩在這位髒老先生的管束下過著單調刻板、枯燥乏味的家塾生活。

儘管這六年的私塾生活給天性活潑好動的志摩帶來了許多壓抑，使他常常強烈地嚮往書房外青山綠水的動人景色，但也正是這種嚴格的舊式教育，爲他日後成就中西兼通的現代知識份子打下了堅實的「舊學」基礎。

一九〇七／結束私塾生活

一九〇七年，十二歲的徐志摩終於結束了舊式的私塾生活，進入開智學堂，這是廢科舉後，硤石鎮開辦的第一所新式學堂。學校開設國文、數學、英語、修身、體育等課程，是典型的近代新式教育，讓他很是新鮮了一陣。徐志摩天資聰慧，接受力強，記性很好，很快就脫穎而出。他興趣廣泛，儘管在教科書上花的時間並不多，但各科成績總是名列前茅，人稱「神童」。

在各門功課中，徐志摩的國文成績尤爲出類拔萃，國文老師張樹森時常在課堂上讚賞並講評他的作文。父親徐申如也頗以兒子的文章自喜，常懷揣著文章以向前輩討教爲名，在茶店裡出示給朋友。其中，徐志摩十四歲時所作的題爲〈論哥舒翰潼關之敗〉一文尤爲張樹森激賞。該文用犀利的筆調、明晰的語言和有力的史實，對安史之亂中，事關唐朝命運的潼關之戰失利的原因和有關責任問題，進行了辯證與剖析，斥責了唐元宗的昏庸和楊國忠的邪佞，肯定了哥舒翰堅壁拒敵的正確策略。文中寫道：

……夫祿山甫叛，而河北二十四郡，望風瓦解，其勢不可謂不盛，其鋒不可謂不銳，乘勝渡河，鼓行而西，豈有以壯健勇猛之師，驟變而為羸弱頑疲之卒哉？其匿精銳以示弱，是冒頓餌漢高之奸謀也。若以為可敗而輕之，適足以中其計耳，其不喪師辱國者鮮矣！欲挫其銳，非深溝高壘，堅壁不出也不可，且賊之千里進攻，利在速戰，苟與之堅壁相持，則賊計易窮。幸而潼關天險，西連京師，糧運既易，形勢又得，據此以待援軍之集，賊糧之匱，斯不待戰而可困敵也。哥舒之計，誠以逸待勞，而有勝無敗之上策也。奈何元宗昏懦，信任國忠，惑邪說而沮良謀，以至於敗。故曰：潼關之失實國忠而非哥舒也……

（陳從周：《徐志摩年譜》）

有論有據，層次清楚，史實稔熟，行文起伏有致，頗有一股氣勢，很不簡單，足見那時的徐志摩已經有了相當可觀的國學功底。一九〇九年冬，徐志摩以第一名的優異成續完成了小學學業。

就在徐志摩小學畢業時，他被發現患有先天性近視，父親帶他到上海配了一副當時還很少見的眼鏡。當這新鮮玩意兒送到志摩手上時，天已黑了。一戴上眼鏡，他仰頭一望，哇！好一個偉大藍淨不相熟的天，張著幾千百隻銀光閃爍的神眼，一直穿透他的眼鏡、眼睛，直貫他靈府的深處。志摩忍不住高聲大叫：「好天，今天才規復我眼睛的權利！」（〈雨後虹〉）他看見了滿天閃爍的星星，一副訝然而又樂不可支的情態，眞令人覺得可愛又可笑。從此，眼鏡再也沒有被摘下過。戴上眼鏡的徐志摩不但不難看，反而增添了幾分秀氣。

一九一〇／杭州府中與郁達夫同窗

一九〇八年十一月，慈禧太后和光緒皇帝在兩日內相繼死去，三歲乳兒溥儀即位。這時的清王朝猶如一葉底漏帆折、千瘡百孔的孤舟，在波濤洶湧的大海上顛簸著。爲挽救殘局，矇騙人民，一九〇九年十二月，淸廷宣稱「預備立憲」。然而杯水車薪，早已無法挽救其覆亡的命運。徐志摩就在這時完成了小學學業，緊接著一九一〇年春，他進入浙江最好的中學杭州府中求學，跟他一同前去的還有表兄沈叔薇。這是由徐志摩的姑丈蔣謹旃託當時浙江省諮議局副議長沈鈞儒先生，寫信給杭州府中的監督邵伯絅辦成的。

當時的杭州府中，是一所很有聲望的名校，師資雄厚，設備齊全，到這裡求學的也是來自全省各地的優秀學生。教徐志摩國文的老師有張獻之、劉子庚，教理化的是陳柏園，教英文的是馬保羅，鍾郁雲教地理。同班同學中有董任堅、姜立夫、鄭午昌、郁達夫等，不乏日後優異卓越的人才。如姜立夫爲現代中國數學的奠基人，郁達夫更是廣爲人知的文學家。不過，在杭州府中，同學中間恐怕沒有誰像徐志摩那麼風光得意，他的成績一直冠蓋群生，每次期終考試都是年級第一名，因而榮任級長，當時杭州府中規定期終考第一名者任級長。令同學們十分驚異的是，這個小個子級長平時讀書並不用功。郁達夫後來在〈志摩在回憶裡〉一文中回憶：「而尤其使我驚異的，是那個頭大尾巴小，戴著金邊近視眼鏡的頑皮小孩，平時那樣的不用功，那樣的愛看小說——他平時拿在手裡的總是一卷有光紙上印著石印細字的小本子——而考起來或作起文來卻總是分數得的最多的一個。」

那時與徐志摩相處最近的自然是同宿舍的表兄沈叔薇，他倆從小同學，感情一直很好，一同來到府中，更是形影不離。他倆神情相異，卻都是活躍份子。徐志摩身材不高，臉面卻是很長，頭也生得特別大，還有很重的孩子氣。而比他大兩歲的表兄沈叔薇身材高大，臉上已有成年男子表情。無論在課堂上或宿舍裡，他倆總在交頭接耳地密談著、大笑著，跳來跳去，和這個嚷嚷、那個鬧鬧，常會出其不意地做出一件很可笑、很奇特的事情來吸引大家注意。與伶俐頑皮、活蹦亂跳的徐志摩恰恰相反，那時的郁達夫舉止畏縮，神態羞怯。郁達夫回憶說，他也是一九一〇年春天離開家鄉轉入杭州府中讀書，那時他是一個未滿十四的鄉下少年，突然間闖入省府所在地，對於周遭的事物都覺得新奇而害怕。在課堂上，在宿舍裡，他自然是誠惶誠恐，戰戰兢兢，像蝸牛似地蜷伏著，連頭也不敢伸一伸出殼來。

擔任級長的徐志摩生性隨和，待人熱情、眞誠，極富愛心和正義感，所以，他與同學們相處甚好，經常與同學們談心，還把家裡寄來的吃食分給大家。畏縮膽小的郁達夫，其實並不簡單，「九歲題詩四座驚」，所以，國文老師對他的作文也很欣賞，常把他和徐志摩的文章同時當作範文向全班宣讀。文章搭橋，性格迥異的徐志摩、郁達夫漸漸熱絡起來。他們在宿舍討論彼此的詩文，談論家事、國事、天下事，從家鄉水災到四川保路風潮，以及震動全國的黃花岡起義。兩人交談甚爲投契，常常不知不覺到了深夜。

正如徐志摩後來在〈自剖〉裡回憶說，他對學問並沒有眞熱心，很快地，隨著時局的變遷，年齡的增長，他開始關心社會、文壇的動態了。

在徐志摩專心寫〈論哥舒翰潼關之敗〉，以小小的心靈探究唐史上平定安史之亂的潼關之戰失利的原因時，杭州學界已經感應了革命風潮。一九〇九年冬，離杭州府中不遠的浙江兩級師範學堂，教員許壽裳、周樹人（魯迅）等因不滿學督夏震武頑固的封建治校方式，領導教員集體罷教和學生請願，逼夏震武辭職。這次轟動全省的學潮以師生的勝利而告終，對杭州乃至整個浙江學界都是一次莫大的震動。徐志摩來到這裡讀書，深深地感受到浙江學界的活躍氣氛。

一九一一年秋，辛亥革命的風潮席捲全國，杭州府中停辦，徐志摩一度休學在家。

在等待復學的日子裡，他透過滬杭諸地的報紙、雜誌了解不少革命的消息，受到革命風潮挾帶而來的民主、自由、博愛等新思潮的影響。孫中山、黃興、章太炎、梁啓超、《民報》、《新民叢報》、革命黨等等新人新事頻頻進入他的閱讀視野，無不讓他感到新鮮、振奮。徐志摩體會著時代巨變前夕的種種新變化，思考著山雨欲來的深刻原因。

受當時保定軍校校長、同鄉父執蔣百里的間接影響，在這些新事物當中，始終引起徐志摩密切注意和令他欽佩、神往的，還是戊戌維新時期的代表人物梁啓超。梁啓超在維新後，出走海外，極力介紹西方的啓蒙學說，以開啓民智，培育「新民」。儘管此時的梁啓超在政治上主張改良而與革命派相對，但他大量啓蒙思想的著述在當時卻風行知識界，產生了巨大的影響。尤其梁啓超的文章條理淸楚，筆鋒犀利，暢達淋漓，筆鋒常帶情感，別有一股魔力，稱爲「新民體」，當時已風行天下，青年學子競相誦讀模仿。徐志摩不但爲梁啓超的學識與文采傾倒，也服膺其改良社會的政治主張和改良文學的觀點。

一九一三／杭州府中改名杭州第一中學

辛亥革命後，杭州府中復學，改名爲「杭州第一中學」，並創辦校刊《友聲》。一九一三年春，徐志摩再度回到該校就讀。出於對梁啓超學識與威望的敬佩，他在《友聲》創刊號上發表第一篇論文〈論小說與社會之關係〉。此文無論從論題到內容，還是從文風到思想，無不效仿梁啓超一九〇二年發表的〈論小說與群治之關係〉一文，並對該文作了理解性闡述。梁啓超的文章說：「今日欲改良群治，必自小說界革命始，欲新民，必自新小說始。」（《新小說》創刊號）而徐志摩的文章竭力倡導的也是這種促進改良社會的新小說。

徐志摩認爲，科學、社會、警世、探險、航海以及滑稽等各種小說，都將有益於社會：「科學小說，發明新奇，足長科學知識；社會小說，則切舉社會之陋習積弊，陳其利害，或破除迷信，解釋眞理，強人民之自治性質，與社會之改革觀念，厥功最偉；警世小說，歷述人心之險惡，世事之崎嶇，觸目劌心，足長涉世經驗；探險航海小說，或乘長風，破萬里浪，或闢草萊，登最高峰，或探兩極，或覓新地，志氣堅忍，百折不回，足以養成人民之壯志毅力；至若滑稽小說，雖屬小品文字，而藉詼諧以諷世，昔日之方朔髡奴，亦足以怡情適性，解愁破悶。」

因此，他總結道：「凡諸所述，皆有益小說也，其裨益社會殊非淺鮮，有志改良社會者，宜竭提倡之。」（陳從周：《徐志摩年譜》）徐志摩切中要領，侃侃而談，文白夾雜頗似「新民體」，足見他那時對梁任公敬慕之強烈。

在那個除舊佈新、不患趨新而更患守舊的時代裡，一個年少的中學生，一個活潑愛鬧的富家子弟，能有這種新思想、新眼光，能有這種極力改良社會、經世強民的心態，實屬難能可貴。雖蹈襲新哲，也稱得上是得風氣之新，不能簡單看成追逐時髦。不過，從日後徐志摩所走的文學道路看，他在很大程度上遠離了這樣的文學觀念。他既沒有走倡文學社會功利之路，也沒有在小說領域裡花費多少精力，他唯一的一本小說集《輪盤》，大半是詞藻的堆砌。他自己也承認，他中學時雖對各種小說都有過一番領略，但因筆不會轉彎子，所以寫不成一篇像樣的小說。

撰寫〈愛因斯坦相對論〉

中學時代的徐志摩對什麼都懷著濃厚的興趣，除了國文、英文學得漂亮外，他在數學、物理、化學、地理等科目中也表現突出。從化學課上他知道有一種銀白色的結晶體叫「鐳」，能夠放射出大量熱能，又幾乎能穿透一切物體，於是他一度對「鐳」著了迷，並閱讀了一些有關鐳的發現和地球形成的書，寫下了〈鐳錠與地球歷史〉一文，發表在校刊《友聲》第二期上。該文介紹了當時國外科學家才發現不久的新知識，對鐳之發現在人類歷史發展中的意義作了讚頌，字裡行間充滿了他崇尚居禮夫人、崇尚科學的深情。他還瘋狂地迷過愛因斯坦的相對論，後來撰寫〈愛因斯坦相對論〉長文，專門介紹相對論學說。據說後來成爲他老師的梁啓超，正是拜讀了發表在一九二一年《改造》雜誌上的這篇「徐君大作」，才總算弄懂過去一直未曾看懂的愛因斯坦的哲學。

喜愛天文學

這一時期，在自然科學上最能吸引徐志摩的還是天文學，對此父親徐申如記憶深刻。先天近視的兒子，自那一晚戴上眼鏡在家中後視窗發現了滿天星斗和夜空的美麗之後，不管是繁星閃爍的夏夜，還是寒風凜冽的冬夜，他都獨自對著滿天星斗發愣，琢磨著各種星座的神態，他的神魂也就離開了這彈丸般的地球，飛向遙遠的宇宙。進杭州府中後，徐志摩讀了許多天文書籍，並做了許多筆記，準備收集材料寫一本關於天文的書。所以，只要誰一提起天文學，他就喜形於色，滔滔不絕地講述許多有關星星的知識和神話。每逢寒暑假，他搬回家的書中，天文方面的最多。父親開始還管束他，說喜歡讀書是好事，只是天文地理知道些即可，總不能當飯吃，多學點文章之道、格物致知之理，以成爲實業經營之才方是正經之道。好在徐志摩聰明穎悟，功課總得第一，也崇拜有學問有膽略的政界學界名流梁任公先生，還學著梁先生做起了文章登在校刊上，父親才對他不再過分管束。

徐志摩後來曾對女建築家林徽因，以及學生趙家璧談過自己怎樣對天文學感興趣。林徽因在回憶徐志摩時談到「他早年很愛數學，始終極喜歡天文，他對天上星宿的名字和部位就認得很多，最喜暑夜觀星，好幾次他坐火車都是帶著關於宇宙的科學的書」（《林徽因文集·文學卷》）。趙家璧回憶說：「你曾告訴我你在文學之外，對於天文最感興趣，你說要是在暑天的夜晚，你可以告訴我許多星的名字。你叫我們閒時念些淺近的關於天文的書，你說可以使我們的靈魂，不致每天按著地球跑，也得飛向遠去看一看這座宇宙星辰的神秘。」（趙家璧：〈寫給飛去了的志摩〉）這和徐志摩「想飛」，想掙脫小小地球的羈絆，要到廣袤的宇宙裡去遨遊的大膽設想，以及浪漫性靈的形成是一脈相承的。

一九一五年夏，徐志摩一如既往地以優異的成績從杭州一中畢業了。此時的徐志摩已長成一位高大英俊的小伙子，全身充滿熱情和朝氣，以及對未來種種的美好幻想；從省城歸來時，全家人興高采烈，圍著他問這問那。老成持重的申如公看著日益成熟的愛子，內心甚感欣慰，更在盤算這位家業繼承人今後的出路。

一九一七／北京大學

中學畢業後的徐志摩隨即考入北京大學預科學習。一九一六年春，因結婚就近轉入上海滬江大學預科。同年秋，又北上進天津北洋大學預科。一九一七年秋，北洋大學法科併入北京大學，他再次赴北京大學，專攻法政。一九一八年夏，他離開北京大學赴美國克拉克大學（Clark University）歷史系學習。

在這短短的三年裡，中國的政治風雲變幻多端，戰爭連綿不斷，洪憲帝制、護法倒袁、張勳復辟、直皖之爭等政治事件接連發生。這期間，徐志摩來往於四個大城市之間，雖然這不時的變動是為求學計，但卻使二十剛出頭的徐志摩大開眼界。動盪不安的社會反倒使這個從富商家庭出來的嬌寵少爺在南北往返的學習和觀察中，對中國現實有了更切實的了解。就在這動盪的時期裡，徐志摩完成了對他一生影響至深的兩件大事——結婚生子和拜師學藝。

一九一五／與張幼儀結婚

一九一五年十二月五日，徐志摩在父親的安排下與上海寶山名門望族的小姐張幼儀結婚。雖然這樁婚姻並非完全出於徐志摩的自願，但他因此成了當時政界極有影響力的張君勱的妹夫，並經過張君勱的介紹，才順利地成爲一代宗師梁啓超的入室弟子，這也是徐志摩出國前三年時間裡，婚姻之外最有意義的事。

如果說徐志摩的婚姻是出於對父母之命的遵從，那麼，拜梁啓超爲師是他嚮往已久的事。從中學時代起，他就震眩於梁啓超的「新民體」文章，爲梁啓超的學識與文采所傾倒。來到北京大學讀書後，他住在姑丈蔣謹旃的族弟蔣百里家中。蔣百里是中國著名的軍事理論家，早年留日，畢業於日本陸軍士官學校步兵科，畢業時名列全校之冠，天皇親授指揮刀，日本朝野震動。回國後曾任保定軍校校長，此時在段祺瑞政府裡掛一個公府顧問的空頭銜。他是梁啓超的門生，和梁啓超的關係十分密切，誼兼師友。對於這樣一位待人和藹、學識淵博、經歷傳奇、名聞國內的鄉里先輩，徐志摩一向敬佩備至，親熱地稱蔣百里爲「福叔」。而對志摩這位小同鄉，蔣百里不但欣賞其才華，也喜歡志摩磊落的性格，對志摩提攜有加。他們在一起無話不談，十分投機，倒成了忘年之交。他常對徐志摩稱道梁任公的學識與爲人，這使本已傾倒於梁任公腳下的青年志摩對梁啓超益發敬仰了，自然而然就產生了要師從這位一代宗師的念頭。

徐志摩想師從梁啓超，與此時學習政治學的興趣濃厚有關。在民國初期的一、二十年間，政局動盪，法學、政治學遂成「顯學」，各種各樣的法政專門學校林立興起，青年學子們趨之若鶩，中學階段就關心政治的徐志摩，此時熱心政治學自在情理之中。梁啓超的政論文章早就讓徐志摩佩服得五體投地，而名滿天下的梁啓超此時已是進步黨研究系的首領，段祺瑞政府的內閣成員，在政界的地位與聲望都非同一般。當精明的徐申如得知兒子欲拜這位學界首領、政界名流爲師時，深知這又是一個擴大社會關係的好機會，不但於兒子的錦繡前程有利，也對自己經營的徐家事業大有好處，於是毫不猶豫地拿出一千大洋，做爲兒子拜師的贄禮，這在當時不是一筆小數目。

一九一八／拜梁啟超為師

一九一八年六月，正就讀北京大學法學院的徐志摩經蔣百里引薦、妻兄張君勱介紹，正式拜師梁啓超，成爲這位在中國近代史上一度叱吒風雲的一代宗師的新弟子。拜師行禮那天，梁先生見態度恭謹的徐志摩眉宇清雅，目光伶俐，問答之間也透露出聰穎之氣，自然十分滿意。這次拜師後，徐志摩給老師寫了一封信，再三致意，說不盡的崇敬感激之情，謙恭與仰慕表達得十分得體：

> 夏間趨拜椠範，眩震高明，未得一抒其愚昧，南歸適慈親沾恙，奉侍匝月，後復料量行事，僕僕無暇。首塗之日，奉握金誨，片語提撕，皆曠可發蒙，感抃乍會，至於流涕。具念夫子愛人以德，不以不肖而棄之，抑又重增惶悚，慮下駟之不足以充御廄。而有愧於聖門弟子也。敢不竭跬步之安詳，以翼千里之程哉？（陳從周：《徐志摩年譜》）

同時，他在一篇日記裡也曾有一段肺腑之言：「讀任公先生〈新民說〉及〈德育鑑〉，合十稽首，喜懼愧感，一時交集。《石頭記》寶玉讀寶釵之〈螃蟹詠〉而曰：『我的也該燒了！』今我讀先生文亦曰：『弟子的也該燒了！』」膜拜之情，溢於言表（陳從周：《徐志摩年譜》）

徐志摩是張君勱的妹夫，又是蔣百里的晚輩親戚，徐志摩本人又頗具才情，加上一千大洋的厚重贄禮，所以，梁啓超對這位年輕弟子十分器重，建議他到國外去留學，開闊眼界，學一點眞本領眞學問，爲將來立身報國準備。當時正是國人「尊西崇新」之風熾烈之際，留學歐美更是青年學子夢寐以求的理想追求。老師的建議不禁使這位志向高遠、性情浪漫的弟子心情激盪不已。

徐志摩回家向父親稟報了梁任公的建議，正合徐申如之意。遠涉重洋，赴歐美留學的費用是十分昂貴的，非富家子弟不敢想像。徐志摩年來輾轉各地求學，加上結婚生子，官費留學未必考得上，就是自費留學也得出去。爲了兒子的前途，申如公顯示了經營實業時的遠見和魄力；爲了兒子有個嶄新的開始，申如公又決定爲兒子改名「志摩」。

不管徐志摩的人生道路後來經歷了怎樣的變化，這一時期的結婚生子和拜師兩件大事都深深影響了他短暫的一生。在傳統成家立業的意義上，徐志摩後來的生活都對早年的選擇有不同程度的反叛——婚姻的反叛與事業的反叛。而這兩種反叛徐志摩都以其生動和徹底的形式，在同時代的中國知識份子中留下鮮明的個性色彩。

一九一八／美國克拉克大學

在硤石老家短暫停留後，一九一八年八月十四日，徐志摩在上海浦江碼頭飄然登上了奔赴新大陸的南京號遠航輪。與他同行的有朱家驊、董任堅、張歆海、汪精衛、查良釗、李濟之等一批日後在中國現代史上頗有影響的人物。

汽笛一聲緊似一聲，「南京號」在轟隆轟隆的發動機聲中緩緩駛離港口，向水天一線處馳去。海輪航行在浩瀚的太平洋上，徐志摩久久佇立船舷，遙望一線國土，眼觀大洋洶湧的波濤，耳聽海輪擊碎浪花的轟鳴，面對即將到來的新生活，他思緒難羈，激動不已。

他想到了父親的教訓：學習西方金融實業管理知識，以承繼發展家業。但是，他生不逢時，置身亂世，看到的是北洋政府更加腐敗、國家更爲貧弱、民族危機日益加深的現實，身爲一個熱血男兒，他想得更多的卻是一個有爲青年振興祖國的義務與責任。在「國難方興，憂心如搗，室如懸磬，野無青草」的情況下，只有青年才是國家的眞正珍寶，國家振興的希望。因此，有爲青年對自己的學習專業必須愼重對待，「愼爾所習，以驕我腦。誠哉，是摩之所以引惕而自勵也」（《陳從周：徐志摩年譜》）。在西潮衝擊下，置身於前往歐美探詢新學眞知的留學大軍中，徐志摩的思緒比父親的期望飛得更高、更遠。

決心做中國的漢密爾頓

八月三十一日，在旅途的船上，他揮毫疾書了〈啓行赴美文〉，暢談他爲中華圖強、民族復興而渡海求學異邦的豪情壯志。就在這篇文章末尾，他第一次啓用了父親給他取的新名字「徐志摩」。

徐志摩說到當今國難方興，愛國男兒怎麼辦？他的回答是團結起來，衆志成城，革弊俗，進行改革。「方今滄海橫流之際，固非一二人之力可以排奡而砥柱，必也集同志，嚴誓約，明氣節，革弊俗，積之深，而後發之大，衆志成城，而後可有爲於天下。」他確信「撥亂反正，雪恥振威」，在此一舉。他還回顧了歷史，總結了清末以來留學生的教訓，認爲自戊戌政變以來，大批渡海留學的青年，出國留學前，莫不握拳呼天，油然發其愛國之忱。然而，竟學歸來，有的人卻蔽於利，有的人絀於用，有的人甚至陷於絕境，不是鮒涸無援，就是枉尋直尺。「遊學生不之競，何以故？」其內因，本人沒有堅強的毅力，因而懦弱，易誘；其外因，是社會、家庭親友沒有明確的規範去約束他們的思想行爲。於是，他提出，「必內有所確持，外有所信約者，此疏導之法也。」其前提，青年一代要認清形勢，自覺地承擔大任，信心百倍地去爭取光明的未來。

〈啓行赴美文〉申明了自己遠涉重洋的目的，是以天下爲己任，取法義大利之三傑（讀梁任公的《義大利三傑傳》），發揚劉子舞劍、祖生擊楫的傳統，急起直追，挽救祖國的危亡！他寫道：「傳曰：父母在，不遠遊。今棄祖國五萬里，違父母之養，入異俗之域，捨安樂而耽勞苦，固未嘗不痛心欲泣，而卒不得已者，將以忍小劇而克大緒也。恥德業之不立，遑恤斯須之辛苦，悼邦國之殄瘁，敢戀晨昏之小節。」〈啓行赴美文〉的末尾，他誠懇地立下了誓言：「故益自奮勉，將悃悃愊愊，致其忠誠，以踐今日之言。」愛國之心，酬報之志、振奮之情躍然紙上！

結束了二十一天的海上生活，九月四日，徐志摩抵達三藩市。接著，又橫跨美國大陸，經芝加哥、紐約等城，最後到達麻塞諸塞州的克拉克大學（Clark University），就讀於歷史系三年級。

按父親的安排，徐志摩出洋留學是要爲日後進金融實業界奠基的，徐志摩也意識到「時勢造英雄」的歷史契機，決心做中國的漢密爾頓（Hamilton），在中國政治、經濟舞台上大顯身手。所以到美國後，他給自己起的英文名字是漢密爾頓・徐，意在景仰美國偉大的政治家、聯邦黨領袖、哥倫比亞大學開創時的校友、美國建國後第一任財政部長漢密爾頓。可見，他的個人志向和父親的願望並無矛盾衝突之處。

爲磨練自己的意志與毅力，實踐自己在〈啓行赴美文〉中的誓言，不負父母親人的期望，剛到美國，徐志摩就與同宿舍的黃任堅、李濟之等一起訂下了章程：每天六時起身，七時「朝會」（激恥發心），晚唱國歌，十時半歸寢，日間勤學而外，運動散步閱報，儼然一副「天將降大任於斯人也」故而苦心向學的奮發氣概。學習生活安排得緊湊有序，談不上多少旁逸斜出的追求，更沒有什麼荒嬉學業的心思與舉動，完全是一個勤奮刻苦的學生形象。

徐志摩在異國他鄉也同樣顯示了超群的才華。在克拉克大學，他學的課有：歐洲現代史、十九世紀歐洲社會政治學、一七八九年後的國家主義與軍國主義外交及國際組織、商業管理、勞工問題、社會學、心理學，還有兩門法文和一門西班牙文，內容涉及政治、經濟、外交、社會與社會問題、心理、語言等諸多領域，此外，他在康乃爾大學夏令進修班還修得四個學分。一九一九年六月，徐志摩以優異成績完成了克拉克大學的學業，並獲得一等榮譽獎。同年九月，徐志摩轉入紐約哥倫比亞大學經濟系攻讀碩士學位，傾心於政治、勞工、民主、文明、社會主義等問題的研究，這顯然是他大學學業的繼續。一九二〇年九月，徐志摩獲哥倫比亞大學碩士學位，論文是《論中國婦女的地位》。

一九二〇／美國哥倫比亞大學碩士

從入學到獲碩士學位僅僅兩年，這在一個人的生命中不算漫長，但在只活了三十六歲的詩人徐志摩身上，卻是一生中唯一眞正接受系統學術教育的時間，因成天忙於聽課、筆記、考試，這也是他生命中負荷沈重的一個時期。名目繁多的功課，即使對母語是英文的美國學生而言也不輕鬆，何況是對英文還不那麼嫻熟，剛走出國門的徐志摩呢？除了法文、西班牙文兩門外語，他課外還涉獵大量西方新知識；搬到哥倫比亞大學後，課業負擔並未減輕，但他幾乎只用了一年時間就取得碩士學位。別說是在學階森嚴的一九二〇年代初，即使在今天也堪足納罕的了。徐志摩當年在海外勤學苦修的情形可以想見。

雖然徐志摩在哥大尚未改變自己既定的人生志向，也尚未改變父親爲他選擇的人生道路，還是按自己既定的計畫完成學業，但哥大是中國留學生雲集的地方，在這裡，他感受到了來自國內五四思想潮流以及紐約這個閱盡世道滄桑、人情冷漠的國際大都市對他的衝擊。

活潑、好動的徐志摩，學習之餘，也爲外界風潮所動，常參加各種社會活動。早在克拉克大學時，他就加入了學生陸軍訓練團接受軍事訓練，還和李濟之連袂赴哈佛大學參加中國學生組織的國防會。他還關注著世界的風雲變幻。一九一八年十一月十一日凌晨三時，第一次世界大戰停戰消息傳來，頓時美國上下歡天動地，若狂若醉，紐約的遊行隊伍達一公里之長。徐志摩從美國人民的愛國熱情中感悟到了愛國主義與民主精神的巨大力量，他興奮不已地在日記裡寫道：「方是時也，天地爲之開朗，風雲爲之霽色，以與此誠潔摯勇之愛國精神，相騰嬉而私慰。嗟乎！霸業永詘，民主無疆，戰士之血流不誣矣！」（《陳從周：徐志摩年譜》）

受美國人民愛國熱情的影響，國內青年的愛國運動和思想潮流波及到美國，在徐志摩胸中也激起了同樣的愛國熱。來哥大後，他更關心國內的五四運動。每每得到五四的消息，他都感情激發而不能自已，而這種熱忱在留學生那裡主要表現爲閱讀、研究各種政治思想學派的學說，企求從中探索出解救中國的上乘方案。他和當時的愛國知識青年一樣，急迫地吸收西方的新知識，幾乎西方每一種哲學思想、主義與主張，都在徐志摩求知慾旺盛的炯炯目光下被一一過濾，從無政府主義到社會主義，從集體主義到個人主義，從盧梭、伏爾泰、漢密爾頓到叔本華、尼采、羅素，到克魯泡特金和馬克思，他均有涉獵。難怪許多年後，一位朋友總結徐志摩時，有「感情之浮」與「思想之雜」之評，這種雜亂的思想也許正是在大洋彼岸如飢似渴地吸收新知的緣故吧。不過，才智過人的徐志摩並非機械式平均吸收西學，對他眞正產生較大影響的當爲尼采的超人哲學和羅素的思想。

同情社會主義被戲稱「布爾什維克」

本來，出國前徐志摩因受實業家庭和當時實業救國思潮的影響，崇尙實業救國的主張，認爲振興實業即多開工廠，這樣可以解決貧民生計問題，也可以塞住漏卮。所以，他一見到工廠屋頂上高矗的煙囪，就油然而生敬意，以爲這就代表了強盛、興旺發達。在美國生活一段時間後，書本上的揭露及生活裡的見聞，使他的想法漸漸改變。首先是英國政論家、藝術評論家魯希金（John Ruskin）和馬克思修正了他對於煙囪的見解，以致當他離開紐約，看到自由女神的雕像時，都使他聯想起煙囪而生厭惡。另外，歷史老師有一天上課時指著不遠處比比皆是的煙囪說，年輕的小孩子鑽進煙囪清理，不時有被熏焦的。於是，他轉而傾心於政治救國，在哥大攻讀碩士學位期間，他進修的雖是經濟系，但選的課程側重政治方面，在課外，他也加緊研究各種政治學派的學說。

徐志摩也曾同情過社會主義，留學生中有人一度還叫他「布爾什維克」。這既有詩人自己敏感心靈的體驗，也是時代的風氣所致。首先是他看了一部關於芝加哥製肉糜廠童工遭遇的小說。說是一個很小的孩子在操縱機器時，不小心把自己的手臂碾軋了進去，和著豬肉一起做了肉糜。那個星期內，那家工廠的食品行銷東部各大城市，至少有幾萬人分嘗到了那小孩的臂膀。在徐志摩看來，這種悲慘可怕的事情之所以發生，主要是因爲工廠是唯利是圖的資本家開的，因此他不能不恨資本家。另外，自己打工掙錢的流血事件也使他對資本家和業主產生了恨意。與從小生活在舒適安逸的環境不同，出國後他不但要承受遠離家國的孤寂之苦，還要經受許多自強自立的鍛鍊。有一段時間，徐志摩在喬治湖畔一家餐廳打雜。每天，他要推著放有一、二百個碗碟刀叉之類餐具的餐車，在廚房和餐廳之間來回奔走。剛開始，推著小車，口裡哼著歌，他還曾感到一種異樣的快樂，在疲憊已極的時候略得休息。實際上，這種工作十分辛苦。有一天，他不小心把車弄翻了，碗碟刀叉摔碎了一大堆，俯身撿拾中，兩手也被碎屑刺得鮮血淋漓。他十分狼狽，也非常惶恐，幸虧他的同事——一個西班牙人幫他把碎屑弄到陰溝裡去了。徐志摩回到寓所，不免垂頭喪氣。

經過這件事後，從人道主義立場出發，徐志摩決定研究社會主義，一時「《新青年》的勞動號極願意看」，還認眞做了一些關於社會主義的文章，書架上也擺了幾本講蘇俄的書。蘇俄十月革命的成功及其體現的一種嶄新面目，引起世人極大興趣和嚮往，社會主義頓時成爲一股世界性的熱潮。密切關注國內思想動態的青年徐志摩天性純良，一時迷上這股時髦思潮並不奇怪。不過，和當時的許多知識青年一樣，他最初看到的是馬克思前期的空想社會主義學說，和眞正的馬克思主義還相距甚遠，他對社會主義的興趣也說不上是理性思考的結果。

尼采是他異鄉生活的精神慰藉：「我彷彿跟著查拉圖斯脫拉登上了哲理的山峰，高空的清氣在我的肺裡，雜色的人生橫亙在我的眼下。」（〈弔劉叔和〉）他常嚼讀尼采的著作，以鼓勵自己向前。如他覺得異常懊喪的時候，讀著尼采的一句話：「受苦的人沒有悲觀的權利。」頓時就會感受著一種異樣的驚心，一種異樣的徹悟。他以爲極簡單的幾個字卻有無窮的意義與強悍的力量，正如天上星斗的縱橫與山川的經緯，在無聲中暗示你人生的奧義，去除你的迷惘，照亮你的思路。此外，尼采頌揚的權力意志（Will power），也一直被徐志摩視爲個人生存、發展的不二法門，他甚至宣稱自己是不可救藥的個人主義者。從一定程度上來看，尼采思想的影響，成爲徐志摩後來對現實和反叛的思想因素之一。

一九二〇／尋訪羅素

尼采畢竟已經發瘋死了，而另一位反傳統的哲學思想家卻正受當時的西方世界所矚目，這就是英國的哲學家、劍橋大學的教授羅素（Bertrand Russell, 1872-1970）。視野開闊的徐志摩自然及時捕捉到這位英國大哲亮麗活潑的思想，就像他那「流質易變」的老師梁啓超一樣。徐志摩從對尼采超人哲學的信奉一轉而成對羅素的深深景仰，一如他當年對梁啓超的崇拜一樣。正是這種景仰產生的嚮往之心，促成不久後留學生涯中最重大的轉折，從而直接影響了他短促而不平靜的一生。

羅素不僅是著名的哲學家，也是著名的社會活動家，其涉及哲學、政治、社會、文化、科學等諸多領域，貢獻甚大。在政治態度上，他同情社會主義，反對侵略戰爭，主張和平主義。其學術聲望、社會主張和個性魅力，贏得了當時留美學生和國內知識界的普遍尊重。此時的徐志摩已悉心研讀過羅素的諸多作品，如《到自由之路》、《我們對外界的認識》、《戰爭中的公理問題》、《社會改造原理》等。徐志摩對羅素的思想十分欽佩，對羅素那種在逆境中堅持自己確認的眞理，不向豪門權貴低頭的戰鬥精神，敢於藐視世俗偏見的叛逆性格，尤爲心折。在那時的徐志摩眼中，羅素就是「二十世紀的伏爾泰」，是一位思想界和知識界的鉅子；尼采是他理想中的羅素，羅素就是現實中的尼采，羅素的魅力在英倫彼岸向他招手，能親炙這位大師，已成爲此時夢寐以求的理想。縱情任性的徐志摩，不由自主地向那位巨人走了過去。

一九二〇・九・二十四／離開哥大・反叛的第一步

一九二〇年九月二十四日，一個寂寥、冷淸的淸晨，二十五歲的徐志摩披著一襲晨霧，向母校哥大默默注目。隨後，他帶著一抹歉疚的微笑，揮一揮手，毅然拋卻做「中國漢密爾頓」的夢，放棄他唾手可得的博士學位，離開了哥大，逃離他「早就膩味了」的嘈雜喧鬧、光怪陸離的所謂現代工業文明的紐約城，赴英投他景仰的名師羅素去了。

徐志摩當時怎麼也沒料到，遊學英倫，邁出他反叛的第一步，成爲人生道路上的一個巨大轉折。這不僅與他〈啓行赴美文〉裡告白於天下的抱負各異其趣，更重要的是，決定了他成爲一個具有獨特個性色彩的詩人、散文家，而這一點正是我們對徐志摩其人印象最深的地方。

徐志摩的意願在事前已經函告家中，遠在硤石老家的申如公本爲兒子剛獲得哥倫比亞大學的經濟系碩士高興不已，憑兒子的聰明才智，博士學位指日可待。有了金光閃閃的「洋功名」，加上自己在國內多年聯絡出來的廣泛社會關係，徐家在兒子身上創造另一個輝煌的日子不遠了。萬萬沒料到兒子竟然迷上聞所未聞的哲學家羅素，羅素的分析哲學、數理邏輯不過虛言空談，有何用處，金融實業才是實實在在的眞東西啊！講實學，美國正是世界最理想的求學聖地，兒子現在竟要跑到更爲遙遠又無補實用的英國去，眞是鬼迷心竅、不識大體。

申如公趕緊去信阻攔，曉以大義，可硤石小鎭的父親，此時還怎能拉得住自信自傲、置身西方世界的兒子呢？

一九二〇／抵達英倫．確立信仰

比起浙江硤石來，「康橋」才是徐志摩一生眞正眷戀的情感故鄉。「康橋」爲英文Cambridge 的舊譯，今譯爲「劍橋」，是英國東南部一座風景秀麗的小城。小城之所以出名，在其擁有一所歷史悠久、勢力雄厚、舉世聞名的高等學府——劍橋大學，這也是英國至今引爲自豪的兩所最著名的大學之一（另一所爲牛津大學）。這所創辦於一二〇九年的世界老校，規模宏大，數百年間，英才迭出，世人仰慕，牛頓、培根、達爾文、彌爾頓、丁尼生、拜倫、華茲華斯、阿諾德、紐曼、懷德海、維根斯坦……一大批名聞世界、彪炳千秋的哲學家、科學家、大詩人、社會活動家先後從這裡昂首走出。在劍橋的數十個學院中，羅素是最負盛名的三一學院的著名學者。

一九二〇年九月二十四日，徐志摩匆匆西渡遊學英倫，他本來就是爲投奔羅素這位思想大哲去的，在他的心裡，不知已多少次呼喚過這位康橋新老師的名字，不知多少次想像過接受羅素「活力、勇氣、敏感、智慧」的自由教育的種種情形，越靠近康橋，他的心也越激動、興奮。然而，當徐志摩到達倫敦時，等待他的卻是一連串的失望：羅素被自己的老師梁啓超創辦的講學社和北京大學聯合邀請，正在中國講學。從一九二〇年十月十三日，羅素抵達上海，到一九二一年七月，羅素在華講學近十個月，先後在上海、南京、長沙和北京等地進行一系列演講。內容從哲學（如數理邏輯、物的分析、心的分析、社會結構學等）到社會改造問題（如發展教育、興辦實業、宣傳社會主義等）均有涉及，又對蘇俄的革命和建設及中國的問題發表許多見解。羅素在華的演講很受歡迎，各大報刊紛紛轉載，有些還以著作的形式出版，影響甚廣。這眞令徐志摩哭笑不得，自己辛辛苦苦負笈重洋，直奔哲人老巢，到頭來竟被國內知識青年捷足先登了。此外，這時的劍橋大學對羅素也很不客氣，因羅素在戰時主張和平，積極反戰，加上他那異於世俗的離婚事件，羅素已被劍橋三一學院除名，不能在劍橋授課了。

失望和無奈之餘，他只好進了倫敦大學政治經濟學院，攻讀政治經濟學博士學位，師從著名政治學家拉斯基教授。這一情形，倒令申如公頗感欣慰。其實，此時的徐志摩已經不是初到美國時循規蹈矩的徐志摩了，他的志趣愛好、新的人際關係和生活氛圍，加上他那熱情如火、浪漫任情的天性，使他的追求與情調發生了變化，他追求著另一種自由閒適的求學方式，正如他所寫：徘徊倫敦街頭，「那是我深感抑鬱和追求新方向的一段時期」。因此，他沒有在倫敦大學待多久，就由剛結識的劍橋學者狄更生（G. L. Dickinson）介紹，在劍橋大學王家學院做了一名「特別生」，可以在王家學院自由聽課。從此，徐志摩既圓了期求已久的「康橋夢」，又可以隨性自如、縱情發揮自己的靈性了，中國現代史上的一代大詩人就在這裡悄然崛起。

徐志摩從初至倫敦到一九二二年八月啓程回國，短短的兩年時間，他接受「康橋」的洗禮。這不但奠定了他一生政治觀、藝術觀的基礎，轉換了他職業的嗜好，也深深影響著他今後的個人戀愛婚姻生活。深情地回憶這一段難忘的生活，他自己也說：

我在康橋的日子可真是享福，深怕這輩子再也得不到那樣甜蜜的機會了。我不敢說康橋給了我多少學問或是教會了我什麼。我不敢說受了康橋的洗禮，一個人就會變氣息，脫凡胎。我敢說的只是——就我個人說，我的眼是康橋教我睜的，我的求知欲是康橋給我撥動的，我的自我意識是康橋給我胚胎的。

（〈吸煙與文化〉）

在美國兩年，徐志摩忙的是上課、聽講、考試。在英國，他也住了兩年，經常忙的卻是廣交名流和看閒書。正是在和英國友人一同散步、騎車、抽煙、閒談、喝茶、吃牛油烤餅中，他接受了劍橋文化的洗禮；在廣泛獵取英國名人著作的精髓中，也就是所謂看閒書中，確立了他人生的基本哲學。他在家書裡寫道，他尤喜與英國名士交接，得益倍蓰，眞所謂學不完的聰明。這是他當時生活的眞實感受。

一九二一／遇羅素

在那些日子裡，徐志摩結交了許多英國朋友，其中自然首推羅素。初到倫敦時，人們謠傳羅素病死中國，徐志摩信以爲眞，悲傷之餘，還痛書悼詩，寄託自己的哀思。其實這是由日本新聞界誤傳而引起的風波。原來羅素在寒冷的冬季奔波演講中得了重感冒，引起急性肺炎，昏迷了近一個月後才醒過來。羅素病癒回國後，徐志摩打聽到地址，於一九二一年十月二十五日終於見到了他心儀已久的羅素。之後，他就常來往於劍橋與倫敦，聽取羅素那激動人心的演說，以及滔滔不絕的高談闊論。他覺得聽羅素說話好比是看法國煙火：種種眩目的神奇，不可思議地在半空裡爆發，一胎孕一胎的，一彩綰一彩的，不由他不訝異，不由他不欣喜。徐志摩也成了羅素家中的座上客，當羅素第一個孩子滿月的時候，他帶一群中國留學生，按照中國的傳統習慣吃紅雞蛋和壽麵，祝羅素夫婦喜得貴子。這時的徐志摩更貪婪地閱讀羅素的著作，進一步增長了他對羅素的敬仰，而羅素的政治觀、人生觀及精神氣質都深深地影響了他。

羅素出身於貴族家庭，他的趣味、舉止、衣著和習慣都是貴族式的，典型的傳統英國紳士風度；但在思想觀念上，他痛惡宗教的、傳統的社會，懷疑既成的見解，醉心於荒誕不經、似是而非的妙語，並表現得相當隱晦而又睿智，是一個苛刻、嚴厲、鋒芒畢露的批評家。他談笑風生，尤其在一般的談話中，當別人的插話阻礙他運用銳利的邏輯武器，來把自己的論題講個淋漓痛快時，他更是踔厲風發，越阻越奮。這一切都塑造了徐志摩後來的自信、好辯和反叛現實的性格。徐志摩在新月社的圈子內，在朋友中間，「活潑、靈動、嘮叨、興奮及其談鋒之自在如意」，「像一陣旋風捲來，橫掃四座，又像一把火炬把每個人的心都點燃」（梁實秋：《談徐志摩》）的形象，頗有點像羅素在百花園沙龍中給人的印象。只是由於天性迥異，徐志摩友善和氣，羅素則以富於攻擊性的論辯征服別人。

不過，徐志摩並不盲從羅素，只要看出問題他就直率地提出批評。如在對共產主義與蘇俄的觀點上，羅素開始熱情地歡迎俄國革命，認爲「這個世界糟糕透了，列寧和托洛斯基是唯一的光明所在」（宋炳輝：《徐志摩傳》）。但當他看到蘇俄國內的實際情況後，態度就極度地矛盾起來，既對剛誕生的蘇俄的「貧窮」、「野蠻」失望，又覺得「它一切都在生機勃勃地開始」。徐志摩讀了他寫的《布爾什維主義的實踐與理論》一書後，一反過去對羅素的一味崇拜，批判其赴蘇聯前後判若兩人的態度。但他沒料到幾年後自己重蹈了羅素的心靈之路，在蘇聯實地考察後，美麗的夢幻一樣被碾碎了。

才子與偉人，惺惺相惜，兩人在英國相談甚歡，還有書信往來。一九二五年七月，第二次來到歐洲的徐志摩赴英見到羅素，並在他家住了兩晚。一九二八年徐志摩第三次赴歐，九月，徐志摩最後一次見到羅素。在他看來，哲學家還是跟往常一樣，話語間充滿了辛辣的情趣和溫存的幽默感。他們珍惜一分一秒見面的時間，對座長談，近凌晨兩點，幾乎還不自覺。當時天氣十分不好，徐志摩卻十分愜意，和哲學家促膝談心，補償了這一切因自然的變幻所導致的損失。在徐志摩的心中，羅素的智慧和人格魅力，是永遠令他傾倒的：「羅素是現代最瑩澈的一塊理智結晶，而離了他的名學數理，又是一團火熱的情感；再加之抗世無畏道德的勇敢，實在是一個可作榜樣的偉大人格，古今所罕有的。」（〈羅素與中國〉）

自然，羅素也十分珍惜和徐志摩的友誼，在一九五〇年至一九六〇年間分類編輯他的書札手稿時，這位八十多歲的老人在徐志摩的書信一欄寫下這樣的按語：「徐先生是一個有很高文化修養的中國籍大學肄業生，也是能用中英兩種文字寫作的詩人。教他中國古典文學的老師，是一個從出生起就沒有洗過一次澡的人。當這位老先生逝世後，徐先生因是當地的地主，別人就問他是否要爲死人潔身，徐先生答道：『不要，就這樣葬他好了。』」（梁錫華：《徐志摩海外交遊錄》）

遇狄更生、傅來義、嘉本特

羅素之外，康橋生活中，徐志摩交往最深的是狄更生（G. L. Dickinson）。狄更生是一個頗得青年敬愛的學者，他慈祥溫藹，慷慨無私，風趣動人，充滿振奮人心的活力；他所關心的是愛和眞，他所希望的是人心向善；他主張政治社會改革，提倡古希臘式的生活，崇讚老子，敬仰歌德、雪萊等偉大的浪漫作家；他滿懷赤子之心，熱愛人類，在大英帝國國勢隆盛、氣焰萬丈的日子裡，他能認識自己民族之長處，不存種族文化偏見，努力於人類大同之理想。這一切都對徐志摩有很深的影響力。徐志摩很愛讀狄更生的《一個中國人的通信》，他稱讚這本書的文字之美前所未有，一字不多，一字不少，如澗水活流一般。這本書盛讚中國的文明，這種在西方知識份子中十分少見的觀念，使徐志摩對狄更生尤感親近，認爲他是中國人最好的朋友。在一九二二年八月七日寫給英國朋友傅來義（Roger Fry）的信裡，徐志摩深情地寫道，此生最大的機緣是得遇狄更生，是因爲他，自己才能進康橋享受那些快樂的日子，對文學藝術的興趣也才固定成形了。

徐志摩回國後，和狄更生的友誼隨著時間的推移進一步加深。徐志摩徵得梁啓超和蔡元培的首肯，曾用講學社的名義邀請狄更生舊地重遊，可惜狄更生因事未能如願。一九二八年，徐志摩第三次赴英時，在康橋沒有見到狄更生，深爲遺憾的徐志摩只好經巴黎、杜倫、馬賽準備乘海船回國，一路用電報和狄更生聯繫，狄更生也滿懷熱情，一站一站地追，最後兩人在馬賽相見，揮淚相別，這是他們最後的一次會晤。

經狄更生的介紹，徐志摩還和英國一九二〇年代頗有名氣的新派畫家傅來義成爲終生摯友。寬厚溫雅的傅來義把徐志摩引進西歐當時新派畫家的藝術之宮，爲他開啓新的視野，並對他鼓舞有加，使他能親炙那些博大、美麗和高貴的思想與情感。所以，後來徐志摩十分熱情地宣傳新派畫家塞尚、馬蒂斯及畢卡索的藝術成就。徐志摩對傅來義的情誼也是眞摯而深切的，他回國後接到傅來義的來信時快樂極了，在回信中寫道：「你的來信震撼了我全人，你眞摯的同情今晨帶給我一種漫溢心魂而又獨特無匹的感覺；我雖然嘗過各種歡樂的滋味，但與此卻無可比擬！我也沒有辦法把撥動我最深沈的心弦那一種感激之情傳遞給你……只要與你親近和聽到你悅耳的聲音就好了。那是何等的快樂與安慰。」他曾用講學社的名義請傅來義來中國講學，舉辦畫展，因傅來義有病終未成行。直到徐志摩第三次赴英時，才在貝潭和傅來義重逢，幾天的盤桓，使他獲得了無限的喜樂和安慰。

在狄更生、傅來義的介紹下，徐志摩又和英國著名作家嘉本特（Edward Carpenter）相識。那時嘉本特已年近八十歲，思想卻傾向反傳統。他愛人類、愛自由、眷戀大自然的本色，自覺地學習效仿惠特曼（Walt Whitman）的藝術風格，這些都直接影響了徐志摩的詩風。徐志摩後來寫的〈毒藥〉、〈白旗〉、〈嬰兒〉、〈自然與人生〉與嘉本特的散文詩〈向民主〉，在精神與技巧上，都有許多相似之處。

識英國著名作家威爾斯

經中國留學生陳源介紹，徐志摩又認識了英國著名作家威爾斯（H. G. Wells）。威爾斯是很有影響力的歷史著作《世界史綱》的作者，當時已五十多歲。他母親是女僕出身，父親是個園丁，貧寒的家境使他十三歲便輟學就業。在工作過程中，千方百計地節儉積攢了學費才得以進英國皇家理學院，畢業後任教於倫敦大學，後從事新聞事業。他最初喜歡寫科幻小說，後又熱中於寫社會小說。他的思想是社會改良派，認爲藝術只是一種表達思想的工具。主張以社會爲本位，爲了社會而創作社會小說，他不遺餘力攻擊社會一切陳規陋俗，對工業上的不平等待遇尤爲憤慨。徐志摩與威爾斯相識相誼，威爾斯的風趣和平易近人，對當時默默無聞的徐志摩來說，是很大的榮譽和鼓舞，並對他以後改習文學產生了深刻影響。

透過威爾斯，徐志摩又與其好友魏雷（Arthur Waley）認識了。魏雷研究中國文學，在唐詩的理解和翻譯上，國學基礎紮實的徐志摩經常給他具體指導，這使魏雷一直心存感激。直到一九四○年，他還寫了〈欠中國的一筆債〉（A Debt to China）一文，表達對徐志摩的深切懷念，並從中西文化交流的角度，對徐志摩給他的幫助給予高度評價。他說：我們對中國的文學和藝術所知已不少，也略懂二者在古代的中國人中所起的作用，但卻不太清楚文學和藝術在現代中國有教養的人士中的地位如何。我們從志摩身上所學到的就是這方面的知識，所以，「徐志摩是中國在戰後給我們知識界的一項影響。」

至於徐志摩和邪學會（The Heretics' Club）的創辦人瑞玦慈（L. A. Richards，今譯理查）、歐格敦（C. K. Ogden）的交往，更是頻繁而密切。徐志摩是邪學會活動的積極份子，積極支持他們懷疑傳統和反傳統的「異端邪說」，並在論中國詩學活動中費力甚多，對使英國文化界了解中國文化有所貢獻。他們也很看重徐志摩，當瑞玦慈、歐格敦、吳雅各（James Wood）在一九二一年出版合著的《美學基礎》（*The Foundations of Aes-*

thetics）時，還專門請徐志摩在卷首用中文書寫「中庸」二字，以示推許與友好之意。

躋身英國知識名流

躋身於英國知識名流之間，在頻繁的社會活動和極爲濃厚的研討氛圍中，大大激發了徐志摩學習西方文化的興趣，他開始大量閱讀西方名家的作品。他曾說，文學本不是他的行業，他有限的文學知識是「無師傳授」的。他對許許多多文學家、詩人的了解和熟悉都是很偶然的，而不是出於主動積極的追求。如斐德（Walter Pater）是有一天他躲雨到一家舊書鋪無意中發現的，歌德是史蒂文森介紹的，柏拉圖是一次在浴室裡忽然想著去拜訪的，雪萊是因爲他也離婚才去請教的……「杜思退藍夫斯基（杜斯妥也夫斯基）、托爾斯泰、丹農雪烏、波特賴爾（波特萊爾）、盧梭這一班人也各有各的來法，反正都不是經由正宗的介紹，都是邂逅，不是約會。」（〈近代英國文學〉）當時，劍橋王家學院的教學不像美國大學那樣刻板，有充分的時間讓學生自由的閱讀自己愛看的書籍，正是在這樣「一個十分可羨慕的學府」裡，徐志摩閱讀了華茲華斯、拜倫、雪萊、濟慈、哈代等的作品，深受西方浪漫主義和唯美主義思潮的啓示而徹底成爲浪漫主義者。

從倫敦到劍橋，不知有多少次，在煙霧繚繞的沙龍聚會和高談闊論的講演會上，在來去自由的大學課堂、圖書館閱覽室裡，在與名流的一切交往中，徐志摩這個「特別生」猶如投身「英國文化生活的娘胎」中，接受「康橋」的洗禮，脫胎換骨般經歷一番人生的再造，漸漸地樹立起他的「單純信仰」。徐志摩的這個「單純信仰」體現出強烈的個人主義、唯美主義傾向，正是這樣，他才做了一系列影響他終生的決定。其好友胡適後來在懷念徐志摩的文章裡對徐志摩的這種「單純信仰」做了十分精當的概括：「他的人生觀眞是一種『單純信仰』，這裡面只有三個大字：一個是愛，一個是自由，一個是美。他夢想這三個理想的條件能夠會合在一個人生裡，這是他的『單純信仰』。他的一生的歷史，只是他追求這個單純信仰的實現的歷史。」（胡適：〈追悼志摩〉）

一九二〇／識林長民、林徽因父女

在從倫敦到劍橋的生活中，渴求新知，喜好交遊的徐志摩不但結識了一批英國名流，也結交了一些來自國內的才俊之士。如同是留學生的陳西瀅，赴英考察政治的章士釗，遊學英國的林長民、林徽因父女。其中徐志摩和林長民成莫逆的忘年之交，兩人還進行過一場極爲奇特的互通情書遊戲。而活潑聰慧、丰姿綽約、被林長民認爲「論中西文學品貌，當世女子捨其女莫屬」的林徽因，卻成了徐志摩情感深處揮之不去、纏綿難清的生命女神。同時，他與張幼儀那樁由父母做主的婚姻也在這裡走到盡頭。一九二一年初，張幼儀來到英國，與徐志摩一起在離劍橋六英里處的沙士頓過了短暫的家庭生活。同年夏，徐志摩決定與張幼儀離婚。隨後，張幼儀離開英國去了巴黎，同時林徽因從初戀的夢境中冷靜下來，隨父不辭而別回國了。

張幼儀走了，給了徐志摩自由身；林徽因走了，一直杳無音訊，給了徐志摩一顆空寂泣血的心。從此，這顆心被一份「深刻的憂鬱佔定」了。在孤寂痛苦中，在西方浪漫主義作家的啓示下，從小就特別嚮往大自然美麗與神奇的徐志摩，開始主動自覺地去大自然的美景中尋找心靈的慰藉。

一九二〇／在康橋孤獨的生活

康橋的靈性全在「康河」上。康河貫穿劍大校園，徐志摩稱讚：「康河，我敢說是全世界最秀麗的一條水。」（〈我所知道的康橋〉）水很平靜，幾乎看不見它在流動，明淨、清澈，游魚繞石，直視無礙，別有一番女性的文靜與柔情；站在岸頭的草叢裡，影子靜靜地映入水中，鬚眉畢見，又染上一層光亮的碧色，你能說這不是自己的靈魂嗎？徐志摩隨口吟出法國詩人波特萊爾的詩句：「波平有如大明鏡，照著我失望的靈魂。」就在那裡，他看河畔老牛芻草，聽鄰近小村的晚鐘聲和星光下的水聲，像一個小孩子頭一回睜開眼看世界，驚喜地發現：這令人心動的聆聽是他「康橋經驗中最神秘的一種」，大自然的優美、寧靜、協調，在這星光與波光的默契中不期然地進入自己的性靈，醉倒在尋到夢境的幸福裡。

若說康橋的靈性在康河上，康河的精華則在於兩岸蜚聲寰宇的學院建築群。自上而下，康河輕盈地穿過培姆布羅克學院、聖凱薩琳學院、王家學院、克萊亞學院、三一學院、聖約翰學院、麥德蘭學院。那脫盡塵埃氣的清澈秀逸意境，可說是超出圖畫而化生音樂的神韻，再沒有比這一群建築更協調更勻稱的了，特別是那輕挽在康河腰身上的克萊亞的三環洞橋，每每凝視那橋洞間映著細紋的波鱗與婆娑的樹影，凝視橋上櫛比的小穿欄與欄節頂上雙雙的白石球，凝神地看著，徐志摩便覺得：「你再反省你的心境，看還有一絲屑的俗念沾滯不？只要你審美的本能不曾汩滅時，這是你的機會，實現純粹美感的神奇！」（〈我所知道的康橋〉）

康河漸漸進入它的春天，那學院建築群對岸的果園裡，綠草如茵，星星瀾瀾的黃花，在微風裡搖，林葉間，和陽光一起跳躍的鳥兒在飄香的空中歌唱；康河水悠悠地流過，彷彿寧靜柔美的心上人，永遠那麼溫柔地依在你身旁，又永遠不停息地流逝，引出你無限的追戀。春意日漸濃郁，感受著青春與愛的氣息，徐志摩只有感慨：

> 雀兒在人前猥盼褻語，
> 人在草處心歡面赧，
> 我羨他們的雙雙對對，
> 有誰羨我孤獨的徘徊？

在明媚的春光裡品味人生，他彷彿大徹大悟：不滿意的生活大都是自己造成的，生活絕不是我們大多數人僅僅從自身經驗推得的那樣暗慘。

人們的病根是在忘本。人是自然的產兒，就好比枝頭的花與鳥是自然的產兒一樣；但我們不幸是文明人，入世深似一天，離自然遠似一天。離開了泥土的花草，離開了水的魚，能快活嗎？能生存嗎？從大自然，我們取得我們的生命；從大自然，我們取得我們繼續的滋養。……為醫治我們當前生活的枯窘，只要有「不完全遺忘自然」一張輕淡的藥方，我們的病象就有緩和的希望。在青草裡打幾個滾，在海水裡洗幾次浴，到高處去看幾次朝霞與晚照——你肩背上的負擔就會輕鬆了去。（〈我所知道的康橋〉）

在康橋孤獨的生活，徐志摩就這樣回到了自然母親的懷抱。有時，他任選一個方向，任上一條通道，順著那帶草味的和風，騎車放輪遠去。那道上有可隨地休憩的清蔭與美草，有錦繡似的草原，有巧囀的鳴禽。

陸放翁有詩句說：「傳呼快馬迎新月，卻上輕輿趁晚涼。」這是陸游做地方官時的風流。在康橋的徐志摩，雖沒馬騎，沒有轎子坐，也自有他的風流。他常常在夕陽西下時，騎車迎著天邊扁大的日頭直追，他不是夸父，日頭是追不到的，卻嘗到了諸多晚景的溫存。有一次，他看到一大群羊衝著一條大道放草歸來，彷若一朵浮游的白蓮花，偌大一片涵蓋著綠色古原的瑰麗晚霞，在它們身後放射著萬縷的金輝，天上卻是烏青青的，只剩這不可逼視的威光中一條寬廣黃道，一群生物，一幅絕妙而神奇的畫！頓時，他心頭感著神異性的壓迫而熱淚沖湧，對著這冉冉漸翳的金光，情不自禁地跪下了！

孤獨的日子裡，徐志摩從大自然中發現了性靈，且狄更生、傅來義、嘉本特、威爾斯等朋友仍是他生活的一部分，然而，他難免仍被一種淒清的痛苦所圍繞。畢竟，他理想中的愛，「在轉瞬間消滅了蹤影」。「詩可以怨」，徐志摩所熟悉的幾位西方十九世紀的浪漫主義詩人也說：

> 最甜美的詩歌就是那些訴說最憂傷的思想的。（雪萊）
> 真正的詩歌只出於深切苦惱所熾燃著的人心。（凱爾納）
> 最美麗的詩歌就是最絕望的，有些不朽的篇章就是純粹的眼淚。（繆塞）

徐志摩不正被一份深刻的憂鬱所佔定嗎？於是，大自然給其憂情、苦情注入的靈感與美感，使他的詩情像是山洪暴發，不分方向地亂衝，彷彿生命受了一種偉大力量的震撼，什麼半成熟的未成熟的意念，都在他指顧間散作了繽紛的花雨。他相信，只要有「情」，詩就有「靈」，只要有「心」，詩就有「魂」。所以，那時他是「絕無依傍，也不知顧慮，心頭有什麼鬱積，就付託腕底胡亂給爬梳出去，救命似的迫切，哪還顧得了什麼美醜」（〈《猛虎集》序文〉），這便成了徐志摩一九二二年二月至十月那半年的詩作。

這些詩作現存二十五首，它頌揚自由、人道、青春、愛情和大自然，顯露了徐志摩早期追求個性解放的思想軌跡。因難抑心中鬱積，多數詩作又帶著淒淒楚楚的憂情，眞實地表露他當時失去林徽因的苦痛心境，〈小詩〉這樣悄悄地低吟著：

月，我含羞地說，
請你登記我冷熱交感的情淚，
在你專登淚債的哀情錄裡；

月，我哽咽著說，
請你查一查我年表的滴滴清淚，
是放新帳還是清舊欠呢？

但他在戀情、悲情慘情中沒有絕望，在〈春〉中，他熱切地追求著光明與希望：

孤獨的徘徊！
我心須何嘗不熱奮震顫，
答應這青春的呼喚，
燃點著希望燦燦，
春呀！你在我懷抱中也！

就這樣，徐志摩開始了其詩人生涯。其早期詩作雖詩味不濃，意境欠深，正如他寫於一九二一年秋的處女詩作的題目一樣，還是「草上的露珠兒」。

3 開拓文藝的新土

一九二二／告別康橋

一九二二年八月，徐志摩無限眷戀地離開「康橋」。遺憾的是，就在半年前，徐志摩剛由劍橋大學王家學院的特別生轉爲正式生，如果繼續下去，縱然不太努力，他在一年內拿到博士學位應該不是難事。兩年前，他輕易扔掉了哥倫比亞大學的博士頭銜，這回又毫不珍惜地放棄了唾手可得的博士學位。對此，申如公只有默然。

申如公不知道的是，在徐志摩癡心追求林徽因的另一面，是他回國推動、建設新文化的勃勃雄心。經過四年海外歐風美雨的洗禮，踏上國土的這位康橋學子自認取得西方「眞經」，得道歸來，帶著幾分自負與炫耀，以及時代賦予的使命感和責任感，開始信心百倍地在神州大地上「普渡衆生」，宣揚他所領悟的西方文化，爲五四一代的知識青年灌輸新的思想與新的理念，並熱烈地追求實現他那康橋文化孕育出的「單純信仰」。

他由「愛」、「自由」、「美」結合而成的「單純信仰」，體現在具體的政治生活中，可以說是基於人道主義思想的標準理想——實行英國式的民主政治。要達到民主政治的理想境界，詩人、文學家徐志摩注重的是人性的改變、天性的回復。

一九二三年冬，他寫的散文〈政治生活與王家三阿嫂〉就是一篇政治宣言，生動地宣傳了他最崇尚的英國式民主政治。他尖刻地批評了德國、法國、美國、南歐等國的糟糕政治後，認爲「比較像樣的，只有英國。英國人可稱是現代的政治民族，這是大家都知道的。英國人的政治，好比白蟻蛀柱石一樣，一直齧入他們生活的根裡，在他們（這一點與當初的雅典多少相似），政治不但與日常生活有極切極顯的關係，我們可以說政治便是他們的生活。」在徐志摩看來，一個理想的民主政治，應該像現在的英國一樣，「不說有智識階級，就這次等階級社會的婦女，王家三阿嫂與李家四大媽等等，都感覺到政治的興味，都想勉強他們的理解力，來討論現實的政治問題，那時才可以算是有資格實驗民主政治。」對中國未來的政治，他充滿了單純的理想與希望，「憑著心智的清明來清理政治的生活。這日子也許很遠，但希望好總不是罪過。」

一九二四／歸國後第一次演講

一九二四年秋，徐志摩在北京師範大學所做題爲「落葉」的演講中，進一步闡釋了他的信仰。他說，從人道主義原則來觀察社會，人在社會裡本來是不相連續的個體。先天與後天的感情，是一種線索、一種經緯，把原來分散的個體組成有文章的整體。眞的感情和人情，是難能可貴的，是社會組織的基本成分，是織成社會大網的線索。所以必須加強我們最普通的同情線，那線如其穿連到所有跳動的人心時，那時這社會的大網子就堅實耐用，就有根。站在這種人道主義的立場上，他對當時中國社會黑暗與腐朽的現實非常不滿，和他的好友胡適一樣，幾乎持否定一切的態度。他認爲，我們社會的網子是壞了的、破了的、爛了的，我們的民族是破產的，道德、政治、社會、宗教、文藝，一切都是破產的。而造成這種局面的原因是組成社會每個人靈魂的骯髒與醜陋。

在散文詩〈白旗〉、〈嬰兒〉中，他提出的救國之道，乃是回復人的天性。回復之道在眞誠持久的懺悔，儘管人在回復天性的懺悔過程裡有痛苦，但是，熬著、壅著、裂著、滾沸著的結果，就是可以望見那象徵理想境界的上帝永久的威嚴，宛如得到一個象徵英國式資產階級理想的民主政治的「潔白肥胖的活潑的馨香的嬰兒」。天性回復後，應該具備的最基本的品質是：美好的理想、勇敢與毅力。而中國目前種種悲觀主義的時髦缺乏的正是這些基本品質，所以他熱忱地奉勸有熱血的年輕人「不應當沾染這最致命的時髦」，在「落葉」演講的末尾，他呼喚年輕人要永遠用積極的態度來對待人生。

執著追求英國式民主政治的徐志摩，受劍橋大學「邪學會」一班人的影響，又「不承認已成的一切，不承認一切的現實，不承認現有的社會、政治、法律、家庭、宗教、娛樂、教育；不承認一切的主權與努力。我們要一切都重新來過。」（〈青年運動〉）帶著這樣的理想與要求行事，懷著一股銳不可擋的氣勢，他懷疑傳統，反叛傳統，對什麼都攻擊，都詰難。由此，他對中國現實表現出一種矛盾心態。

一九二三／〈就使打破了頭，也還要保持我們靈魂的自由〉

一方面，他對中國社會現存的一切都進行苛刻的批判。在一些重大的政治問題上，他都明確表態，站在進步力量一邊，反對帝國主義和封建勢力。比如，一九二三年一月二十八日，他在《努力週報》上發表〈就使打破了頭，也還要保持我們靈魂的自由〉一文，支持北京大學校長蔡元培在「羅文幹案」中採取對北洋軍閥不合作的立場，高度讚揚了蔡元培「拿人格頭顱去撞開地獄門的精神」，字裡行間充滿理想主義者的熱情和勇氣。再如，一九二四年十二月二十日，他在《現代評論》上發表評論英國處理庚子賠款問題的文章〈這回連面子都不顧了〉，痛快淋漓地撕下了英帝國主義者的虛僞面紗。

另一方面，他雖然反傳統、不滿現狀，但在社會變革方式上，又崇尚資產階級溫和的改良態度，從而害怕工農革命，敵視無產階級革命運動。一九二五年三月，他經西伯利亞、莫斯科，去德、法、義、英遊歷，在《歐遊漫錄》裡就留下了這種敵視的文字。他認爲，「未來莫斯科的牌坊是在文明的骸骨間，是在人類鮮艷的血肉間」。由此，他還流露出一種對未來的恐懼和感傷，他設想假如有一天，莫斯科的規矩行到了北京，他就感到可怕。因此，他反對莫斯科的規矩，反對社會主義制度與生活。他勸告那些血性的中國青年：即便是已「墮落得太不成話了」的中國，也不要跟著莫斯科走。

總的來看，徐志摩在對一切都加以非議的時候，心態是徬徨矛盾的。他時而精神抖擻，時而情緒灰暗，時而堅定不移，時而猶豫不決，即使在慷慨激昂地宣傳他的信仰時，也不免流露出自己的懷疑。可見，他賴以支持的信念並不堅實，這也體現了他人性中軟弱的一面。回國後的徐志摩面臨國內軍閥的統治更加黑暗，以及國內無產階級運動的高潮和步步深入，這與直接受過西方思想薰陶的徐志摩的理想追求自然是格格不入的。一介書生在社會劇烈轉型時期，其思想抱負既少有社會基礎，又與時風不一，不免憤激、徘徊、苦悶與徬徨，這是一九二〇年代中後期中國英美派知識份子的普遍心態，徐志摩自不例外。因此，他不免常常「懷疑」自己的「單純信仰」。

儘管如此，徐志摩並非政治人物，對現實政治事件並沒有積極熱心的舉動與反應，他只是一介現代文人，熱心地用手中的筆，以清新的詩文來拯救「墮落了的中國」。正是在回國初期的這段時間裡，徐志摩做為一位富有朝氣與活力的青年詩人，如一顆耀眼的新星出現在中國文壇上，引起了衆人的注目。

但出乎意料的是，徐志摩回國後的首次亮相留給人的印象並不好。一九二三年秋，剛從倫敦回來的徐志摩因才名皆盛，很快就有清華文學社邀請去演講，當時是尚在清華就讀的梁實秋託梁思成前去接洽的，徐志摩應邀做了一次題爲「藝術與人生」的英文演講。徐志摩既留美又留英，還出身世界名校；又是國學大師梁啓超的高足，且剛從海外歸來，這些經歷是一般學子夢寐難求的。目睹徐志摩風采，面聆徐志摩的精言高論，自是學子們翹首期待的。演講那天，清華高等科的小禮堂裡擠滿了聽衆，黑壓壓的足足有二、三百人，多慕名而來，許多更是來「看」而不是來「聽」的。徐志摩穿著綢夾袍，加上一件綴滿幾顆閃閃發光鈕釦的小背心，足蹬黑緞皀鞋，飄然登上演講台。正當學生準備聽徐志摩自由輕鬆的演講時，上台後的徐志摩卻從懷裡取出一捲用打字機打好的稿紙，坐下來扶了扶近視鏡架，開始宣讀講稿，並解釋說：「我的講題是『藝術與人生』（Art and Life），我要按照牛津的方式，宣讀我的講稿。」（梁實秋：《談徐志摩》）

面對黑壓壓的聽衆，徐志摩陶醉在自己朗朗的宣讀中，句式冗長拗口，語調也越來越誇飾。顯然，事前的徐志摩對這次演講做了精心準備，有意在這所英文基礎甚好的留美預備學校炫耀自己不凡的才華，以爲這樣會博得大家的欽佩和歡迎。哪知在場的年輕學子們實在沒幾個人能全聽懂，即使有聽懂的，講演者流露出的優越感與教訓的口吻，以及那激烈的否定中國、崇尚西洋的姿態，也使人有些反感。當他那標準流利的英語在寬敞的禮堂飄蕩回揚時，台下的聽衆漸漸由新奇羡慕轉爲茫然與失望，後排聽衆不久便陸續離去。其實，「藝術與人生」是一個通俗性的講題，根本用不著宣讀學術講稿的牛津方式，結果弄巧成拙。

在清華文學社的這次演講是失敗了，但並沒有因而影響詩人的派頭與名聲，他校的邀請依然接踵而至。同年冬天，徐志摩去文友社做了英文演講「我對威爾斯、嘉本特和曼殊斐兒的個人印象」。他自己後來也覺得這次演講與清華的演講一樣，有些面目可憎，演講稿沒有收進自己的散文集內。那篇〈藝術與人生〉的講稿當時由在北京的郁達夫轉給成仿吾，在《創造季刊》第二卷第一號上發表，至於〈個人印象〉甚至沒有在任何報章雜誌刊出過。

一九二三／「算學與詩人」的風波

值得一提的是，一九二三年五月，徐志摩給北師大附中一個小小的文學社團「曦社」所做的「詩人與詩」的演講，還引發了一場「算學與詩人」的風波，這次演講是由蹇季常代爲邀請的，蹇季常是當時松坡圖書館的實際負責人，「曦社」成員之一蹇先艾的叔父。當時徐志摩在北京松坡圖書館館長梁啓超的介紹下，任松坡圖書館的英文秘書，而蹇季常就住在徐志摩隔壁。徐志摩這次面對的是蹇先艾、李健吾等一群中學二年級的學生，雖說事先也認眞準備了一番，但詩人不願一人站在高高的講台上演講，而是要求同學們提出問題相互討論。同學們覺得這種方式太新鮮，沒有一人回應詩人的提議，結果還是徐志摩獨自講了一個小時。事後，徐志摩笑話這群孩子們連讓他潤潤喉嚨的水也沒有準備。

這次演講的內容後由「曦社」成員整理成文，以「詩人與詩」爲名發表在天津《新民意報・朝花副刊》第六期上，其中有這樣一段話：「詩人不能兼作數學家。如像德國的歌德，他的政治，歷史，哲學，文學，……都好，只有數學一種學科不行。你們數學不見長的，來學詩一定是很適宜的；因爲詩人的情重於智，數學家卻只重印板式的思構；數學不好的人，他的想像力一定很發達，所以他不慣受拘於那呆板的條例。」哪知正是這段話導致誤解而引發了一場風波。

風波由《晨報副刊》上一篇署名桐伯的文章挑起，該文說：「它這裡面有一個什麼詩社，有一天請了一位思想昏亂的什麼先生去講演。這詩社的社員，大都是算學不及格的，這位先生在講演時不知是有意的呢，還是無意的，迎頭便恭維他們一句，說是世界上的大文學家沒有一個不討厭數目字的，沒有一個在學堂裡考算學考得及格的。於是下邊掌聲如雷一樣的動。」

此文見報後，蹇先艾寫了一篇文章〈讀了〈算學與詩人〉以後〉發表在八月十二日的《晨報副刊》上，文章說，談到「算學與詩人」這一話題時，徐志摩僅說了一句：「歌德各樣學科都好，只是數學不見長，諸君算學考不及格，也許可有做詩做得好。」至於掌聲如雷，是沒有的事情，「徐君講演除最後完結鼓掌外，中間我實在沒有看見或聽見一個人的掌聲。」此後《晨報副刊》上陸續有文章發表，有贊同桐伯觀點的，也有認爲桐伯觀點太武斷的，一直到八月二十五日論爭才宣告結束。

這場爭論在一定程度上成全了詩人的聲名，不過自始至終沒見徐志摩出來說話，也許是覺得辯論的層次太低，自己不願意瞎摻和，或是覺得自己演講時隨意說的話確有考慮不周之處，怕再說什麼會弄巧成拙，反正，這與他之後在《晨報副刊》上主持兩次大爭論時的態度是截然不同的。

一九二三年暑假，他又到天津南開大學的暑期學校授課兩個星期，主講「近代英文文學」和「未來派的詩」。這次講課，可能是梁啓超推薦去的，梁啓超本人就是這次暑校的主講教師。這次徐志摩記取清華演講的教訓，改用中文講，效果不錯。對此，當時天津文學團體綠波社成員趙景深在《近代文學叢談》裡都有記錄。講課時，徐志摩曾拿一首英譯的歌德的詩要同學翻譯，趙景深得了第一，獎品是大幅的歌德照片。課餘，同學們也常去拜訪徐志摩，有時在綠蔭之下，彼此談論文學，師生相處甚歡。

這些演講與講課，闡發了那時徐志摩對於文學藝術的見解。他認爲，當時的中國是文明而沒有靈魂的，一個浮游著一堆體力弱、智力低，在德性上是懦夫，在靈性上是叫化子的國家，自然而然地，就出現了文藝與人生隔絕的狀況。於是，人們幾乎體驗不到音樂的激情、理智的振奮、高尚的愛的悲喜，或者宗教上、美學上的極樂瞬間，任何形式的理想主義即使能夠出現，也不僅不能被接受，而且必然遭到誤解，遭到挖苦嘲笑。在他看來，「正因爲我們沒有生活，我們才沒有藝術」（〈藝術與人生〉）。

由此，他就不能不要求文學藝術去表現人的愛了。他說：「愛是最有生氣最有潛力的創造源泉……，愛雖然最不嚴肅但卻是萬事中最最意義深刻的。」他所期望的是，中國也能像歐洲中世紀之後出現的文藝復興一樣，有理想的人性，有表現全人類，特別是我們種族根本方面的藝術品。這種藝術品，應該把博愛做爲自己的信條，把藝術做爲自己宗教的新理想主義，應該是以完美的藝術形式出現精神的統一。他認爲，理想的藝術、新的藝術，在精神上，應該是人道主義的，充滿博愛的性靈的；在藝術上，應該是富有想像力的，充滿藝術的激情的。這就是徐志摩當時發展中國文藝的一個綱領。這無疑是複述了西方文藝復興以來，直到十九世紀歐洲文學中人道主義尤其是浪漫主義的文學思想。這樣的觀念，支配了他日後的文學生涯，儘管他日後的文學思想還有所變化，但基本上沒有脫離這已經鋪下的軌道。

一九二三／新月社

海外遊學歸來的徐志摩懷抱浪漫主義的文學理想，嘗試著在中國現代文壇上採取一些行動，第一次大的公開社會行動就是：和胡適等一群朋友創辦了新月社。這是中國現代文化史上一個以留學歐美的知識份子爲主體的新文化團體。

新月社是從聚餐會發展而來的。一九二〇年代初期，在北京社會上層興起並盛行了一種生日會、聚餐會、消寒會、消暑會的風尙。主要是一些政界人物和銀行家、商人爲聯絡感情，擴大交際圈，壯大自己的勢力而發起的。後來，這種風氣蔓延到各個階層，尤以大學教授和歐美留學生表現得最爲活躍。喜好熱鬧擅長交際的徐志摩，自然熱中於這類聚會活動。

徐志摩本來打算回國與林徽因重敘舊情後，再雙雙回「康橋」繼續深造，一九二三年初，他知道林徽因與恩師梁啓超的大公子梁思成訂婚的消息後，心情憂鬱至極。爲了消愁解悶以及與文友交誼，徐志摩和梁啓超、胡適等少數幾個師友，彼此相約，輪流在各人家裡吃飯聚會。同年十月，趁印度詩聖泰戈爾來華之際，他靈機一動，想到泰戈爾的詩集《新月集》，爲寄寓自己的美好理想，提議把聚餐會定爲「新月社」。他認爲，新月「雖則不是一個怎樣強有力的象徵，但它那纖弱的一彎分明暗示著、懷抱著未來的圓滿。」（〈新月的態度〉）

一九二四／松樹胡同七號新月社俱樂部

但那時「新月社」還只是個口頭名稱。一九二四年夏，泰戈爾訪華後，由徐申如、黃子美出錢，在北京松樹胡同七號租一所房子，成立了一個俱樂部，「新月社」才在那裡正式公開掛牌。不過，在徐志摩看來，「新月社」與「新月社俱樂部」沒什麼血統關係，松樹胡同七號只是新月社的俱樂部，非新月社本身或全部，俱樂部的活動也只能算是新月社活動的一部分。至於後來兩者事實上劃了等號，爲新月社同仁尤其是徐志摩所痛惜。

新月社成立之初，只有徐志摩、胡適等人，後來人數漸漸多起來，成員究竟有多少已無法弄清。陳源是新月社的早期參加者之一，對於該社的活動情況了解比較多。他在一九六九年八月十九日答董保中有關新月社的一些問題的信中說，他也沒有見過社員的名册，所以誰是社員、誰是客人也無從知道，「新月社是志摩朋友的團體，人員大都在變動，聚餐時常有自他處來的朋友，只要志摩遇見即邀請來參加。」這道出了徐志摩與新月社的關係，及他在新月社中的核心地位。先後經常參加最早的聚餐會和後來松樹胡同七號俱樂部活動的知名人物有：梁啓超、林長民、張君勱、徐志摩、陳源、胡適、徐申如、黃子美、丁文江、饒孟侃、林語堂、張歆海、王賡、陳博生、余上沅、丁西林、凌叔華、林徽因、陸小曼等。一九二五年，留美歸國的聞一多也參加了部分活動。

徐志摩是新月社的最早發起人和主要組織者，當初對新月社抱有極大希望。在〈致新月社朋友〉的信裡，他說，他們想望的當然只是書呆子們的夢想！想集合幾個人的力量，自編自演做戲。「幾個愛做夢的人，一點子創作的能力，一點子不服輸的傻氣，合在一起，有什麼朝代推不翻，又有什麼事業做不成？」新月社的成立，徐志摩原意是要藉它來大力提倡戲劇的，目的則在於培養新的風氣，回復人的天性。以演戲爲契機，進一步開展各種文藝活動，像英國羅剎蒂一班人所提倡的，先在藝術界裡打開一條新路。隨後，像蕭伯納等人所做的在政治思想界裡開闢一條新道。這才是他強調要「露稜角」的眞意。中國的漢密爾頓做不成了，他仍要影響中國的文化界、政治界，並以肩負人生的重大使命自勉。可是說來也可憐，以新月社名義排演的泰戈爾名劇《齊特拉》（*Chitra*）算是他們唯一的成績。

徐志摩本來想利用新月社成員的財力、物力，達到新月社在文藝園地裡「露稜角」，再進一步在其他領域也「露稜角」的目的，但社員中的大部分有錢人，並不是徐式的理想主義者，他們把興趣放在可供公餘消遣的俱樂部上，意不在提倡文藝。雖說新月社活動的內容除了兩週一次的聚餐會外，還曾自編自演過小戲，開過會，新年有年會，元宵有燈會，還有古琴會、書畫會、讀書會，但這只能算是時令的點綴、社友偶爾的興致，絕不是眞正新月的清光，也絕不是徐志摩想像中的「稜角」。說白了，新月社主要是一個以一群上層知識份子爲主體的社交團體。社中活動的一切經費開支都是由徐志摩的父親徐申如和另一位銀行家黃子美支付的，這也是徐志摩成爲新月社主要組織者的重要原因。

演完歡迎泰戈爾的《齊特拉》後，新月社從此「一半是人散，一半是心散」，一天天往庸常的路上滑，對新月社滿懷希望的徐志摩自然看著心痛和著急，他還想力挽狂瀾。一九二五年歐遊途中寫給新月社社友的公開信就說過，他不僅想念他的朋友，也想念他的新月；還說，他快離京的時候有幾位朋友，聽說他要到歐洲去，就很替新月社擔憂；他們說，你這一去新月社一定受影響，即使不至於關門恐怕難免狼狽。徐志摩聽了這話很不願意，他鼓勵新月社同仁說：「跳蚤我們是不用怕的。」跳蚤指那些譏諷新月社的人。「新月新月，難道我們這新月便是用紙版剪的不成？」「這時候，我一個人在西伯利亞大雪地裡空吹也沒有用，將來要有事情做，也得大家協力幫忙才行。」（〈給新月〉）

不過，他還是回天乏力，無法扭轉新月社下滑的趨勢。結果，新月社眞的成了一個以娛樂消遣爲主的俱樂部，徐志摩當初的理想與抱負徹底破滅了，這對他來說自然是個不小的打擊。他痛心地說，這種小資產階級的味兒他第一個就受不了！一九二五年三月，他在寫給陸小曼的信中說：「假如我新月社的生活繼續下去，要不了兩年，徐志摩不墮落也墮落了。我的筆尖上再也沒光芒，我的心上再沒有新鮮的跳動，那我就完了——『泯然衆人矣』。」

大概也只有徐志摩才有這樣的感慨，因爲他想藉新月社來施展自己的文學抱負。從一九二六年起，新月社名存實亡；一九二七年，徐志摩、胡適相繼南下，松樹胡同七號門前的新月社招牌終於被摘下，那裡的一塊大地毯，也讓金岳霖搬回自己家裡用了。看著關閉了的俱樂部，徐志摩心中不免荒涼落寞，因爲他將新月社當作自己的「家」來看待。在一九二六年六月十七日《晨報副刊・劇刊》第一期上他還說，新月社最初是聚餐會，從聚餐會產生新月社，又從新月社產生「七號」的俱樂部，結果大約是「俱不樂部」。一句頗爲俏皮的話裡，該是包含他多少惋惜與感傷之情啊！

新月社的失敗，使得徐志摩不得不另謀途徑，一九二五年九月他接辦了《晨報副刊》。

徐志摩在新月社的努力雖然沒有取得滿意的結果，留下了很多的遺憾，但透過新月社前前後後的活動，結識了諸多新朋友，尤其與大他五歲的胡適建立了深厚的友情。此後，徐志摩在愛情上的追求和事業上的奮鬥，都得到了胡適熱情的支持與督促，這一定程度上影響了徐志摩的命運。

一九二三・一九二四／兩場筆仗

回國之初，想在文藝領域裡有一番作爲的徐志摩，除了創辦新月社，還和各個社團廣爲聯繫，和各個流派的作家多方聯絡。雖說在這些交往中，徐志摩初步顯露了自己的才華，但也結下了文壇上的一些恩恩怨怨。

首先，他透過舊日同學郁達夫結識創造社的幾位元老：郭沫若、成仿吾等人，當時他們正執著地追求文學的藝術美，自然也容易與徐志摩交好。一九二三年三月，徐志摩「藝術與人生」的講稿爲《創造季刊》採用，他十分高興，給成仿吾寫了一封情辭懇切的褒揚信：「承讚，愧不敢當。……貴社諸賢嚮往已久，在海外每厭新著淺陋，及見沫若詩，始驚華族潛靈，斐然竟露。今識君等，益喜同志有人，敢不竭駑薄相隨，共闢新土」。「同志」意味，躍然紙上。信中對郭沫若的詩才尤表欽佩，沒想到要與創造社諸君子引爲同志的徐志摩卻很快挑起與他的筆仗。

五月六日，徐志摩在胡適辦的《努力週報》第五十一期上發表了〈雜記：壞詩，假詩，形似詩〉一文，批評了郭沫若的詩句「淚浪滔滔」。由此，軒然大波驟起，他們之間的友誼蒙上了一層陰影。

一九二一年十月五日郭沫若創作〈重過舊居〉一詩，寫下他從上海返回日本，遷居後重訪博多灣舊居的諸多感慨。有一節詩是：「我和你別離了百日有奇，又來在你的門前來往；我禁不著我的淚浪滔滔，我禁不著我的情濤激漲。」（《創造季刊》第一卷第一期）對此，徐志摩在文中有些尖刻地批評道：「……固然做詩的人，多少不免感情作用，詩人的眼淚比女人的眼淚更不值錢些，但每次流淚至少總得有個相當的緣由。踹死了一個螞蟻，也不失爲一個傷心的理由。現在我們這位詩人回到他三月前的故寓，這三月內也並不曾經有過重大變遷，他就使感情強烈，就使眼淚『富裕』，也何至於像海浪一樣的滔滔而來！」

平心而論，徐志摩不該用一種調侃的語氣來進行嚴肅的創作批評，也不必非要以自己所佩服的郭詩爲例來批評這種詩歌創作現象不可，再說這種誇張的形容也非絕對不成立，做爲浪漫派詩人，他應知道「白髮三千丈」、「燕山雪花大如席」的名句。也許，這裡面還有好友胡適的因素在內。此前，郁達夫批評了余家菊發表在《努力週報》上的一篇譯文。胡適回敬郁達夫和創造社同人一律是「淺薄無聊而不自覺」，郭沫若、成仿吾接著都出來聲援郁達夫而反擊胡適。徐志摩結識了創造社同人後，又與胡適結交，這樣胡適和創造社的宿怨很難不影響他，年輕氣盛的徐志摩便有替胡適拔刀相助的意味。然而徐志摩的貿然舉動，很快就把自己劃入了原有對立陣營的一方。

五月十三日晚，創造社裡的洪爲法以氣憤的口吻寫信給郭沫若，告知此事。郭沫若又寫信告訴了成仿吾。成仿吾十分氣憤，三十一日給徐志摩寫了一封近似絕交的信，憤怒指責徐一方面虛與周旋，一方面暗暗地向創造社射冷箭：「志摩兄！我不想人之虛僞，一至於此！」認定徐志摩的用意全在侮辱郭沫若的人格，說他沒有十分的證據只憑自己的淺見說他人做假詩，而且不說出作者的名字；在攻擊別人時又稱讚別人，這才是十足的假人。成仿吾對徐志摩的不滿上升爲對徐人格的鄙視。

糾紛還沒完。並不解恨的成仿吾把他這封信、洪爲法寫給郭沫若的信，以及徐志摩寫給他私人的那兩封信，放在一起，題名爲〈通信四則〉，做爲徐志摩「暗地裡放冷箭」的物證，在六月三日的《創造週報》第四號上發表了。「兩邊不是人」的境地是難堪的，徐志摩又悔又驚，沒料到事情會發展到這種嚴重的地步。其實，有著童稚般天眞的徐志摩儘管有些輕率，但當初並無有意傷人之心。爲彌補冒失，六月七日他寫了一封致成仿吾的公開信，以「天下本無事」爲題，發表在十一日的《晨報副刊》上，竭盡全力表明自己的眞實用意與態度。

徐志摩說他恭維沫若的人，並不妨礙他批評沫若的詩，也並不妨害郭沫若在新文學裡是最有建樹的一個人，更何況他的批評對詩不對人。再說他年前才從歐洲回國，只知道在政界、教育界有黨派的分別，以為在同聲高呼光明自由的新文學界裡，只有熱心創造新文學新藝術的同志，不會有會社之間的畛畦。他漸漸地知道了研究會與創造社是過不去的，創造社與《努力週報》也是不很過得去的，他主觀上並不想隸屬於哪一群。他還誠摯地勸告雙方，不管什麼會社，彼此表現的時代精神是共同的。他希望藉這個機會，憑自己對藝術與友誼的愛心，感動所有未能解除意氣或者竟沾染黨同伐異之陋習，卻一樣有大的熱心來建造新文化的各位，「此後彼此嚴自審驗，有過共忍共諒，有功共標共賞，消除成見的暴戾與專愎，在眞文藝精神的溫熱裡，互感彼此心靈之密切。」

後來，徐志摩和胡適一起去上海特意訪問過郭沫若，希望重敘舊誼。儘管徐志摩與胡適「勉尋話端以濟枯窘」，無奈「主客間似有冰結」（〈西湖記〉）。對方倒也請客回訪，只是疙瘩難解。徐志摩接編《晨報副刊》後，所邀投稿人裡也有郭沫若，郭沫若卻報以沈默，只有郁達夫還與徐志摩友情不斷。

另一場糾紛是與魯迅的。與前一場衝突恰恰相反的是，這次是徐志摩自己的詩遭到魯迅的辛辣諷刺。一九二四年十一月由魯迅實際領導的《語絲》問世，不久徐志摩便在第三期上發表了他翻譯的法國詩人波特萊爾的詩〈死屍〉，並附有譯者題記，說：「我深信宇宙的底質，人生的底質，一切有形的事物與無形的思想的底質——只是音樂，絕妙的音樂。……是的，都是音樂——莊周說的天籟地籟人籟，全是的。你聽不著就

該怨你自己的耳輪太笨，或是皮粗，別怨我。你能數一二三四、能雇洋車、能做白話新

詩，或是能整理國故的那一點子機靈兒真是細小有限的可憐哪——生命大著，天地大

著，你的靈性大著。」

魯迅對這段闡發象徵主義的妙論頗不以為然，也很看不慣徐志摩那狂勁而虛玄的文

字。他本來就不喜歡徐志摩風流倜儻的個性，更不滿意徐志摩的詩和他到處投稿的作

法，而今「《語絲》一出版，他就來了」。為掃一掃徐志摩那多少帶有唯心與神秘色彩

的興，擋一擋徐志摩筆下那匹「野馬」的駕，魯迅便隨即在《語絲》第五期上作了一篇

雜感〈音樂〉，這位「嬉笑怒罵皆成文章」的雜文大師著實諷刺挖苦了徐志摩一番：

「咦，玲瓏零星滂砰瑎的小雀兒呵，你總依然是不管什麼地方都飛到，而且照例來唧唧

啾啾地叫，輕飄飄地跳麼？」這種刻薄調侃的文字果然使徐志摩作聲不得，從此不再往

《語絲》投稿。一九三四年魯迅在雜文集《集外集》的「序言」中特意提到這件事，提

起當年的筆墨官司，魯迅說只是「跟他開個玩笑」。

浪漫之愛的飄渺無跡，新月社露稜角初衷的落空，與創造社友誼的中斷，魯迅的搶

白，還有其他感受得到的冷眼旁觀和評頭論足，一連串的不如意，都使徐志摩的心情蒙

上了一層灰暗的色彩。而泰戈爾訪華的三個月，則是他歸國後最興奮的日子，撫慰了他

那顆創傷的心靈。

一九二四／泰戈爾來訪

一九二四年，歷史上第一個獲得諾貝爾文學獎的東方詩人，印度大文豪泰戈爾來華訪問，翻譯徐志摩一直陪伴在他身邊，兩人結成忘年之交，成爲中印文化交流史上的佳話。對於喜好結交名流的徐志摩來說，這也是他短促人生中的一件大事。

一九二三年早春，泰戈爾的朋友恩厚之（L. K. Elmhirst）來到北京，對徐志摩等人說了泰戈爾有意來華訪問的意向，徐志摩高興地將此消息告訴了講學社。於是講學社對泰戈爾發出了邀請信，同時委託徐志摩掌理具體工作。名震寰宇的泰戈爾欣然接受了中國講學社的訪華邀請。一時，中國各種報章雜誌紛紛報導泰戈爾訪華的消息和以泰戈爾爲主題的文章。如一九二三年九月、十月，《小說月報》出版了「太戈爾號」上卷和下卷，其中有泰戈爾詩的譯作，及一些歡迎詞，如鄭振鐸的〈歡迎太戈爾〉，徐志摩的〈泰山日出〉、〈太戈爾來華〉、〈太戈爾來華的確期〉等。

泰戈爾的來華，從邀請到一九二四年四月的正式抵達，中間還有一番波折。泰戈爾開始計畫於一九二三年十月訪華，報章雜誌的歡迎詞與文章當時正好形成一個熱烈歡迎的場面，徐志摩還在北京城西租了一間有暖氣和現代化設備的私宅當泰戈爾的下榻之處。不料，泰戈爾忽然犯了骨痛熱病，只好延期至次年三月間到華。在這段時間裡，又有一些泰戈爾的譯本出世，瞿菊農譯的《春之迴圈》，鄭振鐸譯的《飛鳥集》、《新月集》、《園丁集》等，以示對泰戈爾的熱烈歡迎。

一九二四年四月十二日，泰戈爾及其英籍秘書恩厚之等一行人如約乘「熱田丸」來到了中國。徐志摩等人先期就到了上海，做好一切準備工作。那天清晨，徐志摩、瞿菊農、張君勱、鄭振鐸等人，早早地等候在上海匯山碼頭。上午十一時，「熱田丸」向黃埔江徐徐駛來，近了，更近了。只見年逾花甲、如泰嶽般偉岸的泰戈爾，身穿棕色長袍，頭戴紅色柔帽，銀白髮鬚在春風中微微拂動，溫雅從容，滿帶笑容，向歡迎的人群雙手合什致意。僑居上海的印度人，列隊齊唱歡迎歌曲，也向他合什爲禮。船靠岸了，等候著的歡迎的人群簇擁上去，爲他戴上花環，並合影留念。

泰戈爾在上海活動了一天，十四日由徐志摩、瞿菊農陪同去杭州，遊覽了美麗的西湖，並在杭州的千年古刹靈隱寺做了一場別開生面的演講。四月，正是春暖花開的季節，那天，徜徉在風光旖旎的西湖畔，相隨著一代詩翁，徐志摩詩興大發，通宵未眠。兩天後，上海文學研究會等幾個團體在商務印書館俱樂部舉行了正式歡迎會，場面極爲熱鬧，一千多人到會聆聽泰戈爾的演講。當晚，泰戈爾就乘車北上，在南京、濟南兩地稍作停留並做了兩場演講，二十三日抵達北京。

泰戈爾在北京也受到了講學社隆重歡迎。梁啓超、蔡元培、胡適、蔣夢麟、梁漱溟、辜鴻銘、熊希齡等一批學界、政界名流都到車站迎接。北京文化界爲泰戈爾舉辦了盛大的歡迎會，不少學校和機構紛紛請泰戈爾演講，泰戈爾在京二十多天就演講了六次。對泰戈爾的熱情與厚愛尤其體現在爲泰戈爾六十四歲壽辰舉行的祝壽會上，由徐志摩及北京學術界朋友的安排，這位大詩人在中國古都度過了一個不平凡的誕辰。祝壽會由胡適主持，壽禮是十幾張名畫和一件名瓷。接著便是由梁啓超主持的贈名典禮，泰戈爾獲得了一個中國名字「竺震旦」。「震旦」是古印度對中國的稱呼，又是泰戈爾的名字拉賓德拉（Rabindra）的中譯，意思是「太陽」與「雷」，即如日之昇，如雷之震，至於「竺」則是取印度國名「天竺」爲姓。「竺震旦」象徵著中印文化的悠久結合，在一陣熱烈的掌聲中，泰戈爾獲得一顆刻有「竺震旦」的大印章。此後，徐志摩等人還以新月社名義爲祝壽會準備了一項餘興，演出泰戈爾的名劇《齊特拉》。演員們動情的表演，以及舞台天幕上映出的「新月」影像，表達了新月社向《新月集》作者致敬的主題。這一切都使老人深受感動。

泰戈爾訪華是一種複雜的文化現象，與講學社、新月社的熱烈歡迎隆重接待相比，也有許多青年尤其是左翼人士刻意冷遇泰戈爾，甚至對泰戈爾進行了猛烈批評。他們認爲，泰戈爾所代表的印度宗教文化是落後的、不科學的。有一次演講，泰戈爾晚到了半小時，就受到一家報紙的批評，說他是過時人物，只該與古人對酒當歌才是。在另一次演講裡，泰戈爾對於過時的批評作了解釋，說事實上過去許多人指責他過於現代化。他在「自我介紹」中還談到他在文學上用孟加拉口語入詩，站在改革運動的前哨。

泰戈爾的演講雖然強調自己的詩人地位，但說起話來自覺或不自覺地宣揚印度的哲理思想，而這類思想給當時國人的感覺是重精神反科學的。泰戈爾說，中國的古文化目前正遭受西方物質主義、工業主義的戕害，中國人應竭力爲人道說話，與慘厲的物質的魔鬼相抗衡。在當時正值內憂外患的中國，他這種突出超卓的精神，與中國新文化運動後的多數知識份子反傳統精神文明、重西方物質文明的傾向是格格不入的。再加上拜訪及圍繞在泰戈爾周圍的人中，確實有一些是激進青年看來落伍和過時的人物，如溥儀、齊燮元之流。出於偏愛，也爲了顧全泰戈爾的面子，徐志摩竭力爲他辯解、掩飾。在京的最後一段時間裡，泰戈爾本人也感到了不受大衆歡迎的難堪而託病取消了最末三次演講。徐志摩對這種狀況自然深感失望，在五月十九日寫的〈太戈爾〉一文中，他一如既往地抬高泰戈爾，並婉轉地指責了批評泰戈爾的人。

五月二十日，徐志摩陪同泰戈爾離京西往太原，在車站裡，看著送行人群中的林徽因，想著林徽因與梁思成即將雙雙赴美，「頭腦總是昏沈沈」的徐志摩黯然神傷。不過，在隨後的陪同中，徐志摩並沒有沈浸在失戀的痛苦中，順利完成陪同泰戈爾訪問山西，會晤山西土皇帝閻錫山的任務。此後，又陪伴泰戈爾去武漢，回上海。五月二十九日，陪泰戈爾一行人離開中國去東京訪問。從六月初到七月初，徐志摩相隨泰戈爾在日本活動了一個來月，並將泰戈爾在東京的多篇演講稿譯成中文，介紹給國內讀者。離開日本後，他還專程送泰戈爾到香港，才依依不捨地與老人分手，相約來年在歐洲相會。

泰戈爾訪華很難說是成功的，徐志摩本人應該負相當責任。在泰戈爾來華之前，他爲順應泰戈爾的心情，不惜侈言中國青年對泰戈爾的熱烈傾慕。在〈泰山日出〉一文中，徐志摩以詩人的想像和誇張，將這位文學泰斗描繪成「豎立在大地的頂尖上，仰面向著東方，平拓著一雙長臂」，爲人類祈禱和平、傳佈永恆光明的「巨人」。在〈太戈爾來華〉中，他還高度稱頌了老詩人「高超和諧的人格」，並認爲這種不朽人格所顯示的無窮魅力，能給中國青年一種情感的教化和心靈的提升。有著浪漫氣質並自視甚高的徐志摩始終認爲，自己及同路人足以代表中國的大多數青年，代表中國的文化界。事實上，他說的青年只不過是當時知識青年的一部分；再說，當泰戈爾隱約感到中國文化界對他來訪的複雜態度後，徐志摩還在他面前竭力掩飾事實眞相，這雖令老人感動，畢竟也令老人對訪華之舉更感傷懷。

不過，就徐志摩來說，與老人相伴的三個多月，是他歸國後最興奮的一段時間。他不但十分難得地得到一代詩翁的耳提面命，接受靈性的薰陶，還藉此與林徽因共度了許多美好時光，使他那顆一度失望的心重又燃起了種種激情的火花；當夢幻徹底破滅後，也能因爲伴隨在泰翁身邊而多少沖淡了他失戀的情感煎熬。

他常和泰戈爾一起賞月，聽老人朗誦或解釋他的詩作，或醉心於老人的談話。在他的心目中，泰戈爾那魁梧的體格，那清秀而又和藹的面龐，那銀絲飄飄的鬚髮，與那印度式的長衫相映，眞是人間最美的塑像；泰戈爾的談話就像初夏黃昏時星光下柔軟的微風，讓人忘卻周圍喧擾的世界；泰戈爾的演說就好像從百丈懸崖瀉下來的瀑布，給人以生命的啓示和創造性的靈感。沐浴在老人智慧與仁慈的光輝裡，他還驚喜地發現，自己那恢復人的天性、發現人的性靈的思想，與老人心心相印；泰戈爾對文學的熱愛以及神秘主義的傾向和對自己民族與國家的責任感，又與他頗爲相同。

徐志摩陶醉於一種偶像崇拜的狂喜中，從言行到神情都顯得輕靈瀟灑、神采飛揚，彷彿恢復了他當年在康橋時性靈頓開的感覺。陪泰戈爾暢遊西湖時，他詩興煥發，竟在一處海棠花下做詩通宵。爲此，梁啓超在是年冬，集宋人吳夢窗和姜白石的詞，作了一首極表現徐志摩性格的聯語，贈予徐志摩：「臨流可奈清癯，第四橋邊，呼棹過環碧；此意平生飛動，海棠花下，吹笛到天明。」（陳從周：《徐志摩年譜》）與泰戈爾一起臨別日本，面對日本女郎的一聲祝福，在徐志摩的筆下又誕生了露珠般清新、琴韻般悠長的〈沙揚娜拉〉：

最是那一低頭的溫柔，
像一朵水蓮花不勝涼風的嬌羞，
道一聲珍重，道一聲珍重，
那一聲珍重裡有甜蜜的憂愁——
沙揚娜拉！

還有，北京天壇集會，他那猶如飛瀑流泉般琮琮可聽的吟誦，泰戈爾的祝壽會上，他飾演的《齊特拉》劇中「愛神」的動情表演，都可見他當時心神蕩漾的風采。

一九二五／接編《晨報副刊》

一九二五年九月底，徐志摩從上海返回北京，正式應邀擔任《晨報副刊》的編輯工作。十月一日，他所編的第一期副刊與讀者正式見面了。這開始了徐志摩文化活動的一個新時期，也是他一生中最輝煌、最意氣風發的時期。

徐志摩久有辦刊的願望，早在一九二三年三月，梁啓超就曾推薦徐志摩去編《時事新報・學燈》副刊，可惜事竟未成。同年冬季，張君勱組織成立理想會，擬辦《理想》月刊，邀徐志摩一起參加，並向他約稿，這一計畫最後也落空了。一九二四年新月社成立後，他想辦《新月》週刊或月刊，但因「心不定」，又未辦成。泰戈爾來華訪問時，曾建議徐志摩辦一份英文季刊，希望藉此搭起溝通中國與世界各國知識界人士的橋樑。爲了此事，徐志摩曾邀金岳霖擔任雜誌的編輯工作，但後來北方戰事又起，這一系列工作也就停了下來。

徐志摩這次出任《晨報副刊》編輯，是《晨報》主編陳博生和黃子美一再邀請的結果。徐志摩和黃子美同爲早期新月社骨幹，交情篤深。一九二四年徐志摩認識陳博生後，時常替《晨報》寫些雜文。徐志摩的政治傾向很合陳博生、黃子美的口味，讓徐志摩接編《晨報副刊》，也是彼此的思想傾向比較一致的緣故。

《晨報副刊》與《京報副刊》、《民國日報・覺悟》、《時事新報・學燈》同爲「五四」時期中國新聞界著名的四大報紙副刊。《晨報》創刊於一九一六年八月十五日，其前身是以梁啓超、湯化龍爲首的進步黨（後改爲憲法研究會，即研究系）的機關報《晨鐘報》。《晨報》正式創刊時，在第七版刊載小說、詩歌、小品文、演講錄等，因隨《晨報》附送，所以稱《晨報副刊》。一九一九年二月，李大釗開始主編《晨報》第七版，他把副刊當作宣傳新文化的一個重要陣地。一九二〇年七月，北大學生、新潮社的孫伏園繼承了李大釗的辦報方針，接辦了《晨報副刊》。一九二一年十月十二日，《晨報》第七版改名爲《晨報副鐫》，獨立出版一頁四開小張，影響更大。當時許多著名的新文學作家都在這個副刊上發表過作品，魯迅的〈阿Q正傳〉、〈一件小事〉等不朽作品，都是經過孫伏園在這塊園地上誕生的。

到了一九二四年，《晨報》的負責人對《晨報副刊》左傾開始不滿，準備撤換孫伏園。恰巧一九二四年十月孫伏園因故憤而辭職，黃子美就邀徐志摩去辦副刊，但徐志摩當時並不熱心。一九二五年三月徐志摩歐遊之前，陳博生和黃子美又竭力邀他接辦副刊，但他行意已決，便敷衍著說「你們放我走，我回來時替你們辦副刊」（〈我爲什麼來辦，我想怎麼辦〉），心裡並不當眞。七月，徐志摩回國後，他在《歐遊漫錄》裡所表現的政治思想傾向更讓陳、黃兩人滿意，他們兩人對徐志摩舊事重提，而且「比上次更蠻橫了，眞像是討債」。

在讓徐志摩接編副刊的問題上，朋友們意見不一，徐志摩本人也沒有多大把握而一直未作明確答覆，但陳、黃兩位老闆心意已決，特地在晨報館設宴邀請徐志摩、張奚若、陳西瀅等一批人，商議副刊的改良問題，名爲商議，實則在讓衆人勸說徐志摩就任。在宴會上，陳博生還說出實際的利害來引誘徐志摩，「你不是成天想辦報，但假如你另起爐灶的話，管你理想不理想，新月不新月，第一件事你就準備貼錢，對不對？反過來說，副刊是現成的，你來我們有薪水給你，可以免得做遊民，豈不是一舉兩得！」徐志摩聽他這樣說後，感到「利害的確是很分明」（〈我爲什麼來辦，我想怎麼辦〉），便終於答應下來。

充滿熱情、滿懷抱負的徐志摩是帶著自己的信念與理想走進副刊的。「往理性的方向走，往愛心與同情的方向走，往光明的方向走，往眞的方向走，往健康快樂的方向走，往生命，更多更大更高的生命方向走」就是那時徐志摩一顆眞誠熱烈的「赤子之心」（〈再剖〉）。

在徐志摩接手主編的《晨報副刊》第一期上，他寫下了〈我爲什麼來辦，我想怎麼辦〉一文，詳細地向讀者交代自己接辦的過程，誠懇地向讀者表明了自己的公正立場：

但我自問我絕不是一個會投機的主筆。迎合群眾心理，我是不來的，諛附言論界的權威者我是不來的，取媚社會的愚闇與褊淺我是不來的；我來只認識我自己，只知對我自己負責任，我不願意說的話你逼我求我我都不說的，我要說的話你逼我求我都不能不說的：我來就是個全權的記者……並且恐怕常常要開口。

他接受編輯《晨報副刊》，不只是把它當作選稿、付印等一種機械性的任務，而是要把副刊變成自己的喇叭。他表示即使覺察出這理想的光圈已煨成灰，碎成斷片，爛成泥，他也要變《晨報副刊》爲他的喇叭，也要「在這灰這斷片這泥的底裡再來發現他更偉大更光明的理想」（〈迎上前去〉），即「我也絕不掩諱我的原形：我就是我。」（〈自

剖〉）

那時的徐志摩的確雄心勃勃，他要在這塊號稱「思想的前驅」的園地上大顯身手，將理性與健康光明的思想擴展得更廣更遠。他憑藉自己以往在文藝界、知識界的廣泛結交，熱情積極地向諸多著名的學者、專家約稿。如當時清華國學研究院著名的「四大導師」中的梁啓超、趙元任；曾任《政治學報》主筆的張奚若；上海的郭沫若、張東蓀，武漢的郁達夫、楊振聲等；他還專門邀姚茫父、余越園談中國美術，劉海粟、錢稻孫、鄧以蟄談西洋美術，戲劇家余上沅、趙太侔談戲劇，文學家聞一多談文學，天文學家翁文灝，化學家任鴻雋等談科技，音樂家蕭友梅等談西洋音樂，考古學家李濟之談中國音樂；至於在北京常見面的朋友如丁西林、陳西瀅、胡適、張歆海、陶孟和、江紹原、陳衡哲、凌叔華等更在邀約之列。他還向當時的新人沈從文、焦菊隱等發出了號召。如此陣容，不可謂不強大。當時，多數人都捧徐志摩的場，給副刊送來了不少稿子。《晨報副刊》在徐志摩手中果然面目一新，很有特色。副刊儘管只是一張四開小報，但徐志摩每週要負責三萬多字，這樣一來，他一天到晚忙個不停，大概也沒有多少時間和心思顧及自己痛苦的情事了。

晨報副刊成為徐志摩的喇叭

這期間，《晨報副刊》名副其實地成爲徐志摩的喇叭，要是他在來稿中遇到想說幾句話或表態的話題，便一口氣寫下比原文長得多，有時甚至是原文篇幅幾倍的「附注」

來，而這種話題對他來說簡直俯拾皆是。於是，「志摩注」、「志摩附記」的字樣經常出現在《晨報副刊》上，使讀者時時感受到編者徐志摩藉發表來稿的機會，與他們交談，熱情、直率，甚而有點多嘴。如張奚若寫了一篇僅一千多字的短文〈副刊殃〉，徐志摩就一氣寫近兩倍篇幅的附注；劉海粟寄來了一千字的短文，題爲〈特拉克洛窪（德拉克洛瓦）與浪漫主義〉，徐志摩又按捺不住洋洋灑灑地寫了三千字的附注，後來他看到附注實在與原文篇幅太不相稱，就乾脆另取題目並列發表，這便是他的〈唈死木死〉一文。

徐志摩這種喜歡「續尾」、「附前」的習慣，雖然托辭是仿效章士釗編《甲寅》的作風，但很容易使人想起其師梁啓超的《清代學術概論》成書來。那本來是梁啓超爲蔣百里《歐洲的文藝復興》一書做的序，可下筆如長江大河的梁任公寫著寫著卻「下筆不能自休，遂成數萬言」（梁啓超：《清代學術概論・自序》），幾乎與原書篇幅相當，只好單獨成書。因此，徐志摩這種縱筆由之的作法可能是對恩師的暗自仿效，當然，也可能是無意間的巧合，這種情形在徐志摩剛剛接編副刊時尤其明顯。

果然，徐志摩不久就收到一些讀者來信，抱怨副刊編者的續尾太長太多，弄得副刊上差不多都是他一個人的聲音。徐志摩也自覺有點過分，便趕緊在編者的話裡向讀者表示誠懇的歉意。此後，附注一類的文字果然少了許多，偶爾有一些，也變得簡短了。

這些只是體現徐志摩個性的小插曲，但做爲副刊的「導演」，他更注重的是透過話題的選擇、欄目的編排、稿件的組約和編者的按語等正常途徑，來體現自己的意圖與思想傾向。從政治傾向而言，這個副刊左右開弓，走的是徐志摩民主政治的理想道路，「社會週刊」、「國際週刊」專欄是這方面的重要陣地。

一方面，它堅持反帝反封建的立場，體現一種鮮明的愛國立場。

比如，它繼續毫不客氣地反對封建保守的倒退行爲。《甲寅週刊》第十七期發表了章士釗的〈再疏解輯義〉。此文就一九二五年七月美國一位小學教員講進化論而被控告一事，爲封建倒退行爲辯護。針對此文，徐志摩在一九二五年十一月十一日的《晨報副刊》上發表了〈守舊與「玩舊」〉。文章回顧了「五四」時期思想論戰新舊勢力對壘的形勢，指出自從《甲寅週刊》問世，那股保守落後的舊派勢力，似乎超過了現行任何同性質的刊物。徐志摩聲稱自己藐視這個刊物，也藐視章士釗這個大人物，並確信舊的思想必然消亡。他還俏皮地寫道，他對於孤桐（章士釗）一向存有十二萬分的敬意，雖則明知自己在思想上與他完全是不同道的，但他是個合格的敵人，不再是林琴南一流棉花般的拳頭了。徐志摩進一步指出，章士釗的維新並不是根基於獨見的信念，他的守舊也不是根基於傳統精神的貫徹，爲的都只是實際的便利。這樣一個人的態度實際上說不上「維」，也說不上「守」，他只是「玩」！在這篇文章裡，徐志摩充分地表露自己高昂的反封建戰鬥激情。論戰歸論戰，尊重歸尊重，章士釗畢竟是文壇前輩，也是卓有聲名的政論家，更何況徐志摩留學英倫時與章士釗還有過一段不平常的交往呢。因此，事後，徐志摩給章士釗寫了一封信以示友好。由此我們可看出徐志摩隨和寬容的個性。

他還編輯發表了一批反對帝國主義侵略政策的文章。如一九二五年十月二十三日發表陳翰笙的〈英國在亞洲西南的政策可怕！〉，指責了英國妄圖併吞阿拉伯半島的野心與暴力行徑；十一月二十四日發表張耀曾在中國大學的演講稿〈領事裁判權的意義〉，呼籲中國當局要堅決收回領事裁判權；一九二六年一月八日發表于成澤的〈日俄增兵與東三省〉，揭露了日本帝國主義侵佔東北的無恥意圖。還有一些文章專門評論了關稅會議，力主關稅自主。如，一九二五年十月二十日發表陳震異的〈關稅會議中國應怎樣主張整理外債？〉，十一月十日，「社會週刊」專欄還出了「關稅會議特號」，其中有梁龍的〈關稅會議中美日政策之異同〉、周炳琳的〈我們所應努力或表示決心者〉，這些文章的中心都是爭取關稅自主，強調有了民族自覺之後，任何叫我單方面受牽制而他方享特殊利益的不平等條約都得廢除。

除了直接反封建倒退和反帝國主義侵略外，《晨報副刊》那時還倡導平民教育，主張教育普及。像「社會週刊」專欄，在一九二六年、一九二七年中先後出了七期「平民教育特刊」，對普及教育的意義、方針、措施廣泛宣傳。

另一方面，《晨報副刊》又害怕工農革命，害怕共產主義，甚至在某些方面還發表一些攻擊性的言論。在這一點上，《晨報副刊》展開了兩次激烈的爭論，儘管在爭論中，組織者徐志摩力圖擺出不偏不倚的姿態，但其傾向十分明顯。

一次是蘇俄仇友問題的爭論。一九二五年十月六日，才上任沒幾天的徐志摩在《晨報副刊》「社會欄」發表了陳啓修的〈帝國主義有白色和赤色之別嗎？〉，該文針對當時中國知識界的「蘇聯同樣是帝國主義」的觀點提出了質疑，並讚揚了蘇維埃政權，認爲蘇聯不是帝國主義，是中國人民的朋友。清華政治系教授張奚若馬上寫了〈蘇俄究竟是不是我們的朋友〉一文，認爲蘇聯對中國的態度是：「假共產爲名，爲自己的私利，在我們情形迴不相同的國家，利用判斷力薄弱的青年，智識寡淺的學者，和唯個人私利是圖的政客，大搗其亂的人們，更是我們的敵人。陳先生說蘇聯雖不是帝國主義式的敵人，其爲害我們中國的地方更甚於帝國主義式的敵人，我們防備他比防備帝國主義式的敵人更應該嚴密一點。」

徐志摩又立即把張奚若的文章發表在十月八日《晨報副刊》頭條位置上，於是引起了一場政治問題的大爭論。一星期後，徐志摩在「文藝欄」內特設「關於蘇俄仇友問題的討論」和「仇友赤白的仇友赤白」兩個專欄，集中發表不同意見的稿件；接著又在「社會欄」設「對俄問題討論專號」，從而引發一場較爲熱鬧的、具有政治色彩的大論戰。這場爭論先後持續了近兩個月，《晨報副刊》共發表各類有關文章近三十篇，文章作者有張奚若、劉勉己、徐志摩、梁啓超、張慰慈、劉侃元、陶孟和、丁文江等，其中張奚若文章最多。

在這個問題的討論中，徐志摩一開始就聲明，「我個人自信是無成見的」，只要求文章有忠實的思想，不問它是任何傾向；他恨一切私利動機的活動，只愛一切忠實的思想。他還表明了自己的忠實思想：他不是個「籠統反對聯俄的人」，在理論上和對於人類的同情上，他也許是個「贊成共產主義的人」，但贊成聯俄也是有條件的，「絕對反對把共產主義生呑活剝的拿到今日的中國社會上去實行」，蘇俄不能「在中國的內政上搗亂」。

儘管徐志摩有自己的「忠實的思想」，但做為這場事關中蘇邦交和國家前途討論的主持人，還是比較注意自己的中立態度的。這場討論是從發表親蘇、親共產主義的文章開始的，此後又陸續發表不少同調文章。如一九二五年十月二十九日的張慰慈的〈阿瑪那——一個試驗共產制度的社會〉，介紹了美國中部愛荷華（Iowa）的阿瑪那（Amana）實驗共產主義制度的情況。又如十一月十三日，陳翰笙的〈蘇聯的國際地位〉一文，闡述了蘇聯存在的國際意義，指責了以英國為首的一些國家在魯卡諾會議上聯合各帝國主義者對蘇聯實行外交圍困的政策，而且尖銳地指出將來誰勝誰負，必然大有影響於全球各民族。再如十月二十七日陳翰笙的〈聯蘇聯的理由〉，陳啓修的〈中國對蘇聯政策應當如何〉等等，也都表現了這種傾向。

做為主持人的徐志摩雖然不便明確表態，但實際上在這場爭論中，他的個人傾向比較明顯。在不久前所寫的《歐遊漫錄》中，徐志摩就明顯表露了自己對進行工農革命蘇聯的憂慮與恐懼，這次，他自然站在排斥蘇聯的一邊。

首先，他以顯著位置發表張奚若、劉勉己、李璜、梁啓超等人敵視蘇聯和社會主義的文章，從爭論雙方的文章數量對比看，這一傾向顯然處於優勢；其次，他發揮副刊主編寫按語的優勢，站在張奚若等人一邊，推波助瀾，擴大他們的影響力。這種按語，貌似中立，實有偏向。如在張奚若等人文章的按語中，徐志摩儘管說，討論的問題，就狹一點，是中俄邦交問題；說大一點，是中國將來國運問題，包括國民生活全部可能是變態的，但又稱道張奚若等人的「意思是極懇切的」、「見解至少是獨立的」等。此外，還親自寫文章助張奚若一臂之力。如十月七日《晨報副刊》發表了徐志摩翻譯的小說〈生命的報酬〉（英國馬萊尼作），並寫了題爲〈從小說講到大事〉的跋，歌頌了反對共產黨的主角瑪利亞，攻擊當時主持北伐的廣東政府，在跋中他還承認：「這次我碰著不少體面人，有開廠的，有辦報的，有開交易所的。他們一聽見我批評共產，他們就拍手叫好，說這班人眞該死，眞該打，成心胡鬧，不把他們趕快打下去這還成什麼世界？」其改良主義的政治傾向一目瞭然。

值得一提的是，在這場爭論過後，徐志摩針對曲秋（陳毅）在列寧學會上演講稿〈紀念列寧〉中的觀點，寫了〈列寧忌日——談革命〉一文，發表在一九二六年一月二十一日的《晨報副刊》上。徐文比較全面地闡述了他對馬克思主義的基本觀點：

我是一個不可教訓的個人主義者。這並不高深，這只是說我只知道個人，只認得清個人，只信得過個人。我信德謨克拉西的意義只是普遍的個人主義；在各個人自覺的意識與自覺的努力中涵有真純德謨克拉西的精神：我要求每一朵花實現它可能的色香，我也要求各個人實現他可能的色香。

這篇文章也可以說是徐志摩對《晨報副刊》上「蘇俄仇友問題」討論的總結。顯然，由於徐志摩的政治傾向，副刊版面上「反共仇俄」這一方的意見佔了上風，而「擁共聯俄」一方明顯處於劣勢。

這場討論正值第一次國內革命戰爭時期（第一次國共合作時期），南方的國共合作、革命運動如火如荼，共產主義思想逐步蔓延，這必然在北方的思想界引起較大反響。徐志摩此時在《晨報副刊》上展開蘇俄問題的討論，並吸引了梁啓超、丁文江等一批知名人士參加討論，產生了較大的影響。

魯迅、周作人、陳西瀅的論戰（留歐美與留日知識份子的論爭）

徐志摩主持《晨報副刊》時期的另一次論爭就是魯迅、周作人與徐志摩的好友陳西瀅的論戰。可以說這場論爭是中國現代文化史上幾乎無政治成分羼如的、最自由最見知識份子才智的一次論爭。也是留學歐美的知識份子與留學日本的知識份子的一次較量。論爭中他們表現出機警的尋釁、穩重的還擊、俏皮的文字，一定程度上凸顯一九二〇年代中國現代知識份子眞實的人格、心態和品行。一九二四年底，胡適、陳西瀅、王世傑、梁實秋等人創辦了《現代評論》；現代思想史、文學史上，他們通常被稱爲「現代評論」派。和周氏兄弟的論戰是由他們挑起的。

自一九二四年五月起，北京女子師範大學風潮迭起，到次年五月，學生與女師大校長楊蔭榆的衝突越發激烈，魯迅等一批女師大教員積極支持學生的正義行動。這年五月十二日的《京報副刊》刊載魯迅的〈忽然想到㈦〉，文中公開表示對女師大學潮的看法，斥責楊蔭榆之流威嚇和開除手無寸鐵的學生，並號召學生們起來戰鬥，要做到「對手如凶獸時就如凶獸」。

之後，《現代評論》再版了這一年三月二十一日出刊的第一卷第十五期。初版上原有的金城銀行廣告沒有了，換了一篇所謂「一個女讀者」給《現代評論》記者的信。這封信站在楊蔭榆一邊，說女師大學生迭次驅逐楊蔭榆的宣言書中所列舉的楊氏罪名，大都不能成立，而這回風潮的產生和發展，校內校外有人在那裡主使，含沙射影地攻擊了魯迅。五月二十七日，由魯迅起草的，由馬裕藻、沈尹默、周樹人、李泰棻，錢玄同、沈兼士、周作人七人署名的〈對於北京女子師範大學風潮宣言〉在《京報》上發表。

陳西瀅在《現代評論》第一卷第二十五期上撰寫的專欄「閒話」中對此進行了攻擊。文章以俏皮流暢的筆調，以聽說的口氣，相信女師大的風潮「有在北京教育界佔最大勢力的某籍某系的人在暗中鼓動」。他顯然是攻擊魯迅等一批「浙江籍」教員的。因爲發表那篇〈宣言〉的七名教授，除李泰棻外，都是浙江人，也都是當時北京大學國文系的教授。陳西瀅的言論也明顯站在維護楊蔭榆以及楊蔭榆背後的北洋軍閥政府一邊。面對「現代評論」派的攻擊，魯迅等人自然毫不留情。論戰於是激烈地展開。雙方的文章以《京報副刊》、《莽原》和《現代評論》爲主要陣地，激烈交鋒。

一九二六／〈〈閒話〉引出來的閒話〉

這時候，主持《晨報副刊》的徐志摩也按捺不住了，在一九二六年一月十三日的副刊上發表了〈〈閒話〉引出來的閒話〉一文，文章稱讚頌陳西瀅的文章是「一篇可羨慕的嫵媚文章」，稱只有陳西瀅「當得起『學者』的名詞」，「他唯一的標準是理性，唯一的動機是憐憫」。周作人看後，十分不滿，寫下〈閒話的閒話之閒話〉一文投給《晨報副刊》，指出不敢苟同徐志摩對陳西瀅的學問、文章及品格的恭維，他列舉了章士釗怎樣地污衊女學生，劉百昭怎樣地率領老媽子拖打女學生的事實，指出陳西瀅與鎭壓者、打手一鼻孔出氣，「我不知道這是否有點忠貞？」文章還責備徐志摩是非不明，是「飄來飄去」的「詩人眼」。接到這種對己不利的稿件，徐志摩表現得很大度，在一月二十日的副刊上照登不誤。

就在發表周文的同一期上，徐志摩也發表了〈再添幾句閒話的閒話乘便妄想解圍〉，對周作人的責難做了辯解，並擺出要做「和事佬」的姿態。他首先承認自己有些話說得不妥，還說他當初寫文章時，壓根兒也沒想到要誇獎陳西瀅，也壓根兒沒有想到女師大一類的關係。

但徐志摩也沒有眞心要做不偏不倚的「和事佬」，因爲一月三十日的「副刊」竟以整個版面刊發了一組關於「閒話」論戰的文章，除了徐志摩的〈關於下面一束通信告讀者們〉的編者按外，其餘滿版是陳西瀅輯錄的〈閒話的閒話之閒話引出來的幾封信〉。

在按語中，徐志摩雖然呼籲停戰，認爲雙方並非深仇大恨，應當可以消解，聲明今後副刊不再登載這方面的文字了，但「護陳抑周」的傾向十分明顯。他說，他同情陳西瀅孤軍奮戰的處境，同情陳西瀅激憤的態度，因爲陳西瀅實在被人進行人身攻擊得忍無可忍了；陳西瀅是他「最佩服最敬愛的一個」人，對時事的批評他也是同意陳西瀅的時候多。而徐志摩對周氏兄弟的態度明顯不一樣，尤其是對魯迅。他說「魯迅先生我是壓根兒沒有瞻仰過顏色的」，「魯迅先生的作品，說來大不敬得很，我拜讀過的很少」，「他平時零星的東西，我即使看也等於白看，沒有看進去或是沒有看懂」，「他愛小挑剔，我也知道的」。對魯迅的不滿和嘲弄顯而易見。最後，他把雙方的這場筆仗歸結爲雙方都具有的一種不必要的怨毒，理應結束。

陳西瀅則對魯迅更不客氣，在被公開的〈致志摩〉的信中，陳斥責魯迅「散佈謠言，捏造事實，放冷箭」，甚至使用了像「卑劣」等這樣侮辱性語言進行人身攻擊，重挑女師大風波舊事。這自然又招致了周氏兄弟的反擊，魯迅在《語絲》週刊上撰文反駁，用尖刻、輕蔑的口氣說，自己所遇到的只不過是「幾個家丁」的叫罵，剛開始，就關了門，「據說『不再打這樣的筆墨官司了』」。這自然又是將陳西瀅與徐志摩一塊罵了。

仗打到這裡，徐志摩確實不感興趣了，不過他仍執著地繼續扮演「和事佬」的角色。一九二六年二月三日，徐志摩發表了〈結束閒話，結束廢話！〉一文，認爲兩邊朋友們的表現都有失風度，重申「這場惡鬥有結束的切要」。徐志摩最後說：「帶住！讓我們對著混鬥的雙方猛喝一聲。帶住！讓我們對著我們自己不十分上流的根性猛喝一聲。假如我們覺得胳膊裡有餘力，身體裡有餘勇要求發洩時，讓我們往昇華的道上走，現在需要勇士的戰場正多著哪，爲國家，爲人道，爲眞正的友誼——別再死捧著顯微鏡，無限的放大你私人的意氣！」

徐志摩也在私下裡勸說雙方不要再爭了。在給周作人的信中，他說這種「閒話」之爭，有許多東西玩笑開得似乎太兇了，有失教授的體面，擬由雙方的朋友出來勸和。在陳西瀅方面，儘管說話有些尖酸，但他是完全信得過的，也希望周作人信得過；但他擔心魯迅那裡不好處理，希望周作人能從中調解。

「妄想解釋做和事佬」的徐志摩結果卻是「兩頭都碰釘子」。事實上，雙方都不理睬這種聲明，都不甘休，還在其他刊物上繼續鏖戰。如魯迅讀了徐志摩的〈結束閒話，結束廢話！〉後，在二月七日的《京報副刊》又發表〈我還不能「帶住」〉一文，仍然本其一貫的立場，就其中的事理進行辯駁。

這不由得使我們回想起一九二四年徐志摩與魯迅的那場「疙瘩」。儘管徐志摩發表在《語絲》上的波特萊爾的〈死屍〉譯序被魯迅哂笑諷刺之後，作聲不得，但在心高氣傲的徐志摩心中留下的陰影恐怕是難以消失的。不但如此，魯迅還在〈無花的薔薇〉、〈羅曼羅蘭〉、〈不是信〉等雜文裡，多次對徐志摩予以諷刺。可說魯迅對徐志摩的貶損是隨時隨地，只要有機會，他順手便是一擊。這一切，無法不讓徐志摩對魯迅表示不滿與反感，而藉這場爭論表示他對魯迅的輕蔑，也算是大大出了一口怨氣，這自然就使他陷入了文人間的意氣之爭。這也就難怪魯迅要將徐志摩與陳西瀅放在一起打了。不過，儘管徐魯二人雙方價值觀、個性氣質、處事態度的迥異決定了雙方難以相容，但平心而論，在這場論爭中，徐志摩的態度始終平和，雖也有激動生氣處，但仍不失理性。他不同意陳西瀅對魯迅進行人身攻擊，更反對陳西瀅造謠污衊的作法，而最後徐志摩在給周作人信中對魯迅的那種近乎謙卑的態度，都應該說是十分難得的。這在一定程度上體現了徐志摩這位天眞「和事佬」的眞誠態度。

與對待魯迅明顯不同的是，徐志摩對周作人始終佩服，尤其是對周作人的博學，敬重不已。兩人雖時時還有爭執，但始終保持著朋友之誼。周作人一九三一年十二月十三日寫於北京的〈志摩紀念〉一文，眞實地反映了彼此的友情：「照交情來講，我與志摩不算頂深，過從不密切，所以在記憶上想起來時可以引動悲酸的情感材料也不很多，但即使如此我對於志摩的人的悼惜也並不少。的確如胡適之所說，志摩這人很可愛，他有他的主張，有他的派路……」

一九二六・三・一八／〈梅雪爭春〉

在有關「閒話」的爭論中，徐志摩那種避開事情性質「難得糊塗」的和解辦法，並不意味著他不關心時事，不支持學生的進步運動、愛國行動。一九二六年的「三・一八」慘案發生後，義憤塡膺的徐志摩在《晨報副刊・詩鐫》第一號開闢紀念「三・一八」慘案專號，其中有徐志摩自己的詩〈梅雪爭春〉：

南方新年裡有一天下大雪，
我到靈峰去探春梅的消息；
殘落的梅萼瓣瓣在雪裡醃，

我笑說這顏色還欠三分豔！
運命說：你趕花朝節前回京，
我替你備下真鮮豔的春景：
白的還是那冷翩翩的飛雪，
但梅花是十三齡童的熱血！

字裡行間，詩人對段祺瑞執政府的滿腔怒火，清晰可見。

一九二六／《詩鐫》、《劇刊》

徐志摩主編《晨報副刊》期間，最突出的成績是先後創辦了《詩鐫》和《劇刊》，特別是他和聞一多等人共同創辦的《詩鐫》，倡導了一九二〇年代的中國新詩形式運動，爲詩的嘗試有其努力和貢獻，功不可滅。

關於這兩個專欄的產生，還得從徐志摩的一批文藝界朋友說起。早在一九二五年一月，正留學美國的余上沅、聞一多、熊佛西、梁實秋等人，組織成立了「中華戲劇改進社」。他們知道新月社在國內正發動演劇活動，倡導新戲劇，便發函邀請新月社成員參加「改進社」，並建議在北大開設「戲劇傳習所」，等條件成熟後，便建立「北京藝術劇院」。這些建議得到徐志摩等人的贊同。

在這些留美學生中，梁實秋是徐志摩最熟悉的一個。當年徐志摩應邀去清華文學社做「藝術與人生」的演講，接待他的就是梁實秋。聞一多的名字徐志摩早聽人說起過，在清華園的學生中間，聞一多是公認在文藝方面尤其是新詩的老大哥，他對新詩的愛好幾乎到了狂熱的地步，只是那次徐志摩去清華演講時，聞一多已去了美國而未能與之謀面。一九二三年九月，聞一多在學生時代發表的新詩詩作，結集爲《紅燭》出版。《紅燭》中充沛的激情和詩歌形式上的大膽嘗試，給正處於創作熱情中的徐志摩很大的啓發，大爲讚賞，認爲聞一多是繼郭沫若之後中國新詩壇上的又一個希望。

一九二五年七月底，徐志摩匆匆結束歐洲之行回國後，見到了他所敬佩的詩人聞一多。聞一多不僅對詩學詩藝有獨到的見解，而且對戲劇、繪畫等藝術造詣頗深（本來聞一多留學美國時，最初的專業就是西洋美術，後來才專攻文學）。徐志摩果然爲聞一多的談吐吸引，兩人一見如故。這時，劉百昭執掌的國立藝術專門學校急需一批新人幫忙，徐志摩介紹聞一多等三人去藝專工作。聞一多受聘爲藝專教務長，趙太侔爲戲劇系主任，余上沅爲該系教授。

此後，聞一多與朱湘、劉夢葦、孫大雨、饒孟侃、楊世恩等一批青年詩人交往密切。他們一起在聞一多家裡舉行詩會，由詩人、藝術家聞一多親自設計佈置的寓所是十分別緻的，聞一多的家儼然成了一群新詩人的樂園。在那裡，新詩人們欣賞批評各人的新作，切磋詩藝，討論新詩發展的趨勢。思考之中，他們一致認爲，五四以來詩壇最混亂的原因就是新詩的過分散文化，就是詩人太忽視詩形美了。而他們自己是研究西洋文學的，寫起詩來又受西洋詩的影響。正如劉夢葦說：「我們擺脫了古人的束縛，重新落了洋人的圈套，終於沒有走上創作的道路……」（劉夢葦：《中國詩底昨與今明》）

事實正是如此，無論是倡導詩體大解放的胡適、劉半農、劉大白等早期白話詩人，還是郭沫若等自由體詩人，都還沒有認識到詩歌形式美的重要性。所以，到了一九二二年前後的五、六年間，詩人詩作多如雨後春筍，可讀的作品卻非常少，大多是藝術粗糙的散文分行之作，連最關心新詩發展的人也搖頭。從一九二〇年起，詩人如宗白華、劉半農、趙元任、陸志葦等呼籲，詩壇要重視詩的音樂作用和繪畫作用，要重造新韻、增多詩體等等。可惜的是，他們這些頗有見地的設想卻沒有受到當時詩壇的重視。

中國現代詩歌的發展，呼喚新的新詩形式出現。爲推動中國新詩的發展，在聞一多家裡的這群詩人想到了自己辦刊物，將自己的理想付諸於新詩創作中。但他們缺錢，辦刊物又需要得到視新文學運動如「洪水猛獸」的段祺瑞政府的批准，兩個問題都不易解決。於是，他們想在《晨報副刊》上開闢一個專欄。聞一多等人找到徐志摩，這是這時的詩壇明星徐志摩求之不得的大好事，聽了便一口答應下來。

透過衆人的努力，一九二六年四月一日，《晨報副刊》的《詩鐫》問世。刊頭是由聞一多設計的。一匹神馬，展開雙翼，正在騰空躍起。馬的後腿，帶著一個圓圈，裡面寫著醒目的兩個大字：詩鐫。刊頭顯示出編輯者們希望這一刊物在中國詩壇上開創新天地的抱負。聞一多曾經預言，《詩鐫》的發行，將開闢新詩的第二個紀元，重要性將與風靡五四時期的《新青年》、《新潮》相提並論。

「老闆」徐志摩在《詩鐫》的第一期上發表了〈詩刊弁言〉，他開門見山地說明了《詩鐫》的辦刊宗旨：「我們的大話是：要把創格的新詩當一件認眞事情做。」他們的共同信心是：相信詩是表現人類創造力的一個工具，與音樂美術是同等同性質的；相信中華民族這時期的精神解放或精神革命沒有一部像樣的詩式表現是不完全的；相信自身靈裡以及周遭空氣裡多的是要求投胎的思想的靈魂，並認爲他們自己的責任是替它們構造適當的軀殼，這就是詩文與各種美術的新格式與新音節的發現；他們相信，完美的形體是完美之精神唯一的表現，文藝的生命是無形的靈感加上有意識的耐心與勤力的成績。

《詩鐫》第一期便是紀念「三・一八血案」的專號。在〈文藝與愛國——紀念三月十八〉裡，聞一多表明把文藝運動與愛國運動結合起來的願望。聞一多的文章之後，便是詩人們紀念「三・一八」死難烈士的詩作，如徐志摩的〈梅雪爭春〉、聞一多的〈欺負著了〉、饒孟侃的〈天安門〉等等。可以說，聞一多家「安樂窩」的詩人幾乎人人動筆，都把自己的一片愛國熱情與悼念志士的深情，化爲詩句獻給了讀者。可見，《詩鐫》創格的同時並沒有忘記宣揚正義的呼聲，確實是做到了將新詩完美的形式與積極、進步的內容和諧統一。

在之後的十期中，它一方面繼續發表嘗試新詩的詩作，另一方面，連續發表了一系列詩歌理論文章，此外也介紹了一些著名的外國詩歌。當時的新詩專刊十分少見，受到廣大青年讀者的歡迎。自胡適等人在新文化運動中倡導新詩運動以來，許多青年就對新詩產生了興趣，因此，《晨報副刊・詩鐫》的問世，無異於在當時的中國詩壇上灑下甘霖瓊漿，滋潤著新詩界和廣大讀者們飢渴的心田。雖然《詩鐫》前後只出了十一期，但成就斐然，影響深遠，在中國新詩發展史上樹立起一塊奪目的豐碑。

《詩鐫》對現代中國新詩發展的突出貢獻，在於它致力並成功地探討了新詩格律化的理論和創作實踐。

在詩歌理論方面發表論文六篇，主要探討了新詩的音節與格律，其中以聞一多的〈詩的格律〉影響最大，有代表意義，他簡直構建了整個新格律詩的理論體系。〈詩的格律〉系統闡述了新詩藝術的形式和技巧中必須的三美，即「音樂美」、「繪畫美」和「建築美」問題；還回顧了五四以來新詩發展的情況，對新詩流行後出現過於散漫的創作狀況給予及時的批評，將新詩的形式美和現代漢語詩韻的研究提升到一個嶄新的高度。

在創作方面，《詩鐫》從創刊到停刊，共發表詩作八十四首。其中最有名的就是聞一多的〈死水〉和朱湘的〈採蓮曲〉。徐志摩寫了〈梅雪爭春〉，還有〈西伯利亞〉、〈再休怪我沈臉〉、〈望月〉、〈又一次試驗〉、〈半夜深巷琵琶〉、〈在哀克剎脫教堂前〉、〈偶然〉等七首。這些詩的最大特點就是，貫徹了他們在理論中所主張追求詩歌的音樂美、繪畫美和建築美。

一九二六／《詩鐫》停刊

一九二六年六月十日《詩鐫》雖說是暫時停刊，實際是正式停刊了。主要原因是《詩鐫》同人內部有了裂痕。聞一多負責編輯第三期時，把自己寫的〈死水〉、饒孟侃的〈擣衣曲〉排在前面，而把朱湘的〈採蓮曲〉放在頭版左下角。性情本來就很偏激的朱湘因此十分不滿，從此不與《詩鐫》聯繫，還寫長文抨擊。另外，藝專風潮迭起，長期欠薪，使得聞一多憤而攜眷南歸，他是《詩鐫》實際主編之一，這一走，便不得不結束了。

徐志摩在停刊的這一期上做〈詩刊放假〉一文，對《詩鐫》倡導的新格律詩運動作了總結。他認爲，這場運動的主要成績之一就是發現了新詩的音節，也就是發現了新詩存在的客觀規律——新詩的格律。這一發現雖然離完成期還很遠，但只要有勇氣，不怕難，憑這點子光亮往前繼續走，不愁走不出道路來，「繞彎，閃腿，刺腳，一類的事，都許有的，但不礙事，希望比困難大得多！」他還引用聞一多的話說：「新詩的音節……確乎有了一種具體的方式可尋。這種音節的方式發現以後，我斷言新詩不久定要走進一個新的建設的時期了。……我們應該承認這在新詩的發展歷史裡是一次軒然大波。」

第二個主要收穫是，他們覺悟了詩是藝術，詩人應自覺地運用某種題材，而不是不經心地一任題材支配。關於詩的藝術，徐志摩認爲，一首詩應該是一個有生機的整體，部分與部分相連，部分對全體有比例的一種東西；一首詩的秘密就是它內含音節的匀整與流動。明白了詩的生命是在它內在音節的道理，我們才領會到詩的眞的趣味。不論思想怎樣高尙，情緒怎樣熱烈，你得拿來徹底地「音節化」（那就是詩化）才可以取得詩的認識，要不然思想是思想，情緒是情緒，而不能說是詩；「內在的」音節決定「外形」的字句，行數的長短、字句的整齊或不整齊的決定，全得憑你體會到音節的波動性。

另外，在倡導新詩格律之初，他提醒大家要防止形式主義的偏頗。單講內容不成爲詩，單講外表的結果只是無意義乃至無意義的形式主義。徐志摩頗有遠見地指出：「就我們《詩刊》的榜樣說，我們爲要指摘前者的弊病，難免有引起後者的弊病的傾向，這是我們應時刻引以爲戒的。」

總之，在中國現代詩歌發展的歷史長河裡，新格律詩的發展，雖時時出現徐志摩所說的「繞彎」、「閃腿」、「刺腳」等一類的事情，但它終究形成一個詩派，影響了整個中國現代詩壇。朱自清在《中國新文學大系》裡這樣評價徐志摩他們倡導的新格律詩活動：「『他們眞研究、眞實驗；每週有詩會，或討論，或誦讀。梁實秋氏說『這是第一次一夥人聚集起來誠心誠意做新詩』。雖然只出了十一號，留下的影響卻很大——那時候大家都做格律詩；有些從前極不顧形式的，也上起規矩來了。『方塊詩』『豆腐塊』等等名字，可看出這時期的風氣。」

一九二六／《劇刊》創刊

在〈詩刊放假〉中，徐志摩在解釋「放長假」的理由時也說到，熱心戲劇的幾個朋友急於想藉該刊地位，來一次集合的宣傳努力，給社會上一個新劇的正確解釋，期望引起他們對於新劇的眞純興趣。於是，《詩鐫》停刊後，在原來《詩鐫》的版面上，徐志摩又主持開闢了《劇刊》，一九二六年六月十七日《劇刊》第一期正式面世。

身爲詩人、散文家的徐志摩，爲什麼又熱心於戲劇呢？其實，戲劇一直是徐志摩所熱心和喜愛的藝術，在他看來，戲劇是一項莊嚴而高尚的藝術。自從一九二四年新月社成立起，他就開始參與各種演劇活動，一九二四年泰戈爾來華，他和林徽因等人爲歡迎泰戈爾演出過泰戈爾的劇作《齊特拉》。當聞一多、余上沅、趙太侔等回國後，他們與新月社一班人就積極討論過振興戲劇、倡導戲劇的藝術化。後來爲聞一多與一批青年詩人所倡導和研究的新詩格律問題所吸引，才開辦了《詩鐫》。現在《詩鐫》既已停業，而張嘉鑄（張幼儀的八弟）、余上沅等人又積極要求藉副刊來宣傳新劇，就這樣，徐志摩與他們共同促成了《劇刊》問世。

徐志摩和熱愛戲劇事業的朋友們有一個美好的計畫：要以北京國立藝術專門學校戲劇系爲根據地，第一部工作是辦起一個小劇院，進而集合他們大部分可能的精力與能耐，從事戲劇藝術。《劇刊》是他們的宣傳、討論、研究的陣地。用徐志摩的話說，《劇刊》和小劇院是他們幾個人夢想中的花與花瓶。

在《劇刊》發刊辭〈劇刊始業〉裡，徐志摩明確地提出了它的職責與任務，那就是，宣傳戲劇，給社會一個劇的概念，引起社會的同情與協助；討論各種戲劇派別的表現法；批評國內名劇，介紹世界名著；進行劇藝各類在行的研究，例如劇場的佈置、配景學、光影學、導演術；推動創作。

到一九二六年九月二十三日止，《劇刊》共出了十五期，共發表戲劇理論文章二十三篇，介紹外國戲劇的文章八篇，為中國戲劇（指話劇）的發展貢獻良多。戲劇在中國經歷了文明戲和愛美劇階段，《劇刊》問世，中國戲劇界正提倡戲劇是一門嚴肅的藝術，而不是業餘的興趣產物；認為只有擺脫「愛美的」即 Amator 的觀念，才能使中國的戲劇有真正的提高和出路。徐志摩、趙太侔、梁實秋、張嘉鑄等一批人，在《劇刊》上繼續清除輕視戲劇的傳統觀念，把戲劇提高到正宗藝術的位置，進一步提高了戲劇的地位。同時他們探討了話劇理論的種種問題，對中外話劇予以積極的總結、評論與介紹，推動了中國現代話劇的趨向成熟。另外，《劇刊》同人一再呼籲社會各方面來關心、幫助戲劇藝術的發展，這在一定程度上解決了話劇事業在經費設施等方面的具體困難。

在《晨報副刊・劇刊》的編輯及其活動中，徐志摩雖然自謙為「始終是一個搖旗吶喊的小兵」，但事實上他也起了不小的作用。尤其是在專刊的編輯方面，他是一個積極的、熱心的召集者和聯絡者。還有一件事是不能忽視的，那就是他在《劇刊》十四號上發表〈托爾斯泰論話劇一節〉一文，透露了他對文學藝術的見解一個重要的變化。他引用了托爾斯泰二十年前論劇的談話之後，有感於眼前中國「殺，殘殺，屠殺，自殺；哭聲，叫聲，呼救聲」的現實，徐志摩感慨：「多可怕的慘劇！哪一天才演得完？有完的一天嗎？」在這種情況下，他說，「有一時確是以爲生活自生活，藝術自藝術；藝術永遠可以利用生活所產生的材料，生活卻干涉不到藝術的領土，那永遠是獨立的，逍遙的。」但現在不同了：「現在我知道藝術是不能脫離生活獨立的，它的生存與發展是基於有一定條件的。生活不容許的時候，藝術就沒有站住的機會。」不管徐志摩在這以後還會怎麼反覆，這種變化還是値得重視的。

和《詩鐫》一樣，也是因爲朋友們四散，而徐志摩也要忙於籌備與陸小曼的結婚，無暇更多地顧及，《劇刊》不能不在一九二六年九月二十三日告終。甚至徐志摩正在寫作的〈劇刊終期〉一文，也只完成了一半，沒有心思寫下去了，只能讓余上沅代筆。對此，余上沅不無揶揄地開了一個小玩笑：「志摩已經找到了一條生路，碰上這天上地下都團圓的清夜，不免痛飲到了陶醉。剩下的未盡之意，只好由我來勉強續完了。」

一九二六年十月十五日，徐志摩和陸小曼結婚後南下上海，請摯友瞿菊農代理《晨報副刊》主編的職務。十月十三日，《晨報副刊》登出一則啓事「志摩啓事：我告假回老家去幾時，晨副的編輯自本月起請瞿菊農先生擔任……」這一去，他再沒有回來。徐志摩告別了歷時一年多的副刊編輯生活，也告別了他一生中最輝煌的時期。徐志摩夫婦南下先是到上海待一個多月，然後在老家硤石度過一個多月的蜜月，因時局混亂，又回到上海，開始在上海的定居生活。

一九二七／新月書店／上海麥賽爾蒂羅路一五九號

一九二七年六月，北伐新軍揮麾北上，北洋政府已處於風雨飄搖的境地，枯竭的財源甚至已經發不出各大學教員的薪金，教員生活困窘不堪；加上北方軍閥政治迫害和思想箝制日益加劇，大批文化人投奔革命，或尋求新的棲身之所。原來北京時期新月社的社員，如聞一多、饒孟侃、余上沅、丁西林、葉公超、潘光旦、邵洵美等人紛紛南下，在國外的朋友如梁實秋、劉英士、張嘉鑄等留美歸來，胡適也結束了歐洲之行回到上海。一時，上海風雲際會，群賢畢至，少長咸集，大家一致提議要一起開展文學活動。徐志摩與胡適、余上沅等經過一陣醞釀，決定招股集資，首先辦一個新月書店，然後再商議辦月刊的事。

一九二七年六月二十七、二十八日，上海《申報》連續兩天刊出〈新月書店啓事〉，介紹了新月書店的創辦人及創辦宗旨：

> 我們許多朋友，有的寫了書沒有適當的地方印行，有的擱了筆已經好久了。要鼓勵出版事業，我們發起組織新月書店，一方面印書，一方面代售。預備出版的書，都經過嚴格的審查，販來代售的書，也經過鄭重的考慮。如果因此能在教育和文化上有點貢獻，就是我們的榮幸了。
>
> 創辦人：胡適、徐志摩、宋春舫、徐新六、張歆海、吳德生、張禹九（張幼儀

的八弟張嘉鑄）、余上沅同啓（陳子善：《文人事》）

經過一番協商，大家一致推胡適爲書店董事長，余上沅爲經理（後改爲張嘉鑄管理）。七月一日新月書店正式開張，地點設在上海華龍路法國公園附近的麥賽爾蒂羅路一五九號，書店鋪面不大，生意卻一度頗爲興旺。徐志摩把新月書店看作是實現新希望的一件大事。他因爲關係多、人事熟，又熱心於書店事業，因而出力最多，同仁都把他視爲新月書店的靈魂。

在大家的齊心合力下，新月書店一開始頗有生氣，出版了一批頗有影響力的著作，如胡適的《白話文學史》、余上沅的《國劇運動》、潘光旦的《中國之家庭問題》等。在文藝創作方面，則有胡也頻的《聖徒》、凌叔華的《花之寺》等。徐志摩的散文集《巴黎的鱗爪》、《自剖》，詩集《翡冷翠的一夜》、《猛虎集》以及《雲遊》，經過增刪的《志摩的詩》，他和陸小曼合著的《卞昆岡》都在新月書店出版。

一九二六／《新月》月刊：胡適是新月的領袖，志摩是新月的靈魂

徐志摩深深體會到，只有在與詩友、文友們的交往中，才可以暫時忘卻心裡的煩悶與痛苦。他們一批人定期舉行聚餐會，每次聚餐會都在胡適家裡，由胡適的「小腳太太」江冬秀做菜，偶爾也在徐志摩家，吃完飯大家隨便聊天，夜深了就回家。胡適提議這樣毫無主題的聚餐浪費時間，最好每次有一個題目，找一個人主講，然後一起議論，

這樣比較有意義。對此，徐志摩很贊成。胡適定了一個總題是：「中國往哪裡去」，分派每人從經濟、政治、社會、文化、道德各方面來講，這樣一來，聚餐會果然有意思多了，大家每次都講到深夜十二點才一一散去。一段時間後，大家又提議與其這樣空口議論，不如辦一個雜誌，把各自的觀點形諸文字，發表出來或許會產生更大的社會影響力。這與徐志摩的想法一拍即合，他提議刊物的名稱就叫《新月》。在場的朋友都表示同意，並各自爲這未出世的雜誌獻計獻策。在朋友們你一言我一語中，徐志摩似乎看到了新希望，只是他寄予很大希望的《新月》月刊，在問世過程中也經歷一些風波。

「新月」圈子裡的這些人，幾乎都是留學歐美的知識份子，他們崇尚自由主義和個人主義，見解不同，思想各異。用梁實秋的話說，就是：「各有各的思想路數，各有各的研究範圍，各有各的生活方式，各有各的職業技能，彼此不需標榜，更沒有依賴。」（韓石山：《徐志摩傳》）所以他們之間難免會產生一些摩擦和矛盾，關鍵在於他們如何化矛盾爲相互了解的契機。就在那次聚餐會之後，徐志摩、胡適和余上沅三人鑑於朋友們熱烈的響應，便著手進一步商議辦刊事宜。三人達成了如何具體組織的共識後，徐志摩與余上沅來到閘北斯考特路潘光旦家，宣佈雜誌由胡適任社長，徐志摩爲主編。當時聚集在潘家的聞一多、饒孟侃、梁實秋等表示異議，覺得事情不應該這樣由一二人獨斷獨行，應該更民主化，由大家商議。徐志摩是何等明達之人，見此情形，隨機應變，當即主張將編委改成集體制，胡適不列名其間。

平心而論，大夥在潘家不聲不響地將不在場的重要人物胡適一腳踢開，更不民主，而徐志摩的表現也頗為圓滑。大概就是因為潘家的這一風波，向來很有涵養的胡適十分生氣，竟於一九二八年一月二十八日寫信給徐志摩，聲明決定脫離新月書店。在信裡他要求辭去書店董事之職，辭去書稿審查委員之職，並要求退還他以及由他招來的江冬秀、張慰慈、胡思杜的股份，更有甚者，他還要求退回已經排好的三百五十頁《白話文學史》的書稿及紙版。對此，他的唯一解釋就是「我是一個窮書生，一百塊錢是件大事，代人投資三百元更是大事，我不敢把這點錢託給素不相識的人的手裡，所以早點脫離。」

徐志摩是一個做事永不敗興之人，並沒有公佈這封最後通牒式的信，又從中融合運作，風波總算過去，《新月》月刊終於在一九二八年三月十日問世。難怪梁實秋說：「胡先生當然是新月的領袖，事實上志摩是新月的靈魂。」（梁實秋：《談徐志摩》）如果沒有徐志摩在朋友中協調，潘家這場風波可能會導致《新月》月刊流產。按原計畫，《新月》創刊號上，赫然刊登了胡適的一篇力作〈考證紅樓夢的新材料〉。胡適的《白話文學史》也仍由新月書店出版。

《新月》月刊創刊號上，發表了徐志摩執筆寫作的發刊辭〈《新月》的態度〉。它既代表了新月同人的主張，也是徐志摩後期文藝觀點的代表作，從中我們可以看出他當時對現實、對文藝的看法。文章一開頭便引了兩句話，一句引自基督教聖經《舊約・創世記》：And God said, Let there be light, and there was light. 意即：上帝說，要有光，就有了光。一句引自英國詩人雪萊〈西風頌〉一詩中的名句：If winter comes, can Spring be far behind?

即：冬天已經來到，春天還會遠嗎？這表明徐志摩對《新月》月刊抱有很大的期望，懷有十足的信心。在正文的開頭，徐志摩對刊名《新月》做了這樣的解釋：

我們這月刊題名《新月》，不是因為曾經有過什麼新月社，那早已取消；也不是因為有新月書店，那是單獨一種營業，它和本刊的關係只是擔任印刷與發行。《新月》月刊是獨立的。

我們捨不得「新月」這名字，因為它雖則不是一個怎樣強有力的象徵，但它那纖弱的一彎分明暗示著、懷抱著未來的圓滿。

我們這幾個朋友，沒有什麼組織除了這月刊本身，沒有什麼結合除了在文藝和學術上的努力，沒有什麼一致除了幾個共同的理想。

憑這點集合的力量，我們希望為這時代的思想增加一些體魄，為這時代的生命添厚一些光輝。

但不幸我們正逢著一個荒歉的年頭，收成的希望是枉然的。這又是個混亂的年頭，一切價值的標準，是顛倒了的。

要尋出荒歉的原因並且給它一個適當的補救，要收拾一個曾經大恐慌蹂躪過的市場，再進一步要掃除一切惡魔的勢力，為要重見天日的清明，要浚治活力的來源，為要解放不可制止的創造的活動——這項巨大的事業當然不是少數人，尤其不是我們這少數人所敢妄想完全擔當的。

文章聲稱，《新月》是帶著「創造一個偉大的將來的使命」和「結束這黑暗的現在的責任」來到這個世界上的，旨在「要從惡濁的底裡解放聖潔的泉源，要從時代的破爛裡規復人生的尊嚴」。明確主張文學創作有兩大原則：「尊嚴」與「健康」。「尊嚴，它的聲音可以喚回在歧路上徬徨的人生。健康，它的力量可以消滅一切侵蝕思想與生活的病菌。」文章以天下英雄捨我其誰的氣魄，對當時文壇（思想市場）的各種創作傾向進行了全面否定。文章「左右開弓」，共歸類討伐了感傷派、頹廢派、唯美派、功利派、訓世派、攻擊派、偏激派、纖巧派、淫穢派、熱狂派、稗販派、標語派、主義派等共十三個派別。

由徐志摩妙筆揮就的這篇豪氣干雲的發刊辭，體現了一班自由主義知識份子在時代黑暗與文壇混亂的現狀中，開闢一條新路的積極心態和振奮精神。但也很明顯，全篇充滿了詩人詩性的誇張，當他橫掃一切時，籠統含糊，將各種頹廢文藝、革命文藝與反動文藝混為一談，而無視現實鬥爭的尖銳對立，天真地以為超然「情愛的力量」與「互助的精神」能解決一切問題，顯然是不切實際的，也是對當時頗為興盛的「革命文學」的一種挑戰。而這種態度實際也是徐志摩那種幻想以超現實的態度來回復天性的文藝主張的體現。所以，文章出來後，回響較為強烈，很快遭到了來自幾個方面的反擊，其中影響最大的是魯迅、彭康、馮乃超等人的批判文章。

一九三三／新月停刊／新月：代表共產主義、三民主義之外的第三種力量

《新月》月刊一直出到一九三三年六月的四卷七期停刊，共出四十三期。徐志摩參與編輯了一卷一號至二卷五號，共十五期。他編輯的《新月》和後來梁實秋、羅隆基、葉公超等負責編輯的相比，有自己的特點。

在政治上，徐志摩仍然取他那不滿於一切現實而「左右開弓」的態度。正如魯迅在〈新月社批評家的任務〉一文中所指出的，他們恐怕要不滿於兩種現狀。也就是說，《新月》月刊既反對革命和革命文學，又發表文章和國民黨唱對台戲。以至於有人以爲《新月》是「第三種力量」的代表。當時，上海《民報》曾經發表一篇重視《新月》政治地位的文章，說中國目前有三個思想鼎足而立：共產；《新月》派；三民主義。能得到這樣的評價，《新月》同人中許多人自然十分高興，他們似乎看到自己的力量與地位。說《新月》和國民黨對著幹，那也是事實。如《新月》二卷二期發表了胡適的〈人權與約法〉，中國現代思想史上有名的「人權論戰」就這樣在《新月》上拉開了帷幕。同期還刊登了羅隆基的〈論專家政治〉，二卷三期又發表了梁實秋的〈論思想統一〉，這些文章公開反對國民黨獨裁統治，呼籲人權，反對用三民主義來統一文藝作品，明確地提出：「我們反對思想統一！我們要求思想自由！我們主張自由教育！」二卷四期又發了胡適的〈知難，行亦不易〉，同國民黨孫中山先生的「知難行易」說針鋒相對。這些都得罪了國民黨的當權者。國民黨中央執委會甚至通過教育部發佈訓令，指責胡適誤

解黨義及總理學說，並加以警告。上海光華大學還解聘了羅隆基，《新月》在浙江寧波等地也被禁止發行，與當時國民黨政府的專制行爲是格格不入的。

在編輯方針上，徐志摩堅持《新月》月刊的文學色彩，不主張多談政治，更不同意胡適、羅隆基把《新月》變成一個思想政治陣地。在文學方面，他也不像梁實秋那樣熱中於文藝理論的論戰。他重視創作，重視譯作，用最多的篇幅發表文藝創作和翻譯作品。這一時期的《新月》，除了刊登同人的作品外，也注意發表圈外的作者的作品，如王魯彥的小說〈微小的生物〉、歐陽予倩的話劇〈潘金蓮〉以及陸侃如、馮沅君的古典文學論文等等。

不久，徐志摩辦月刊的意趣和同人的這種分歧越來越明顯。梁實秋說過，《新月》雜誌初辦時，徐志摩過於熱心，有時在程序上不大講究，令人覺得他獨斷獨行，頗引起一部分同人不滿。一九二九年七月，在編完《新月》月刊二卷五期後，徐志摩就辭職卸任了。辭去編輯職務後，徐志摩對月刊的編輯事務不再過問，只是送些稿子以表支持。梁實秋、羅隆基等編輯月刊後，《新月》政治思想色彩加濃，和各方的論戰此起彼伏，而徐志摩在《新月》上發表的東西，除一篇〈關於女子——蘇州女中講稿〉外，全部是文學創作和譯作。如：詩〈我等候你〉、〈活該〉、〈季候〉、〈鯉跳〉、〈車眺隨筆〉、〈卑微〉、〈泰山〉等，小說〈璫女士〉，翻譯小說〈蜿蜒：一隻小鼠〉等。

徐志摩當時發表的這些詩文，代表了新月派創作的最高水準，並產生很大的影響力，尤其詩風陶冶了「新月」後起的青年詩人。陳夢家還曾寫〈答志摩先生〉一詩，表示他對徐志摩的景仰。

徐志摩堅持《新月》月刊文學色彩的作為，不由使我們想起了英國著名女作家曼殊斐兒（Katherine Mansfield）對他的影響。一九二二年七月，徐志摩在回國前，曾與曼殊斐兒有過二十分鐘的傾心交談。曼殊斐兒曾對他說，世界上不論哪一國的政治都只是一亂堆的殘暴和罪惡，並勸他不要進政治的圈子。徐志摩本來政治意識很強，儘管他對政治現狀一直不滿，卻始終沒有捲入政治圈子實際參與活動。

徐志摩和朋友們在上海創辦的新月書店和《新月》月刊，是繼新月社「露稜角」失敗之後，在中國現代文壇上公開表現的第二次大的社會行為。它如同《晨報副刊》一樣，成了又一個時期留學歐美的知識精英們施展才華、抒發性靈、各顯人格魅力的主要陣地。只是想不到，最後還是不愉快地結束了，使他又一次黯然神傷。

在產生新的希望時，徐志摩把心頭鬱結著的煩悶都看作是舊的陳跡，希望這些舊的陳跡統統死去。不幸的是，新的希望剛剛產生，尚未實現，那憂人的煩悶還在死死地糾纏著他。父母之愛，夫妻之情，朋友之誼，在他的眼前，一一都如春花秋葉，凋謝飄零。他身處塵寰，心困煉獄，性靈受到戕害，心頭的創傷難以撫平，身心差不多都處在崩潰的邊緣。

一九三一／創辦《詩刊》：為中國新詩發展做的最後一件大事

為應付家庭生活的巨大開支，一九二九年至一九三〇年秋，徐志摩奔波滬寧兩地拼命地教書掙錢。在這一年時間裡，他用自己內心最大的熱情，用腦中最大的睿智，無微不至地關懷和指點學生的生活、學習，學生們都親熱地稱他爲險惡海濤間的一座「船塢」。正是在這種師生情誼中，徐志摩感受到了人生的暖意，也促成了他爲中國新詩發展做的最後一件大事：創辦《詩刊》。

一九三〇年南京的秋天，蔥蘢的梧桐樹上才綴上幾片黃葉，徐志摩應在中央大學結識的青年詩人陳夢家、方瑋德之邀去方瑋德的九姑、女詩人方令孺家聚談。上燈時分，方令孺第一次見到徐志摩，他穿一件灰色的長袍，步履輕快地叩門而入，方令孺一見他清俊的風致，立刻聯想到李長吉、杜牧之一類古代天才詩人的神貌。

在友人中間，不論是久熟的還是新識的，徐志摩一樣地直吐心聲。他們談詩，談生活……當談到自己最近的創作情況時，徐志摩長歎了一口氣。方令孺對徐志摩近年的生活略有所聞，怕大家再說下去會觸動徐志摩的傷感，她建議大家出去散步。

他們緩步登上園後的高台，在這裡，可以俯見遠處與長江相通的大河，河水裡映出時時拂過朗月的暮雲，微風又使它們輕輕漾動。方令孺、方瑋德、陳夢家都沈默著，聽徐志摩和他家老僕談那一道古橋的歷史。他們都感覺到，徐志摩的心情一接觸大自然——哪怕只是囂雜都市中的一小塊園地，就立刻舒展開來了。

回到客廳裡，他們都在橘色的燈光下圍坐，徐志摩斜靠著沙發，在柔和的神態中，他對大家講自己在印度時的見聞。他說，晚上睡在床上，透過窗外，可以看見野獸在月光下叢林裡亂跑，又有獐鹿繞著他臥床行走……那時刻，方令孺他們都忘記了自己——

成年人的心——同孩子一樣笑樂。不知不覺夜深了，徐志摩談興未盡，流連忘返。方令孺等人送徐志摩走出大門，路經爬滿藤蘿的廊架，徐志摩忽然對方令孺說：「在冬天的夜裡，你悄悄地走來聽聽！靜靜地聽這藤蘿花子爆裂的聲音，你會感到一種生命的力……」（方令孺：〈志摩是人人的朋友〉）

一個月後，陳夢家來訪，開宗明義地說明來意。原來他們上個月一起度過了那個快樂的夜晚後，方令孺、方瑋德他們產生了辦詩刊的念頭，希望徐志摩出來牽頭和主持。徐志摩一聽樂極了，他突然覺得自己又走回到聞一多那個神妙的黑屋子。當晚，徐志摩就給聞一多、朱湘、孫大雨、邵洵美、謝婉瑩、方令孺、卞之琳、饒孟侃等朋友發信徵求意見和約稿了。其中對聞一多尤爲看重，聲稱：「多（指聞一多）詩不到，刊即不發。」（致梁實秋信）

青年詩友們使徐志摩在悒鬱、憂憤、紛亂、沮喪的心情中，抬起頭來看到了生命與詩的光亮。他在滬寧路上來回顚簸中，也寫成了一首長篇敘事詩〈愛的靈感〉。徐志摩對創辦《詩刊》的積極心情，正是他對《新月》政治色彩越來越濃厚的失望心情的反映。他又一次以新的激情、懷著新年的希望向詩神奔去。

經過努力，一九三一年一月二十日，由徐志摩主編的《詩刊》（季刊）由新月書店正式出版發行，一份新的詩歌刊物問世了。在《詩刊》的創刊號上，登出聞一多的新作〈奇蹟〉，徐志摩譽之爲「三年不鳴，一鳴驚人」（〈《詩刊》序語〉）。創刊號上刊載了主編徐志摩執筆寫的〈《詩刊》序語〉，他一開頭就指出《詩刊》的前身是《晨報副刊・詩鐫》，《詩刊》就是要發揚《詩鐫》那一點「眞而純粹，實在而不浮誇」的精神：

……現在我們這少數朋友，隔了這五六年，重複感到「以詩會友」的興趣，想再來一次集合的研求。因為我們有共同的信點。

第一我們共信（新）詩是有前途的；同時我們知道這前途不是容易與平坦，得憑很多人共力去開拓。

其次我們共信詩是一個時代最不可錯誤的聲音，由此我們可以聽出民族精神的充實抑空虛，華貴抑悲瑣，旺盛抑銷沈。一個少年人偶爾的抒情的顫動竟許影響到人類的終古的情緒；一支不經意的歌曲，竟許可以開成千百萬人熱情的鮮花，綻出瑰麗的英雄的果實。

更次我們共信詩是一種藝術。藝術精進的秘密當然是每一個天才不依傍的致力，各自翻出光榮的創例，但有時集合的純理的探討與更高的技術的尋求，乃至根據於私交的風尚的興起，往往可以發生一種特殊的動力，使這一種或那一種藝術更意識的安上堅強的基築，這類情形在文藝史上可以見到很多。

因此我們這少數人天生愛好，與希望認識詩的朋友，想斗膽在功利氣息最濃重的地處與時日，結起一個小小的詩壇，謙卑的邀請國內的志同者的參加，希冀早晚可以放露一點小小的光。小，但一直的向上；小，但不是狂暴的風所能吹熄。

在這篇〈序語〉裡，徐志摩所標明的第一和第三點顯然是繼續走著《詩鐫》藝術探索的路子。第二點是這時徐志摩文藝思想的又一個變化，他確信詩是一個時代最不可錯誤的聲音，一定會開出燦爛的花朵，這個變化是可喜的。在當時新詩詩壇很不景氣的情況下，在充滿功利氣息的十里洋場，在徐志摩身處家庭與理想的挫折中苦苦掙扎的時候，徐志摩這種對新詩「一直的堅定的向上」的信念，是十分難能可貴的，也鼓舞了一大批熱忱的新詩愛好者。很可惜，他還沒來得及充分付諸實踐，就過早地離去了。

《詩刊》共出了四期，前三期徐志摩主編，第四期「志摩紀念號」，是徐志摩逝世後由陳夢家主編的。雖然在中國現代詩歌發展的歷史上，《詩刊》的影響遠不如《晨報副刊・詩鐫》，但它也促進中國新詩的發展。首先，《詩刊》發表了一些藝術水平較高的新詩，如聞一多的〈奇蹟〉、徐志摩的〈愛的靈感〉、〈山中〉、〈兩個月亮〉、〈你去〉，林徽因的〈深夜裡聽到樂聲〉，陳夢家的〈燕子〉，卞之琳的〈噩夢〉等都寫得新穎，大有各顯神通、異彩紛呈的局面。其次，《詩刊》倡導向外國詩歌學習。徐志摩十分熱中十四行詩的寫作嘗試，孫大雨在《詩刊》上面發表的詩作已稍有成就，更鼓舞大家嘗試的信心。

徐志摩但願新的希望跟著新的年代產生，經由新月書店、《新月》月刊，到《詩刊》，他感到腳踏實地了。《詩刊》的確成了徐志摩的新寵，他視《詩刊》爲精神寄託，傾心傾力愛護它、扶持它。他還做了不少計畫，如印特刊，廣徵討論詩藝、西洋詩、新詩與古詩關係的各種有關題材的稿件。他確實是要再揚風帆，再振詩魂，全力推動中國新詩的進一步發展。

4 申如公理想的姻緣

一九一五／張幼儀

一九一五年十月二十九日，徐志摩和張幼儀結婚，這是他個人頗具傳奇性婚姻故事的開端。新娘出身世代書香之家，可謂名門淑媛，大家閨秀，她的兩位兄長張君勱（嘉森）、張嘉璈均係社會名流，一位後來做了中國銀行的總裁，一位後來當上了民社黨主席，兩人在現代中國的政界、金融界、思想界都很有影響力。一位小鎮富商公子能結上這門貴親，實屬高攀。不過，事實確是張家主動要招徐家這位東床快婿的。細細說來，徐、張兩家聯姻，又實屬偶然。

徐志摩在杭州一中讀書的時候，浙江都督朱瑞秘書張嘉璈奉命視察杭州一中。這位視察要員在查看一中學生的作文考卷時，無意中發現了一份優秀考卷。文章半文半白，意氣縱橫，議論風生，頗得梁啓超「新民體」神韻；再看那卷子上的字跡，也寫得勁秀灑脫，乾淨俐落，既可看出頗有北碑底子，也透露出了書寫者的靈氣。這一切使這位才氣不俗的文官讚不絕口：到底是名校出英才，後生可畏啊！給這位視察員留下深刻印象的便是徐志摩將梁啓超的主張與文筆模仿得維妙維肖的〈論小說與社會之關係〉。自此，在這位愛才的文官腦海中就牢牢記下了「徐志摩」這三個字。

人才難得，徐志摩何許人也？張嘉璈很快派人去打聽，當他得知有著不凡才氣的徐志摩原來是頗享盛譽的硤石商會會長徐申如的獨生子時，想起尙待字閨中的小妹張幼儀（嘉鈖），心中便有了讓徐志摩成爲自己妹婿的想法。由於張嘉璈急於與徐家結爲秦晉之好，不願坐失徐志摩這位難得的才子，便主動託人帶信去徐家提親了。

這對徐申如來說，自然是求之不得的天外之喜。徐家興旺的家業和兒子今後的出路，都需要依靠密切的社會關係爲靠山，張家的門第、聲望和社會地位無不是理想的聯姻之選，兼之張幼儀本人品貌雙全，端莊賢淑，又受過新式教育，正可幫忙收收志摩那活潑不羈的野性。因此，申如公根本就沒想到要去徵求徐志摩本人的意見，就回了一張同意這門親事的便條：「我徐申如有幸以張嘉璈之妹爲媳」（張邦梅：《小腳與西服》）。可見徐申如馬上答應這門親事，關鍵是看中了張家是個理想的親家，而不是先看中了張家的小姐。

張家是江蘇南部寶山縣的名門。張幼儀的祖父是清代舉人，歷任四川內江、屛山、墊江知縣等職。父親的仕途雖不怎麼順利，但以行醫爲業，精通醫道，是當地的名醫。既是書香門第，又處在文化氛圍之濃居全國首位的江蘇南部，這樣家庭的子弟，當然是把讀書當作人生的第一大事。所以，到了張幼儀這一輩，她的兩個哥哥張嘉森（君勱）和張嘉璈都留學日本，學成歸國後頗有成就，使張家再次興旺發達起來，聲望之隆，居當地之首。

張君勱、張嘉璈

張君勱是張幼儀的二哥，清末秀才，一八九九年讀完私塾後，進入當時上海最好的新式學堂「上海廣方言館」就讀。一九〇六年，張君勱由寶山縣公費派往日本留學，先入東京高師理化部，半年後轉入早稻田大學政治經濟科，主修法政。此時，他已結識了流亡日本的梁啓超，經常在改良派的輿論陣地、梁在東京主編的《新民叢報》上發表文章，並受聘爲該報編輯。這年底又和梁啓超共同發起成立政聞社。一九〇九年，他創辦了中國第一個憲政刊物——《憲政新誌》，發起憲政運動。一九一〇年獲早稻田大學政治學學士學位。回國後被授予翰林院庶吉士，時稱「洋翰林」。辛亥革命後，任寶山縣議會議長，組織民主黨，又出任民國農商部秘書。一九一三年留學德國柏林大學，一九一五年回國任浙江交涉署署長，後任《時事新報》總編輯、北大教授及中國民主政團同盟常委、民社黨主席等職。

張嘉璈是張幼儀的四哥，和兄長張君勱一樣，也是清末秀才。一九〇五年留學日本東京慶應大學；一九〇九年回國任郵傳部《交通官報》總編輯。武昌起義爆發後，在上海參加籌建國民協會。一九一三年任浙江都督朱瑞的秘書、參議院秘書長，因不滿袁世凱專制統治而離職，改任中國銀行上海分行副經理，一九一七年調總行任副總裁，逐漸將中國銀行由官辦改爲商辦。一九二八年任中國銀行總經理。此後任鐵道部長、交通部長、國民黨中央執行委員、中國銀行總裁兼中央信託局理事長等職。

從張幼儀兩位哥哥的履歷中可見，一九一三年，張家向徐家提親時，張家已是十分顯赫的家庭，這對徐申如來說，是求之不得的事情。當時徐家的實業在徐申如的經營下，雖然已有相當的發展，但權勢不足，有時還是難免吃虧。精明的徐申如深知，要進一步擴大產業，必須建立更大的社會關係網絡。徐家、張家聯姻可以爲徐家找一個合適的商業夥伴、連袂發展；還有比這更重要的，徐家是商業世家，對於「士」這一階層十分嚮往。對徐家來說，與世代書香門第、政治上炙手可熱的張家聯姻，不正是與頗爲體面的「士」結爲親家嗎？

徐志摩和張幼儀對自己被訂婚的反應如何呢？

一九一三／幼儀初聞志摩

張幼儀第一次聽到徐志摩的名字是十三歲那年，即一九一三年。有一天，她放學回家，父母親把她叫到客廳，交給她一只小銀盒子。她好奇地打開一看，見裡面只是一張年輕人的照片，大大的頭，尖尖的下巴，還戴著圓圓的金絲邊眼鏡。當時父母親問她對照片上人的看法，但她一言不發地蓋上盒子。這時，她想起父母曾對她說過，她將成爲張家第一個被嫁出去的女兒。張幼儀有兄弟姊妹十二人，姊妹中她排行第二，按慣例，當是哥哥先娶、姊姊先嫁，但家裡給大姊算過命，說她命當剋夫，二十五歲以後嫁出方可免此劫難。自從大姊算過命後，家裡人就一直期待幼儀出嫁。小幼儀沈默了一會兒，依著家人的期望說：「我沒意見。」歷經幾十年的滄桑後，張幼儀回首人生唯一大悲劇的開場時，已心靜如水，她說，根據當時的中國傳統，情況就是如此：「我要嫁給家人為我相中的男人。」（張邦梅：《小腳與西服》）

徐志摩呢？正如張家在正式訂婚之前才告訴張幼儀一樣，徐志摩也是父親答應張家提親之後，才知道張家小姐的。他最初對張幼儀的印象如何呢？根據張幼儀回憶，她和徐志摩結完婚，在夫家住了幾年後，有個傭人告訴她，徐志摩第一次看她照片的情形，是嘴角往下一撇，用嫌棄的口吻說：「鄉下土包子。」張幼儀似乎沒有必要虛構這個細節，而徐家的傭人也不至於敢在少夫人面前撒謊。硤石比寶山繁華不了多少，與上海、杭州比，其實都是鄉下；自己容貌不差，又是受過新式教育的女子，張家也明顯比徐家顯耀，不料徐志摩竟如此不珍惜。張幼儀當時聽了傭人的話很傷心。

那時的張幼儀雖然容貌端正，秀外慧中，有一定的大家閨秀氣質，但確實說不上美麗。再說，張幼儀雖出身於名門世家，但家庭對兒子的前途高瞻遠矚，對女子的教育並不怎麼重視，所以她沒有受過正規教育，連學也沒上過幾天，從小只跟著兄弟們在家塾裡聽讀過幾天。之後，她和姊姊到蘇州的一個女子師範學校讀了一年左右的書，那是一個不正規的學校，如張幼儀所說：「許多女孩子被送到我們學校，只是為了可以讓人家說他們的女兒讀過書，受過教育罷了。同學裡沒有一個繼續完成學業變成老師的，大家都嫁人去了。」（張邦梅：《小腳與西服》）此外，父母對她們姊妹完全按照「女子無才便是德」的古訓來教育，張幼儀從小便養成典型舊女子循規蹈矩的個性。

徐志摩從照片上看出了張幼儀這一特徵，又聽說她上學的情形，因此看照片的那一刻，他確實感到失望。從小就活潑、頑皮的徐志摩，經過幾年中學生活後，腦子裡又裝有一個五彩繽紛的幻想世界，怎麼會欣賞一個規矩而又毫無出衆之處的年輕女孩呢？當時，徐志摩對這場婚事儘管感到有些勉強，但在父親的堅持和祖母、母親等家人的勸說下，也答應了下來。

徐志摩沒有像徐家那樣看上張幼儀，而張幼儀卻受父兄們的影響，漸漸地中意徐志摩；雙方的家庭皆大歡喜，而要成爲妻子的張幼儀卻是一廂情願。

由於講究生辰八字，在徐張正式訂婚前，張家還出現了一場爲張幼儀更改生辰八字的小揷曲。信命，是中國人最傳統的一個普遍觀念。「婚姻事大」，張家接到徐申如的信後，張幼儀父母根據她和徐志摩的生辰八字，給張幼儀算了命。不幸的是，算命婆認爲，張幼儀屬鼠不屬狗太糟了，因爲根據命相來看，徐家是非常好的人家，可徐志摩屬猴，張幼儀屬鼠，這樁婚姻並不匹配。儘管如此，張家卻不願放棄這門親事，怎麼辦？最後，商量出來的策略是，將張幼儀的生肖從「鼠」改成「狗」，生年也從一九〇〇年改成一八九八年。張家認爲這門親事是天作之合的婚姻，並將改過的生肖通知對方。一星期後，徐家把象徵婚姻之貞的一對鴛鴦送到張家，徐志摩和張幼儀就這樣正式訂婚，接下來只等舉行婚禮了，但婚禮要等到他中學畢業後才舉行。

張幼儀在姊妹中第一個出嫁，嫁妝又可體現新娘的身價和娘家的氣派，何況徐志摩是張家十分滿意的佳婿，當然十分重視嫁妝。張幼儀的六哥被派到歐洲採購嫁妝，他也是喝過洋墨水的，知道當時中西兼備，既是時代風氣，也是上流社會的一種時髦，所以帶回來可觀的嫁妝，除了中式的，還有許多西式的。爲炫耀徐家新娘的財產，張家將所有嫁妝用駁船從上海運到硤石，然後由運送者將嫁妝一件件地搬著穿過硤石的街道，直抵徐家，鎮上的人都列道兩旁嘖嘖稱奇。

根據送嫁妝的經驗，張家怕圍觀的人太多，場面太大而產生危險，張幼儀就在婚禮前三天，由家人陪伴坐火車先到達硤石，租房暫時住下來。六哥是第一個到達硤石和見到徐志摩的張家人，他送嫁妝回來說，徐志摩才氣縱橫，前途無量，但願他像哥哥一樣，負笈海外，回國後在政府部門裡謀一官半職，也盼望會教養出光宗耀祖的兒子……張幼儀就抱著這樣一腔美好的願望走進了徐家大門。（張邦梅：《小腳與西服》）

徐張聯姻煩惱結

徐志摩和張幼儀的婚禮訂在一九一五年十月二十九日舉行。似乎和當初訂親一樣，徐志摩事先對婚期並不知曉，此時的徐志摩在北京大學預科剛入學不久，就出乎意料地被父親召回做新郎，於是他匆匆登上了南下的火車。

按照傳統，新娘家人要在婚禮正式舉行的前一天晚上請新郎吃飯，以示新娘家人給新郎的最後首肯。十月二十八日晚，張幼儀的四哥和六哥代表父母出面邀請和徐志摩見面。就在那次晚宴上，張幼儀的四哥張嘉璈和那篇精彩文章的作者見面了，對於自己的選擇，他當然既滿意又得意。張幼儀和堂姊偷偷躲在樓梯頂端的扶欄旁，也見到了自己的丈夫。當堂姊問她：「你覺得他長得好看嗎？」還不滿十六歲的張幼儀根本不知什麼叫英俊，只在心裡默默將自己眼前的徐志摩與照片上的人比較了一番：果然如父兄們說的那樣，志向和氣魄都不同凡響，她心裡充滿了對四哥的感激之情。雖然她嘴裡隨便對堂姊說：「他有兩隻眼睛兩條腿，所以不算太醜。」但在內心深處，她對自己未來的丈夫十分中意。

大喜的這一天，由於排場鋪張，硤石鎮增添了幾許熱鬧的氣氛。張燈結綵的商會大廳賓客如雲，洋溢著歡聲笑語，異常熱鬧，徐志摩和張幼儀的婚禮就在那裡舉行。雖說這是一樁舊式的婚事，但儀式卻按當時還很少見的新式文明婚禮舉行：新人不拜天地，新娘著華麗的粉紅色婚紗，新郎西裝革履，並肩站在一起，接受證婚人的證婚。爲他們證婚的是有「浙江梁啓超」之稱的蕭山湯壽潛。他是清末改良派的重要人物，立憲運動中的浙江首領，辛亥革命後曾任浙江軍政府都督，一九一二年南京臨時政府時被任命爲交通總長，可謂德高望重。就在四鄰街坊羨慕和驚異的目光中，在隆重熱烈的排場下，徐志摩完成了他人生中第一場婚禮。婚禮鋪張又不落俗套，著實讓徐家在當地大大風光了一把，硤石首富、商會會長家的婚禮畢竟不同尋常，鄉親們也大開眼界。這一年，徐志摩不滿十九歲，張幼儀年方十六。

徐志摩、張幼儀最初的夫妻生活還是很幸福的。畢竟新婚燕爾，少年夫妻初嘗幸福的甜頭，新婚夫妻那種新鮮欣喜的感覺自不待言。對張幼儀來說，溫文爾雅的徐志摩自然是如意郎君，徐志摩呢？眼光與追求畢竟與小妻子是不一樣的。新婚中的徐志摩是否在內心深處仍有深深的遺憾，還是覺得妻子其實並不錯呢？這恐怕只是早年徐志摩心中的秘密了。婚後不久，徐志摩即北上求學，每次從學校寫信給父母，信尾也附上幾句問候妻子的話。一時間兩人也算得上相敬如賓，融洽和美。

一九一八／長子誕生・初出國門

一九一八年三月十二日，張幼儀在家鄉硤石爲徐志摩生下第一個男孩，取名積鍇，字如孫，乳名阿歡。此時的徐志摩儘管遠在京華就學，但一生充滿愛心的徐志摩初爲人父的喜悅感也可想見，從此多了一份牽掛。有了兒子，張幼儀如釋重負，雖還不曉風月，不解風情，不知怎樣博得丈夫的傾心，但她想盡力表現自己的賢慧，與丈夫建立起融洽的感情，達到心心相印的境界。阿歡的來臨，也許可以將丈夫那奔放不羈的野性拴進自己的情感之中。

一九一八年，徐志摩初出國門，還與妻子通信不斷，以了解家中父母妻兒的情形，也緩解初抵異域的淒凊愁懷。在美國受到女權主義思想影響後，他對中國女性數千年來受束縛與壓迫的命運有了充分的同情與理解，並撰寫了學位論文《論中國婦女的地位》。在硤石老家侍奉父母、撫育幼兒的妻子幼儀，不也是這衆多傳統女性中的一位嗎？既然她已成了自己的妻子，他就得想辦法使她進步，使她的思想與性格發生新變化，成爲自己世界裡的一部分，於是他寫信請求父母讓幼儀出國開開眼界，那時徐志摩還在美國。申如公怕耽誤兒子的學業，並沒有答應徐志摩的要求。

當時不滿二十歲的張幼儀好像很習慣獨守空房的少婦生活，從沒想到過出國與丈夫團聚，以爲自己的責任就是與公婆待在一起。她在硤石的生活比遠在大洋彼岸苦學的丈夫清閒自在多了，兒子積鍇是爺爺、奶奶的掌上寶，自己操心得並不多。平時除陪婆婆一起縫製各種繡花鞋外，爲了拉近與丈夫的心靈距離，她又與幾個未出嫁的小姑請徐志摩先前的老師張仲梧先生在家裡學習詩文，還常邀一些當地文人賦詩習畫。也許是天性使然，她似乎與文墨無緣，對詩文之道始終不甚了解；但在當家理財方面，似乎是天生的能手。她務實、能幹，隨和中蘊涵嚴厲，寬容中藏著鋒芒，自有獨特的一套理財方式。她在硤石幫公公徐申如料理發電廠、錢莊、醬園時，頗具威嚴，據說幹活的夥計見到少奶奶張幼儀比見到徐申如還害怕，一聽說張幼儀來了，個個小心，唯恐少奶奶有不滿意處。

一九一九年五月的一天，張幼儀回娘家探親，剛從德國歸來的二哥張君勱提醒她應該到西方求學，跟丈夫在一起，否則他倆之間的差距會越來越大。二哥的話，使張幼儀想起了徐志摩說她是「鄉下土包子」的情景，也想起了徐志摩出國前曾對她說過的話。徐志摩說，目前全中國正經歷一場將使個人獲得自由、不再成爲傳統習俗奴隸的變局，而傳統的一切使他無法依循自己的眞實感受行事，所以他要向傳統挑戰，成爲中國第一個離婚的男人。當時張幼儀認爲自己不會違反傳統所規定的休妻的七大過失，就沒有把徐志摩的這番話放在心上，還以爲是丈夫馬上要出國了而假裝很西化。現在二哥的話再明白不過，張幼儀心動了：我應該與丈夫在一起！自己與公婆已同住了四年，而和丈夫相處的時間加起來大概只有四個月，既然孩子現在不需要自己養育，那麼去國外與丈夫團聚，徐家應沒有什麼理由反對。張幼儀滿懷憧憬地隨二哥回到了硤石，張君勱一番婉轉含蓄卻極富情理的話，也引起了徐申如的思考。

在等待公婆允許自己出國與丈夫團聚的日子裡，張幼儀認眞地隨先生學習，以期縮短與丈夫的差距。不久，徐志摩離開美國從羅素去了。十分震怒的徐申如鞭長莫及，只能對兒子報以沈默，使他到英國兩個月得不到家裡的一紙消息。聰明的徐志摩知道家裡不滿他自作主張到了倫敦，也知道自己這個獨子在父母心目中的地位。一九二〇年十一月二十六日，他家書一封，細訴衷腸，凄楚可憐，又一次求父母讓張幼儀出國與之團聚。「兒海外留學，隻影孤身，孺慕之私，不俟罄述，大人愛兒豈不思有以慰兒邪……即今盼媳出來事，雖蒙大人慨諾，猶不知何日能來？……兒切盼其來，非徒爲兒媳計也。」「可憐天下父母心」，這番親情打動了申如夫婦，他們決定打發兒媳上路。其實申如公還有一層想法，他希望處事沈穩、富有理性的兒媳在志摩身邊，好趁機約束規勸那任性胡來的混帳兒子，走到自己爲他設計的理想之途上來。公公的決定令張幼儀興奮不已，以爲她從此可以跨越心靈的溝壑，與丈夫好好培養感情了……

徐志摩、張幼儀離婚是近代中國第一樁文明離婚案（過去都是休妻）。

在張幼儀到達倫敦之前，徐志摩穿梭於名流之間，性靈頓受啓發；又遇見才貌絕倫的花季少女林徽因，使他沈睡多年的浪漫情感像火山一樣爆發了。很明顯，他和張幼儀的這樁包辦婚姻出現了危機。

早在北京大學預科時，蔣百里的婚姻就對他衝擊不小。蔣百里任保定軍官學校校長時，主張改革，擴充軍隊，不料，遭軍學司長魏宗瀚堅決反對。他十分惱怒，召集全校師生集會，陳述事情原委，說到激動之處，痛不欲生，拔出手槍對著自己的胸口扣動了扳機。後來，他被送到保定聖心醫院搶救，北京川田醫院養傷，日本護士佐藤屋子一直隨他護理，兩人漸漸產生了感情。蔣百里在硤石老家有包辦婚姻的髮妻，佐藤屋子卻默默地接受現實，走進他的生活。住在他們「金剛鑽屋」的家裡，與他們朝夕相處，看到他們自由結合與恩愛，想想自己與妻子的包辦婚姻，徐志摩生出多少感慨啊！

一九二二／夫妻團聚

徐志摩與羅素頻繁交往後，羅素在《婚姻道德》一書中宣揚的新兩性關係、婚戀道德觀及其他對自由愛情的追求，又觸動了他的心思。羅素和妻子阿魯絲愉快生活八年後，有一天出門在外突然感到自己不再愛阿魯絲了。他認爲沒有了愛情，婚姻就該結束，要不然忍受、怯懦，人就會在痛苦中苟且偷生一輩子，這是扼殺智慧和創造力一劑最毒的藥。最後羅素與阿魯絲離婚，與他心愛的朵拉結婚。

到劍橋後，拜倫的婚姻也在徐志摩心靈世界裡留下衝擊。拜倫是劍橋王家學院的校友，生前在紅塵的狂濤中沐浴，從紛亂中尋求刺激，除妻子伊莎貝拉之外，他還與不少女人們糾纏，到他三十一歲時，他愛上了十六歲的伯爵夫人嘉西奧莉，並和嘉西奧莉家人一起參加了反對奧地利佔領義大利的抗爭。徐志摩注目於拜倫最後的愛，正是嘉西奧莉撫慰了拜倫滿是創傷的心靈，她甚至陪伴著拜倫的靈魂走向正義和永恆。這時徐志摩已深深愛上了林徽因，他雖不會自比爲拜倫，也沒有把張幼儀看作伊莎貝拉，林徽因也不是嘉西奧莉，但在他的心目中，在他對理想人生的追求裡，他和林徽因，有誰能說一點也不像拜倫和嘉西奧莉？

正當徐志摩對林徽因情意綿綿並與之頻頻交往之際，一九二一年三月的一天，張幼儀抵達法國馬賽碼頭。她不知道，受倫敦典雅、輕逸人文環境薰陶的丈夫，已完全沒了寫家書時離鄉背井的愁懷。當她站到穿著瘦長黑毛大衣、圍著白色絲巾的徐志摩對面時，見到的只是一臉呆板、失望的神情，絲毫沒有久別重逢的激動與熱烈，她不明白一再要自己出國的丈夫，怎麼還是那個冷淡的丈夫？自嫁進徐家門起就感覺到丈夫身上掩蓋不住的「冷意」又深深刺痛了張幼儀，她臉上急切、快樂的表情一下子凝固了，許多在旅途中早已想好要說的話只好全都嚥了回去。

徐志摩見妻子還是那個掌財的少奶奶模樣，一絲深深的失望掠過他的心頭。不知是他過於急切使張幼儀從「舊女子」轉變爲「新女子」，以適應環境，還是出於對她服飾的嫌棄與不滿，兩人從馬賽到了巴黎，他居然把爲妻子買衣服換裝當作第一件大事。身著一襲洋裝的張幼儀看上去確實比原來洋氣多了，但這一切絲毫未尊重她的意見，本來是一件令人高興的事，反倒引起了張幼儀的傷心，難道自己頗爲滿意的舉止、神態及經過精心挑選的衣著，在丈夫眼裡那麼不合時宜嗎？

小腳與西服

接下來便是兩人的衝突了。在從巴黎去倫敦的飛機上，第一次坐飛機的張幼儀、徐志摩都吐了，張幼儀多希望丈夫能給予自己幫助與安慰啊！這是一個融洽兩人感情的契機，可徐志摩憑著對妻子的一貫印象，嫌棄地搖了搖頭，脫口而出：「你眞是個鄉下土包子！」又是這令人傷心和耿耿於懷的話，張幼儀帶著他們相見以來的積怨、不滿，也回敬了一句。彼此絲毫不能寬容、遷就，他們又怎能培養感情而心心相印呢？更讓張幼儀心情沈重的是，到了倫敦，徐志摩見到兩個前來接機的中國朋友後，突然變得生龍活虎，還興奮地用英文和他們談這次飛行的感覺。張幼儀不明白：大家都是中國人，爲什麼不講中國話？（張邦梅：《小腳與西服》）

當時正逢狄更生推薦徐志摩到劍橋王家學院做隨意聽課的特別生，徐志摩夫婦就在學院附近的沙士頓租房住下。沙士頓是離劍橋六英里的一個小村落，四周田園籬舍，幽靜閒雅，極富自然情趣，房東是熱情的史密斯夫婦。徐志摩早晨騎自行車去上學，晚上回家。爲幫張幼儀從傳統的婦女觀念中解放出來，一段時間裡，他請女老師來家裡幫妻子學英文及西方學問，閒時也帶妻子去康橋看賽舟、看電影或訪友。徐志摩夫婦新家庭的生活理應是難得而舒適的。畢竟，他生活裡再沒有了那種與名人交往的激動與興奮，更重要的是曾經給他帶來神奇美景的林徽因遠離他，生命失去了激情與光彩。所以，在徐志摩眼裡，康河的粼粼水波是動人的，而一九二一年春天的康橋實際上平淡至極，早出晚歸後只能與妻子廝守，雖不孤獨，卻沒有了朋友。那時，他在康橋「還只是一個陌生人，誰都不認識，康橋的生活，可以說完全不曾嘗著，我知道的只是一個圖書館，幾個課室，和三兩個吃便宜飯的茶食鋪子。」（〈我所知道的康橋〉）

林徽因這時候還和父親一起住在倫敦，張幼儀來後，徐志摩不可能再像以前那樣經常與她見面。可林徽因那漆黑的眸子、粉頰上的酒窩、清朗的笑聲、雋永的談吐一直在徐志摩腦際旋繞；他越思念她，越感到家庭的平庸和乏味。但他挑不出妻子的錯處，她是公婆滿意的好媳婦，卻不是他的好伴侶。他腦海裡飄過的千思萬緒，在書本上和社交中獲得的無窮感受，心裡湧上來的幾多話語，渴望對人傾訴，亟盼引起共鳴，然而一觸及張幼儀那雙僅僅注視著眼前現實的眼睛，便全部噤聲噎住了。

同床共衾的妻子竟不能成爲心靈相通的知音，這是多大的悲劇！妻子待他好，體貼順從，可是這些別人也做得到呀！面對阻礙他心靈高飛和追求愛情完美的小家庭，他只有沈默與憂鬱。對此，張幼儀哪會感覺不出來？特別是他們的臨時住處偶爾有朋友來訪，丈夫會突然變得生龍活虎，輕鬆而愉快，與朋友道聲晚安後，空洞的眼神、不屑的表情和憂鬱的神情又無可避免地降臨到他臉上。這難免引起張幼儀對他的不滿和對他朋友的嫉妒，她實在沒心情扮演好女主人的形象。兩人就在這樣沈悶、緊張的家庭氣氛中生活。

一九二一年夏，張幼儀到倫敦快半年了，她發現自己有了身孕，便高興地告訴徐志摩，她原以爲丈夫知道後會高興得跳起來。但很淸楚自己婚姻狀況的徐志摩，覺得他們已有了一個孩子，沒必要再要一個孩子，他想到了墮胎，要妻子把孩子打掉。張幼儀怎麼也沒想到丈夫是這種反應，身爲這孩子父親的徐志摩怎麼可以如此無情？幾年的留學生活，西方的現代道德觀念，倫敦學人中的叛逆精神和他天性中已有的浪漫精神一拍即合，不可分割。

終於，在一天吃過晚飯後他向妻子提出離婚的要求。這是替徐家生了兒子，服侍過徐家父母又絲毫無過錯的張幼儀壓根兒沒想到的事，她突然從後門衝了出去。望著冰涼空氣裡黑暗的夜色，又回頭看著追到身邊的徐志摩那張因客廳透出來的燈光照亮的臉，那一刻，她覺得他們之間的痛苦、悲哀、分歧全都荒唐地湊到了一起。又一次激烈的爭吵發生了，這也宣告他們那段可悲的夫妻關係結束了。

兩人爭吵後一個星期，徐志摩不辭而別，懷孕在身的張幼儀睡在曾與丈夫共枕的那張大床上，覺得自己就像是一把「秋天的扇子」，被人遺棄了。一個星期過後，徐志摩託朋友黃子美來問張幼儀，是否願意做徐家的媳婦，而不做徐志摩的太太。不明白此話意思的張幼儀，當然沒有給黃君任何回答，只要求徐志摩來見她。日子一天天過去，還是不見徐志摩的人影，孤零零地留在沙士頓的張幼儀只好寫信向遠在巴黎的二哥張君勱求救。按照二哥在信裡標出的路線，她到了巴黎，與二哥的朋友、當時在巴黎大學深造的劉文島夫婦住在一起。經過二哥的安慰、勸說，張幼儀終於平靜下來，雖然她堅持自己沒有錯，對二哥講的現代文明離婚的道理也不十分明白，但經過這場變故後，這位剛強的女子對徐志摩徹底失望，決定走自強自立的道路。她於一九二一年秋離開巴黎去德國留學，行前已同意徐志摩的離婚之議。

一九二二／致信導師羅素解惑

在離開張幼儀的這段時間裡，徐志摩的內心其實充滿了矛盾。這時林長民沒有跟他這位忘年小友打招呼，便和女兒林徽因回國了，他還來不及洞察林長民父女的內心動向；張幼儀有孕在身，他畢竟是這孩子的父親，但可他還是毫不猶豫地向著自己理想的彼岸走去。

在最終抉擇之前，一九二二年二月三日，「憂急」中的徐志摩致信羅素夫婦，向他所信賴的人生導師羅素徵求意見：「當你們這個星期到此地度週末的時候，未悉能否賞臉在下址跟我共進午餐或飲下午茶。我衷心盼望你們不會感到爲難。我一直要跟你們重聚。我心中的憂急之情是難以形容的……我要跟你們面對面深談，即使時間不多也得如此。所以，雖然狄更生先生是一位良伴，這次不請他也沒有問題。這或許是我要佔有你們的一點自私表現，但我相信你們會用微笑來原諒我的。」儘管這次週末「單獨」聚會「深談」的內容，主賓雙方都沒有留下任何文字記錄，我們無法肯定徐志摩的最後決定是否得之於羅素的鼓勵，但羅素驚世駭俗的婚姻道德觀以及他畢生追求「眞愛」的身體力行，已經表明了他對此事的態度。再說，不久後徐志摩就趕到柏林正式以書面形式向張幼儀提出離婚了。

一九二二年二月二十四日，張幼儀在柏林的一家醫院裡，生下了徐志摩的第二個兒子德生（彼得）。然而這個可愛小生命的呱呱落地，並沒有拉住父親那向外狂奔的激情。這時徐志摩已來到柏林，他以自己崇拜的詩人拜倫、雪萊的口吻，給結髮六年的妻子張幼儀寫了一封慷慨激昂的信，正式書面向她提出離異請求：

> 真生命必自奮鬥自求得來，真幸福亦必自奮鬥自求得來，真戀愛亦必自奮鬥自求得來！彼此前途無限……彼此有改良社會之心，彼此有造福人類之心，其先自作榜樣，勇決智斷，彼此尊重人格，自由離婚，止絕痛苦，始兆幸福，皆在此矣。

一九二二／離婚

一九二二年三月初，他們的第二個兒子彼得來到這個世界才一個多星期，徐志摩和張幼儀夫婦，由他們的朋友金岳霖、吳經熊作證，在柏林簽署了一項離婚協定，正式離婚。張幼儀簽完字後，以她在新婚那天沒能用的坦蕩目光正視著徐志摩：這就是那個把我看成「小腳」，高呼自由戀愛的徐志摩嗎？他以「西服」自居，爲什麼要我不做他的太太，而做徐家的媳婦呢？以後我定要做個擁有自我的人！就在這年，張幼儀進了柏林裴斯塔洛齊學院接受幼教教師訓練，她堅信自己能用所學獨力將彼得撫育成人。

看到襁褓中可愛的小彼得，徐志摩難免感到心情沈重。但他畢竟擺脫了舊式婚姻的束縛，爲了表白自己對新生活的嚮往，頌揚自由之可貴，他寫了一首詩：〈笑解煩惱結——送幼儀〉，並在《新浙江報》上發表。

這煩惱結，是誰家扭得水尖兒難透？
這千縷萬縷煩惱結是誰家忍心機織？
這結裡多少淚痕血跡，應化沈碧！
忠孝節義——咳！忠孝節義謝你維繫
　四千年史髏不絕，
卻不過把人道靈魂磨成粉屑，
黃海不潮，崑崙歎息，
四萬萬生靈，心死神滅，中原鬼泣！
咳，忠孝節義！

在詩中，他把他們婚姻的煩惱結，歸罪於忠孝節義，歸罪於封建禮教，對這種窒息心靈的包辦婚姻進行了嚴重的控訴。徐志摩對自己不幸的婚姻做了浪漫的誇張，更重要的是表達了終於解開煩惱結的由衷歡笑和喜悅。

同年十一月在家鄉的報紙《新浙江報・新朋友》的「離婚號」上，還刊登了徐志摩所寫的〈徐志摩張幼儀離婚通告〉。

〈通告〉除告知徐張兩人解除婚姻關係外，還對「離婚」本身發表了一番見解。他指出，夫妻離婚，於雙方都是平等的，並不應該像傳統認爲的那樣，好像總是女子在吃虧，但事實上「女子再嫁的機會，即使有總不平等」，所以他「希望大家努力從理性方面進行，掃除陋習迷信，實現男女平權的理想」。他還指出，離婚是男女雙方當事人自己的事情，家庭方面不應干涉。「只要當事人同意負責，婚姻離合的因素就完全。固然能得到家庭同意最好。但非必要。……若說反對更是笑話。」他相信「果然當事人能像我們一樣，歡歡喜喜的同時解除婚約」，眞正有理性有慈愛心的父母不會不贊成，不會不高興的。在〈通告〉的結尾，徐志摩對道德的更新充滿了信心和希望，「我們相信道德的勇敢是這新時期的精神，人道是革新的標準。」

不惜以今日之是否定昨日之非

儘管徐志摩和張幼儀離婚是現代中國第一樁自由的文明離婚，但在一九二〇年代一般國人的心中，在硤石那個江南小鎭，並不會將它看成夫妻雙方平等的感情解脫，而多只是將徐志摩的舉動視爲傳統的「休妻」行爲，這對女方來說是多慘的事啊！當初對徐張兩人行新式文明婚禮有看法的人們，如今對徐張的離異就更有說法了。

遠在北京的恩師梁啓超知道徐志摩離婚後，寫信苦心訓導：

其一，萬不容以他人之苦痛，易自己之快樂。弟之此舉，其於弟將來之快樂能得與否，殆茫如捕風，然先已予多數人以無量之苦痛。

其二，戀愛神聖為今之少年所樂道。……茲事蓋可遇而不可求。……所夢想之神聖境界恐終不可得，徒以煩惱終其身已耳。（胡適：〈追悼志摩〉）

當時徐志摩已非剛出國門那個滿口「禮樂」、「倫常」的徐志摩了，他豈能聽得進這個道理？「戀愛神聖」難道不當津津樂道，卻只曉得「父母之命、媒妁之言」？哪知道，未受到老師幾日耳提面命師門訓練的弟子，卻記住了老師的一句名言：「不惜以今日之是否定昨日之非；不惜以今日之新我否定昨日之舊我。」

梁啓超接著說：「嗚呼志摩，天下豈有圓滿之宇宙？……當知吾儕以不求圓滿爲生活態度，斯可以領略生活之妙味矣。……若沈迷於不可得之夢境，挫折數次，生意盡矣。」（胡適：〈追悼志摩〉）仍是當年那種筆鋒常帶感情的「新民體」文風，可是徐志摩已不會有口服心折之感了。說什麼「不可得之夢境」？林徽因近在眼前，「戀愛神聖」即將成爲現實，徐志摩不是已在詩中預言：「此去清風白日，自由道風景好」？

所以，徐志摩的回信，遠比老師振振有辭：

我之甘冒世之不韙，竭全力以鬥者，非特求免凶慘之苦痛，實求良心之安頓，求人格之確立，求靈魂之救度耳。……我將於茫茫人海中訪我唯一靈魂之伴侶。得之，我幸；不得，我命。如此而已。……嗟夫吾師：我嘗奮我靈魂之精髓，以凝成一理想之明珠，涵之以熱滿之心血，明照我深奧之靈府……

斯可謂生命之意義正在「不求圓滿」，盡在追求之中耳！只是當時梁啓超不知道，自己將來的兒媳林徽因，正是徐志摩熱烈追求的茫茫人海之中的靈魂伴侶，徐志摩也不知道，這個靈魂伴侶就是梁啓超得意的兒媳。這眞是這齣人生戲劇的戲劇性高潮。

從大家閨秀到現代女性

自由浪漫的徐志摩把自己的煩惱結笑解了，家中的老父老母卻從此有了解不開的煩惱結。當硤石老家得知消息後，一家人大爲震驚，申如公更是暴跳如雷，兒子太令自己失望了，出國之後，一意孤行，辜負自己精心爲他設計的前途不說，如今越發荒唐，竟做出如此出格的事情來了。在申如夫婦看來，賢慧能幹的幼儀不但爲徐家延續了香火，而且眞心孝敬公婆，悉心撫育幼子，更爲徐家操持實業，井井有條，任勞任怨，這樣的兒媳不但無可挑剔，實在是勞苦功高世所少有啊！可如今他不但不珍惜，反而毫不留情地將人家拋棄了，眞是荒唐至極。因此申如公在給徐志摩信中，根本聽不進徐志摩信中那套「自由婚姻」之類的胡言亂語，他只是狂怒地斥責徐志摩不孝不仁，忘恩負義，聲明寧可不要兒子也不能不要媳婦；幼儀可以不是志摩的妻子，卻不能不是徐家的少奶奶，她和志摩與孫子共同享有財產繼承權。懷著對張幼儀的深深歉疚，以及多年來建立起來的感情，在申如公的懇求下，張幼儀答應做徐家寄女，仍住徐家爲徐家人。在徐家，也許可以使那愧疚的心情稍微得到一些安慰；而在張幼儀，也許心中有一個不願說出且不願放棄的期待吧。

離婚後，張幼儀一直堅持在國外深造，在徐志摩和陸小曼婚事上，申如夫婦也要當面聽聽他們的乾女兒張幼儀的意見，若她對徐陸婚事不同意，他們就不許徐志摩與陸小曼結婚。一九二六年在老倆口的反覆要求下，張幼儀終於回到了硤石。出國五年，她從一個不敢拋頭露面的大家閨秀，變成一個頗有洋氣的現代女性，也變得越來越精明幹練。她這次原可給徐申如帶回一個乖巧的孫兒，但她的行囊裡卻放了一個沈甸甸的錫瓶，裡面放著次子彼得的骨灰……

徐申如一見到張幼儀就問，「你和我兒子離婚是眞的嗎？」本來，徐志摩與張幼儀的婚姻早在四年前就已經解除，此事不僅有證人，還在報上登了告示。在申如公眼裡，不管是柏林簽署的離婚文書，還是徐志摩回國後在《新浙江報》上發表的離婚聲明，都是不算數的。他認爲，以前幼儀是志摩的太太，也是他的兒媳；如今幼儀不是志摩太太了，但還是他孫子的母親和他的兒媳，這兩者之間是沒有關係的。申如夫婦這樣問張幼儀，是希望能親耳聽到張幼儀承認已與徐志摩解除婚約這件事，這對於張幼儀的家人，對於社會也算最後有一個交代；另外也含有申如夫婦希望張幼儀能幫他們阻止兒子與陸小曼婚事的意思。他們聽到張幼儀平靜而肯定的回答，迷惑又難過的申如公又問：「那你反不反對他同陸小曼結婚？」老人還存有張幼儀說服徐志摩痛改前非的最後一線希望。聽到老先生的問話，張幼儀有些受寵若驚，這在她看來是徐家給她很大的面子，沒想到在徐志摩再婚這件事上，她也是局內之人，徐家二老還徵求她的意見，可她不想反對這件事。張幼儀搖搖頭，簡潔而又乾脆地回答：「不反對」。老人失望了，在一旁一直默不作聲的徐志摩，卻高興得從椅子上跳起來。（張邦梅：《小腳與西服》）

在徐志摩與張幼儀的婚變發生前後，張家認爲徐志摩是難得的人才，張家兄弟仍把徐志摩當作張家「佳婿」，與之交誼甚厚而不改以往。在英國，當張幼儀首先把徐志摩要跟她離婚的事寫信告訴後來成爲著名思想家、政治活動家、民社黨主席的二哥張君勱時，二哥回信的開頭竟是：「張家失徐志摩之痛，如喪考妣。」可見張君勱對徐志摩的欣賞程度就和愛自己的父母一樣。張幼儀的八弟張嘉鑄，與徐志摩感情最好，對徐志摩始終敬愛有加。他曾與徐志摩一起創辦《晨報副刊・劇刊》和新月書店；也曾絲毫不顧及姊姊的心情，毅然盛裝參加了徐志摩和陸小曼的再婚婚禮；徐志摩罹難後，他從上海趕到濟南處理善後事宜，還與姪子徐積鍇隨徐志摩靈柩南下；臨終前還叮嚀孫女寫徐志摩傳記時「對徐志摩要仁慈一點」，尤其令人意想不到的是，他所立遺囑之一竟是在他的喪禮中不要放音樂，只要朗誦幾首徐志摩的詩就行了。

就徐志摩和張幼儀兩人來說，他們離婚後的感情似乎比以前更好。也許是雙方經過諸多波折後，對愛情的理解都更深了，心境也都比較平靜；而張幼儀還是徐家的寄女，徐家一直把她當親人看待，昔日的夫妻此時成了親密的朋友。新月派成員劉英士回憶離婚後的徐張關係時說：「志摩的離婚不否決中國人的一句老話『藕斷絲連』，雙方從來不避不見面，而且有說有笑。」（劉英士：〈雲裳公司及其人事背景〉）這是事實。如，一九二五年三月，徐志摩與陸小曼的戀愛鬧得滿城風雨，爲躲避社會的非議，他避走歐陸，還去柏林看望了張幼儀，也從張幼儀那裡得到了些許心靈的安慰。

一九二五／〈我的彼得〉

三月二十六日，徐志摩到達柏林，本來他是以輕快的心情去與張幼儀和他心愛的幼子彼得相會的，誰知等待他的卻是極其悲痛的情景。

就在他抵達柏林的一週前，三年前離婚時剛剛生於柏林，一直隨著母親生活在德國的次子彼得，因患急性腹膜炎而夭折。面對一撮遺灰，那張「活潑、美慧、可愛」的遺像，還有兒子生前的玩具，想著兒子眼巴巴盼著「照片上的爸爸」來看他的情景；再看著掛著兩行眼淚淒慘無比的張幼儀，徐志摩感到萬箭穿心般的疼痛。

小彼得剛滿三歲，是一個聰明可愛的孩子，自小就對節奏特別敏感，酷嗜音樂，尤其喜歡聽貝多芬與華格納的樂曲；晚間睡覺，總要緊緊地摟著一把小提琴。他還常常「喜歡拿著一根小短棍站在桌上模仿音樂會的導師，那認眞的神情常常叫在座人大笑」。從媽媽那裡，他知道還有一個爸爸，常常翻來覆去撫弄著徐志摩的一張照片，有時就用小嘴親親照片上的爸爸。還在他沒有出世時，他的爸爸就預備離開這個家了，他最後一次見到爸爸時只有四個月大。在小彼得遺灰的錫瓶前，徐志摩淚雨滂沱：

我既是你的父親，彼得，為什麼……你生前我不知欣喜，你在時我不知愛惜？……我自分不是無情，不是寡恩，為什麼我對自身的血肉，反是這般不近情的冷漠？彼得，我問為什麼，這問的後身便是無限的隱痛；我不能怨，我不能恨，更無從悔，我只是悵惘，我只能問！明知是苦的揶揄，但我只能忍受。

對於孤獨的張幼儀，徐志摩也無限自責和懺悔：

彼得……我的話你是永遠聽不著了，但我想借這悼念你的機會，稍稍疏泄我的積愫……我的情愫，是怨，是愛，是懺悔，是悵惘？……這情愫是對你還是對你可憐的媽媽？彼得，你媽，她何嘗有一天接近過快樂和幸福？她在她同樣不幸的逆境中證明了她的智斷，她的忍耐，尤其是她的勇敢與膽量；所以……我敢說，她最有資格詮釋我的情感的真際。（〈我的彼得〉）

徐志摩是傷心的，張幼儀自然比他更傷心。徐志摩不願她如此哀傷，忍著自己心頭痛苦的顫動，盡力安慰了她一番。張幼儀沒哭了，房間裡靜極了。半開的窗外不時飄進一陣陣樂曲聲，好像是貝多芬的《第五交響樂》。面對著幼子的夭亡，面對著神聖、奧秘的死，面對著人類的大悲哀，他和她忘掉了他們是一對離異的夫妻，忘掉他們之間的矛盾、爭執和不愉快，忘掉了世間的一切。

從夫妻到朋友

張幼儀送徐志摩出來，他們走在柏林的大街上。柏林的夜街是繁華的，店鋪、劇場、飯店、夜總會，閃著彩色的燈；行人有的匆忙，有的悠閒，來來往往。徐志摩和張幼儀好像躑躅在沙漠裡，有駱駝的寂寞……

張幼儀打破了沈默，笑著問徐志摩到歐洲來為何食欲不佳，是否「心」有別用，腸胃都沒有帶來，只帶了一雙腳來？猶豫再三，徐志摩對張幼儀訴說了自己與陸小曼的戀情。從張幼儀那裡徐志摩得到了幾句安慰與勸解，換回了一些的體貼。

當時張幼儀已在柏林裴斯塔洛齊學院接受三年的幼教訓練，並可以用德文、法文與她的外國朋友交流，早不是那個滿足於做傳統賢妻良母的張幼儀了，經過幾年海外的獨立生活，她變得更為成熟與剛毅，眼界更為開闊，對自己的未來有明確的打算，她想回國去興辦現代式的學校，要用現代教育來改變家庭的偏狹與落後，為落後的中國救衰啓智。

徐志摩羨慕佩服張幼儀的進步與膽識，在給陸小曼的信中，他說，張幼儀是一個有志氣有膽量的女子，這兩年來進步不少，獨立的步子已經站得穩，思想確有通道，她現在眞是「什麼都不怕」，將來準備丟幾個炸彈，驚驚中國鼠膽的社會，你們看著吧！徐志摩的話雖然帶有玩笑的味道，但不久就回國的張幼儀，在上海開設服裝公司，在東吳大學教德文，為民社黨管理財政等等，的確表現了她的活力與能幹。

爲了轉換心情，他們一起去劇院看《茶花女》。去法國後，他們曾去巴黎拜訪過遊學法國的趙元任、楊步偉夫婦，那天趙元任不在，楊步偉還詫異，以爲「這對離了婚的夫婦又好了，可是張的口氣又不像……」（楊步偉：〈雜記趙家〉）。隨後他們還結伴去威尼斯、佛羅倫斯、羅馬等地，做了兩個星期的旅行。他們最喜歡的是翡冷翠——這是徐志摩給義大利佛羅倫斯取的一個獨具音樂韻味的芳名。在那裡，他們盡情陶醉在大自然靜謐與清美的山水之間，感受到了大自然給予他們靈魂的寧靜安定。他們也感受到了彼此間友誼的增長，理解了彼此都需要對方的支援與慰藉。

徐志摩和陸小曼結婚後，張幼儀對徐志摩也噓寒問暖。正如徐志摩所說，兩人「笑解煩惱結」之後，締造了「清風白水似的」友誼。徐志摩罹難後，張幼儀仍一如既往地照顧徐家父母，撫養兒子，她在晚年對姪孫女講述自己的一生時，也說：「我連離婚後都還在照顧徐志摩的父母，因爲我認爲這麼做是我的責任。……有時候，我覺得我已經爲我家人和徐志摩家人做盡了一切，因爲我一向關心什麼是對的，什麼是錯的。儘管我離了婚，我和徐家、甚至徐志摩的關係，始終還是很近。」（張邦梅：〈小腳與西服〉）

5 志摩的靈魂伴侶

劍橋風情

在從倫敦到劍橋的生活中，渴求新知，喜好交遊的徐志摩不但結識了一批英國名士，也結交了一些來自國內的才俊名士，獲益良多。如同是中國留學生的陳源（西瀅）、章士釗，遊學英國的林長民、林徽因父女。其中徐志摩和林長民不但成了莫逆的忘年之交，一老一少兩個都十分浪漫的人碰在一起，還進行過一場極爲奇特的「戀情」呢！而活潑明麗、風華絕代的一代佳人林徽因出現，更在徐志摩的情感深處掀起激浪，深深影響了他短暫多彩的一生。

徐志摩富於傳奇性的情感經歷也在這裡拉開了序幕，甚至他短暫生命的最後，也是在這位生命女神的召喚中出乎意料地劃上了句號。

關於林長民

林長民（一八七六—一九二五），福建閩侯人，字宗孟，自號苣芗子，早年兩度留學日本，專攻政法，後畢業於早稻田大學，一九〇九年回國，因慨然於國民程度低劣，曾致力於政治教育，任福建法政學堂教務長兼福建省諮議局書記長。辛亥革命後，曾先後任參議院秘書長、衆議院議員秘書長、進步黨政務部長、國務院參議、法制局長等職。一九一七年張勳復辟失敗後，入段祺瑞內閣任司法部長、總統府外交委員會委員兼事務主任，後辭職赴日本考察。一九二〇年春，林長民攜「他的唯一知己」、十六歲的女兒林徽因赴歐洲遊歷，於同年八月最後落腳於倫敦，身分是中國國際聯盟同志會駐歐代表。

在倫敦的一次演講會上，徐志摩得以結識林長民，也許是相同的浪漫氣質，兩人一見如故，很快建立了深厚的忘年之誼。徐志摩十分欣賞林長民清奇的容貌、開明的氣度、奇特的稟性和不凡的才華，對於他的新穎思想、高唱自由戀愛之說，也頗感興趣。在徐志摩眼裡，林長民是個「書生逸士」，而不是一個政治家，對他頗爲自負的政治異稟不以爲然。在林長民經歷了宦海的沈浮之後，徐志摩曾多次勸他趁早回航，領導這新時期的精神潮流，共同發現文藝的樂土。林長民也十分欣賞聰明活潑的徐志摩，兩人經常促膝談心，從政治、社會到詩文、書法，還常常聊一些男女情事。在熱烈的談心過程中，林長民知道了頗具才氣的徐志摩對學位虛名並無多大興趣，於是介紹徐志摩認識狄更生，並求狄更生幫忙把徐志摩轉到劍橋王家學院。

兩人的友誼異乎尋常，林長民還向徐志摩詳細敘說個人的情感秘密。據徐志摩回憶，林長民在世時最愛閒談風月，一生的風流蹤跡差不多都對徐志摩講過，如林長民早年留日時與一日本女子的戀情，徐志摩一九二三年二月十一日寫的小說〈春痕〉中的「逸」，就是以林長民為原型的。最驚世駭俗的是，他們兩人在英國時還互通「情書」。那時徐志摩已在康橋，林長民在倫敦，有一次他們談興正濃，林長民突發奇想，建議兩人以「情人」身分彼此通情書。他們設想一個情節，徐志摩是一個有夫之婦，林長民是一個有婦之夫，在雙方不自由的境遇下彼此通信談戀愛，同感「萬種風情無地著」的情調。他們覺得這假惺惺其實也是一種心理學家所說的「昇華」。但在這場遊戲中，他們的「情書」各寫各的，情節並不對扣。因為那時雙方各自情有所鍾。

一九二六年二月六日，徐志摩在他主編的《晨報副刊》上，以〈一封情書〉為題，刊登林長民當年寫給他一封最長的「情書」。在這封信中，林長民訴說了自己在生死關頭對情人「仲昭」的思念之情。徐志摩加一按語說：「怎麼是寫給我呢？分明是寫給他的情人的。」這封信被有考據癖的顧頡剛先生見到後，寫信給徐志摩指出情書中的「仲昭」即浙江石門的徐自華女士。顧從徐女士《懺慧詞》一書中找出兩闋題為〈和苣苳子〉的詞，兩詞中均有親暱的意境描寫，顧認定此「苣苳子」是林長民情書後署的「苣苳」。徐志摩當即將顧寫給自己的信登在同年四月十二日的《晨報副刊》上，並在後記中饒有興味地作了些補充性的旁證。

而出乎林長民意外的是，徐志摩寫給自己的那一封封熾熱的情書，是獻給自己女兒林徽因的。互玩「情書」遊戲中的徐志摩，把對林徽因的熱烈愛情都眞實地傾訴在寫給她父親的「情書」裡了。在現實的情感面前，徐志摩更願意退出這場遊戲，因爲林徽因還是一個中學生，徐志摩則是她父親的朋友，她和徐志摩的關係顯然不是對等的，所以徐志摩許多不宜對林徽因直接表達大膽的愛的獨白，只能在寫給她父親的情書中毫不掩飾的表達。連林長民給徐志摩的信上都說：「足下用情之烈令人感悚，徽亦惶恐不知何以爲答，並無絲毫 mockery（嘲笑），想足下誤解了。」（陳學勇：《〈林徽因年表〉補》）

一九二〇／愛的覺醒

人到中年，有著複雜、豐富人生閱歷的林長民沒想到這場情書遊戲，卻啓發了徐志摩愛的覺醒，使他下決心尋找並追求父母包辦婚姻以外的眞正愛情。

林徽因是林家大小姐，一九〇四年生於杭州，當時在倫敦一所女子中學讀書。十六歲的林徽因正當荳蔻年華，落落大方，開朗活潑，不但有驚人的美貌，更有出衆的才華、清雅的氣質。她從小就深得父親寵愛，受到良好的中英文教育。也許是從小受父親薰陶的緣故，林徽因有很好的文藝天賦與藝術感悟力，詩文、音樂、戲劇、繪畫，樣樣喜愛，並且表現不俗。父親林長民曾自豪自負地宣稱：「論中西文學及品貌，當世女子捨其女莫屬。」（陳從周：《徐志摩年譜》）在倫敦時，身爲女建築師的房東太太，對林徽因影響至深，當時就使林徽因萌發從事建築藝術、學習建築專業的念頭。

林徽因初次遇見徐志摩，是在一九二一年初她父親在國際聯盟的一次演講會上。一個身穿長袍、腋下夾著兩本書的中國青年，談吐風雅，難得的可愛性格吸引了她的注意，而她那纖細的美麗、藝術氣質、大家閨秀的神韻以及落落大方的風度也使他傾倒。當兩人四目交會時，徐志摩眼前的她，明眸皓齒，聰慧橫溢，透著秀美，正是丰姿綽約，光彩照人；林徽因眼前的他，則一臉純真，滿目謙和，才華四溢，也是俊逸瀟灑，氣度不凡。

有多少次，徐志摩往林家跑，跟妙趣橫生、充滿活力、談鋒銳健的忘年老友以及天份極高、飽讀詩書、感情細膩的少女傾心長談，他感到自己的心智像春霖潤澆的嫩筍拔節而上，直入人生眞諦的奧堂。又有多少次，徐志摩、林徽因並肩偕遊在倫敦西區古老的街道上，劍橋王家學院校園的小徑上，暢談理想，縱論人生，在文學藝術的殿堂裡徜徉交心。自那以後，在徐志摩心中怎麼也揮不去這位美麗才女的窈窕倩影了。

在多次與林徽因談文說藝時，徐志摩覺得一部人類文化藝術史上，自己看到的愛情悲劇太多了。拜倫離婚，一生顚沛，就因爲他太太只顧爲他補襪子、端點心；歌德一生，只是浮沈在無定的戀愛浪花間，他的結婚是沒有多大光彩的；盧騷撿到了一個客寓裡掃地的下女就算完事；濟慈爲了一個娶不著的女人嘔血；而達文西和米開朗基羅，終身就不曾想到過成家。只有白朗寧和他的夫人伊莉莎白•裴雷德才是例外，徐志摩認爲這兩位詩人的結合，是人類歷史上的一個永久紀念。

徐志摩艷羡和崇仰的是白朗寧男性的高尙與華貴，裴雷德女性的堅貞與優美。他說，婚前，他們的情史是一葉薰香的戀跡；婚後，他們的生活爲蹣跚的人類立下了一個健全的榜樣。徐志摩也神往濟慈〈夜鶯歌〉裡的境界。他認爲，夜鶯從低音唱到高音，從黃昏唱到深夜，是在一聲連一聲地呼喚著愛情，即使音樂完了，夢醒了，血嘔盡了，夜鶯死了，那餘韻也會嫋嫋地永遠在宇宙間迴響。

一九二一／林氏父女離開英倫

一九二一年三月，當妻子張幼儀遠涉重洋來到倫敦時，徐志摩與林徽因的交往已越來越密切，在與張幼儀短暫的家庭生活後，徐志摩心中已有了離婚的大膽想法。

這期間，林長民、林徽因父女住在倫敦，徐志摩和張幼儀住在沙士頓，他們繼續保持著通信聯繫，幾乎每天都互通信件。爲了防止被人發現，徐志摩選擇了沙士頓附近一家雜貨店爲通信地址，店主老約翰爲他們傳遞信件。雖然如此，但賢淑大方的硤石少婦張幼儀到來，觸動了林徽因內心深處的創傷，使她從熱戀的夢境中冷靜下來。

她是父母結婚八年後才生的第一個孩子，雖有一個頗具才氣與學識的父親，母親卻是一個不識字，甚至連中國傳統女性的女紅及持家本領也沒有的舊式婦女。一無所長的母親，在林家沒有什麼可以驕傲的資本來抵擋林家對她的歧視，八年沒生孩子，使她在林家處境更爲艱難。一九〇四年，林徽因出生了，林長民已二十八歲，在當時他近乎「中年得子」。林徽因是林家盼望已久的第一個孩子，當然受到全家人的珍愛，後來她的一弟一妹相繼夭折，成了母親唯一的孩子。爲了傳宗接代，她父親納妾，因此有了一個女兒和四個兒子，而林徽因與母親住到後面的一個小院裡。她母親常年過著與父親分居的孤單生活，父親又毫不掩飾對妾的偏愛，這更引起她母親的傷心與不滿。林徽因雖然從小受到家庭的珍愛，卻難以彌補父母婚姻不幸對她造成的傷害；生活在這樣的家庭矛盾之中，常使她感到困惑與悲傷。她愛父親，卻恨他對母親無情；她愛母親，卻又恨她不爭氣。她以長姊眞摯的感情愛著幾個異母的弟妹。家庭的地位與處境使聰明的林徽因敏感而早熟，也使她形成了一種剛毅、自強、自尊的性格，所以在家中她很少表現出三從四德式的溫馴，而是不斷追求人格上的獨立、自由。

她雖只有十六歲，但特殊的家庭環境及深厚的中西文化薰陶，使她的精神走到了年齡前面，面對著如洪水般沖湧而來的愛情，她能夠緊閉心扉嗎？愛已緊緊揪住了她的心。但天堂的基地是別人的痛苦，一個失去愛情的妻子被拋棄，自己卻要去代替她的位置？自己有什麼權利去傷害另一顆女人的心？有了損害，這愛還純潔、完美嗎？縱然那婚姻是無視雙方個人意志的產物，但畢竟維持了六年啊！想起傷透了心的母親，她彷彿看到那個失去愛情的妻子那雙哀怨的眼睛。不！文學上、歷史上轟轟烈烈的愛情只能去理解，去領悟，自己太稚嫩，絕沒有結實的肩頭去承擔這一切，道德上的虧損，心靈上是不會安寧的，她必須拒絕，她必須逃避。

十分欣賞徐志摩才情的林長民得知徐志摩爲了女兒決定離婚後，豐富的社會政治閱歷使他爲自己的愛女擔心，林徽因還是中學生，捲入這場婚姻糾葛中，難免會受到當時社會的非議；再說，張君勱又是他政治上交往頗爲密切的朋友，徐志摩與張幼儀離異，會給張幼儀帶來不平與打擊，張家的聲譽也會因此受到損害。出於這些考慮，一九二一年八月，他帶著女兒不辭而別回國了。

一九二一年初，徐志摩、林徽因相識、相戀，一九二一年夏，林徽因隨父離開倫敦，前後不到一年，眞是聚也匆匆，去也匆匆。如果說，林徽因在徐志摩的眼中出現時是一顆耀眼的星星，那麼，那是一顆流星，迅速消失了她的影蹤。在徐志摩的一首詩中，將此寫成雲水的「偶然」映照：

我是天空裡的一片雲，
偶爾投影在你的波心——
你不必訝異，
更無須歡喜——
在轉瞬間消滅了蹤影。

也許這「轉瞬間」預示了徐、林間感情有始無終的悲劇性結局，但無論在徐志摩還是林徽因，似乎都是對方情感天空中的一顆恆星，從來沒有消失各自的光芒。

一九二二／〈情死〉、〈康橋再會罷〉

對林徽因刻骨銘心的愛，使徐志摩在他內心深處，把「徽徽」這個林家大小姐的暱稱與「麗質最嬌貴」的愛情之花——玫瑰聯繫在一起了。可這朵令他傾心移情、「壓倒群芳的紅玫瑰」，在「晨光中吐艷」的時刻便隱沒了芳蹤。徘徊在人去樓空的康橋，徐志摩在濃得化不開的詩情和思念中苦苦等待。一九二二年六月，他寫下〈情死〉一詩，詩中那個做了「你（玫瑰）的俘虜」的青年，爲「把你擒捉在手內」，不惜用「兩手模糊的鮮血」來換取「一片狼藉的猩紅」，不就是他自己嗎？「我愛你，玫瑰！」然而，對這一聲聲愛的呼喚，不辭而別的「徽徽」一直沒有回音。這一段難忘的戀情，難道就這樣任其消泯不成？難熬的痛苦，使徐志摩打點行裝決然返鄉，於茫茫人海中尋訪他唯一的靈魂伴侶。

一九二二年八月，秋風甫吹，徐志摩辭別康橋啓程回國。

這時的康橋，已是他難得的知己。他無限眷戀地顧盼，澄淨的藍天下，高聳雲霄的聖瑪麗教堂，羅馬式的圓柱大廈，文藝復興時代的歎息橋，紅牆的圖書館，綠如絨毯的草坪，幽靜的果園，迴流的河水，水上的古老磨坊，還有，親切的師長朋友，和自己曾灑落的詩的花瓣，癡迷的戀情……他不能不把康橋看成自己靈魂的家園和永遠的精神依戀之鄉，滿懷深情地寫下〈康橋再會罷〉，表示此去身雖萬里，夢魂必常繞左右，而且以後一定還要回來。

設如我星明有福，素願竟酬，
則來春花香時節，當復西航，

重來此地，再撿起詩針詩線，
繡我理想生命的鮮花，實現
年來夢境纏綿的銷魂蹤跡，
散香柔韻節，增媚河上風流；
……
我今去了，記好明春新楊梅
上市時節，盼我含笑歸來，
再見罷，我愛的康橋！

一九二二冬／林徽因與梁思成

徐志摩回國後不久，就聽到了林徽因與老師梁啓超的長子梁思成相愛的傳聞。在故鄉稍事停留後，一九二二年十二月初，徐志摩來到北京。對於挽回愛情的頹局，他當時心態很複雜。有時候，悲懷莫罄，灰心失望，正如他在〈西湖記〉裡所寫「心酸得比哭更難過，一天的烏雲，是的，什麼光明的消息都沒有！」有時候，他似乎又信心十足。

然而一到北京，他就知道事情不是那麼簡單了。先是梁啓超從上海去信規勸他：「萬不容以他人之苦痛易自己之快樂……天下豈有圓滿之宇宙……」（胡適：〈追悼志摩〉）當時梁啓超已知道徐志摩是爲林徽因而與張幼儀離婚，而林徽因即將成爲他的兒媳，所以既爲張家又爲自己說了這些擲地作金石之聲的醒世良言。可徐志摩剛到北京還未見到林徽因時，仍充滿自信。林徽因那時在北京培華中學讀書，徐志摩不便直接去那裡找她，只好去林家景山後街的雪池等待。林徽因在餘暇時間常與梁思成一起散步、聊天，經常不在家，徐志摩倒成了最受林徽因幾個年幼弟弟歡迎的客人。看來，林梁的戀愛關係已相當穩固了，徐志摩的心情自然憂抑至極。

他哪裡知道，一九二一年十月，林徽因回國後不久就與梁思成相愛了，這門親事是林長民先向梁啓超提起的。梁啓超與林長民是研究系同事，又是政界好友，平時兩家交往密切。林長民深知徐志摩對女兒的戀情，也深知徐志摩心中所蘊藏的情感烈火難以抵擋，擔心徐志摩回國後就會與林徽因重拾舊歡，所以，他一回國就有心爲女兒挑選如意郎君。梁啓超當時對徐志摩和林徽因的倫敦戀情還一無所知，對林徽因的才貌自然是十分滿意，也覺得林、梁兩家聯姻是「門當戶對」「親上加親」。或許，林長民與梁啓超早就有結親之意。

至於林徽因本人，雖崇尙浪漫感情，也爲自己朦朧的初戀而感動，但還很難說這位十六、七歲的少女完全向徐志摩敞開心扉。更重要的是，她與徐志摩的性格並不一樣，在理智和情感之間，受傳統倫理道德的約束，她更傾向於理智的一面。把徐家與梁家、徐志摩與梁思成放在自己心裡的天平上衡量時，她覺得長她八歲的徐志摩才華橫溢，風流倜儻，但有過一次婚姻，她實在難以面對無辜的張幼儀，生活在張幼儀的陰影之中。而梁思成，不但與自己年紀相若，也是一位難得的英俊少年，還兼有兄長般溫和寬厚，兩人又有一致家庭背景下培養起來相仿的興趣和氣質，與梁思成在一起，她那不乏惆悵的心緒也感到了輕鬆與快樂。所以，經過回國後一段時間的調整，林徽因那少女的心胸漫溢著做梁家媳婦的幸福憧憬。

梁啓超出於對子女成長的考量，堅持梁思成與林徽因「須彼此學成後乃訂婚約，婚約定後不久便結婚。」（丁文江編：《梁啓超年譜長編》）於是，林、梁兩家口頭訂下婚約。一九二一年冬，林長民的友人陳石遺登門拜訪，做《白話》七古一章以贈林長民，詩中云：「小妻兩人皆揖我，常服黑色無妝靚。長者有女年十八，遊學歐洲高志行，君言新會梁氏子，已許爲婚但未聘。」（劉心皇：〈徐志摩與陸小曼〉）說的就是林、梁兩家的口頭婚約一事。

不幸的是，早有婚約而又不公開訂婚，讓癡情的徐志摩對喚回林徽因的愛充滿幻想。他原本打算回國重敘舊情後，不管是否結婚，就和林徽因雙雙回到康橋繼續深造。現在，進退兩難，一線希望把他拴在北京了。一九二三年春，經恩師梁啓超推薦，徐志摩進北京松坡圖書館當了英文秘書。松坡圖書館有兩個院子，一處在西單附近的石虎胡同七號，徐志摩就住在這裡。另一處在北海公園的快雪堂，幽靜清雅，星期天又不對外開放，正是情人約會的好時光，因梁啓超是松坡圖書館館長，梁思成也有鑰匙，可以自由出入快雪堂，所以他經常約林徽因來此相聚。徐志摩去北海公園的快雪堂找林徽因次數多了，自然引起梁思成反感，但又不便當面跟徐志摩說，只好在門上貼一紙條，大書：Lovers want to be left alone.（情人不願受干擾）（梁實秋：〈賽珍珠與徐志摩〉），徐志摩見了只得怏怏而去。

一九二三／〈荒涼的城子〉

目睹林、梁相愛，徐志摩感到愛的希望日趨破滅，只能透過詩篇來抒發內心苦痛，在〈荒涼的城子〉中他盡情地傾訴著：

說話呀！荒涼的城子！說話呀！
　淒涼中的寂靜！
她，我摯愛的，哪裡去了，
　她，認識我的魂靈？
那熱情的眼如今在哪裡？
　曾經對著我的眼含情的凝睇？
那親吻我的香唇如今在哪裡？
　在哪裡，那酥胸曾經我的
　　胸懷偎依？

〈她在那裡〉簡直就是對林徽因愛的急切呼喚：

　她不在這裡，

她在那裡：——
她在白雲的光明裡；
在澹遠的新月裡；
她在怯露的谷蓮裡；
在蓮心的露華裡；
她在膜拜的童心裡；
在天真的爛漫裡；
她不在這裡，
她在自然的至粹裡！

另一首〈一個祈禱〉，可見徐志摩的心有如夜鶯泣血，悲傷之情感人至深：

請聽我悲哽的聲音，祈求於我愛的神：
人間哪一個的身上，不帶些兒創與傷！
哪有高潔的靈魂，不經地獄，便登天堂：
我是肉薄過刀山炮烙，闖度了奈何橋，
方有今日這顆赤裸裸的心，自由高傲！

這顆赤裸裸的心，請收了吧，我的愛神！
因為除了你更無人，給他溫慰與生命，
否則，你就將他磨成齏粉，散入西天雲，
但他精誠的顏色，卻永遠點染你春朝的
新思，秋夜的夢境；憐憫吧，我的愛神！

遺憾的是，林徽因已答應做梁家媳婦，徐志摩再有深沈的痛苦，再有熱誠的呼喚，也只是一廂情願。「過去的實在，漸漸的膨脹，漸漸的模糊，漸漸的不可辨認；現在的實在，漸漸的收縮，逼成了意識的一線，細極狹極的一線，又裂成了無數不相聯續的黑點……黑點亦漸次的隱翳？幻術似的滅了，一個可怕的黑暗的空虛……」（〈北戴河海濱的幻想〉）這是詩人悲哀的慨歎！

一九二四／《齊特拉》

一九二四年四月，印度詩哲泰戈爾訪華，受講學社委託，徐志摩擔任泰戈爾的演講翻譯。一次次歡迎會、演講會，擔任泰戈爾的翻譯，他成爲人們注意的中心，更重要的是，他心愛的林徽因也常常與他相伴，他彷彿看見了愛的希望，心裡不由得感謝泰戈爾給他帶來的機遇。

有一次，泰戈爾在北京日壇公園草坪舉行公開演講，聽者雲集。時間一到，只見高台一側，徐志摩和林徽因一左一右，挽著老詩人登上講壇。泰戈爾白髮如銀，長髯飄拂，宛若盤桓蒼空的古松；林徽因紫紅旗袍，貌美如花，薄施脂粉，自是梅韻馥郁；徐志摩青袍白面，郊寒島瘦，瀟灑俊逸，宛如搖曳於秋水寒石之間的翠竹。好一幅蒼松竹梅的三友圖！台下的人發出由衷的讚歎。這一天，徐志摩的翻譯最爲精彩，老人的英語演說剛說完，他便用中國語彙中最美的修辭，以硤石官話出之，恰如一首首的小詩，飛瀑流泉，琮琮可聽（陳從周：《徐志摩年譜》）。晚上，「歲寒三友」的讚譽還令徐志摩興奮不已，趁機私下對泰戈爾說他愛著林徽因，要老人代爲求情，只可惜仍未使林徽因動心。

在北京學術界爲泰戈爾六十四歲壽辰舉行的祝壽會上，徐志摩、林徽因、張歆海、林長民聯合演出了泰戈爾的短劇《齊特拉》。劇中林徽因扮演國王的獨生女齊特拉，張歆海扮演鄰國的王子阿俊那，徐志摩扮演愛神，林長民扮春神。這場特意爲泰戈爾準備的節目，因爲劇中的林徽因，對「愛神」徐志摩的膜拜交流場面，再一次令徐志摩激動不已，眞情流露，傷感滿懷。

排練，演出，戲中的齊特拉和愛神，戲外的林徽因和徐志摩，該有過多少次的對話，多少次的心靈交流啊！

徐志摩、林徽因的頻繁接觸，新聞媒介對他們「金童玉女」的炒作，使林長民心頭掠過一絲不安。五月的一天，並非出於雅興，林長民邀請忙於隨同泰戈爾參加會見、演講的徐志摩一同遊湖。林長民似不經意地告訴徐志摩，林徽因與梁思成即將雙雙赴美國留學。徐志摩聽後黯然神傷，執著地約林徽因出來單獨會面，想得到證實。然而，鐵的事實讓徐志摩無限悵然，他心中新近看到的一絲希望和夢想又一次破滅了。

五月二十日，徐志摩要陪泰戈爾西去太原，他知道，這對於他與林徽因來說是無可挽回的分手，因爲林徽因與梁思成在這期間將負笈海外。這天，許多人前來送行，林徽因也沈靜地立在其中。那時正是黃昏時分，一彎新月，幾顆星星掛在天邊，灑下絲絲縷縷的清輝，使四周的沈沈暮靄一散而盡。徐志摩望著站台上熙熙攘攘的人群，卻感到一派悲涼的熱鬧。他空有一腔離愁別緒又無法向心上人傾訴，只能急切地求助於紙筆，然而信只寫了一半，火車就已啓動。他手執半封信向窗口撲去，又向車尾奔去。車輪轟轟地滾動，彷彿碾壓在他心上。站台上的人群正緩緩地向後退去，那窈窕纖細的倩影站立在人群中，黑色的柔髮與素色的旗袍在晚風中拂動，美麗的杏仁眼裡透露出深情、惆悵和歉意。徐志摩空自舉著寫了一半的信，淚流滿面。泰戈爾的助手兼秘書恩厚之把這一切全看在眼裡，便拿過信，替他保存了下來，如今，此信還保存在英國托特尼斯的達廷頓莊。徐志摩筆下寫的是：

我真不知道我要說的是什麼話，我已經好幾次提起筆來想寫，但是每次總是寫不成篇。這兩日我的頭腦只是昏沈沈的，開著眼閉著眼卻只見大前晚模糊的淒清的月色，照著我們不願意的車輛，遲遲的向荒野裡退縮。離別！怎麼的能叫人相信？我想著了就要發瘋。這麼多的絲，誰能割得斷，我的眼前又黑了……

一九二四／「得之，我幸；不得，我命」

同年六月，林徽因、梁思成雙飛美國，徐志摩的夢想徹底幻滅，絕望之餘，用別名「雲中鶴」發表〈一個噩夢〉，詩情徘徊在「惱恨」與「不忍」之間，愛的眞摯，令人慨歎：

我夢見你——呵，你那憔悴的神情！
　手捧著鮮花靦腆的做新人；
我惱恨——我恨你的負心，
　我又不忍，不忍你的疲損。

你為什麼負心？我大聲的訶問，——
　但那喜慶的鬧樂侵蝕了我的恚憤；
你為什麼背盟？我又大聲的訶問，——
　那碧綠的燈光照出你兩腮的淚痕！

據恩厚之的回憶，徐志摩對林徽因好長時間癡心不斷，在一九二五年或一九二六年間，他忽然聽說林徽因從海外傳來的消息，說她亟盼收到他的信。徐志摩既喜且急，馬上拍了電報回覆，而且激動得顛三倒四，在半個小時內，發了又重發。結果，在林徽因，不過是希望得到朋友來信的客氣表示而已，在徐志摩，則好像是一場殘酷的情感玩笑。徐志摩眞的傷透了心，決心割捨這段戀情，寫下〈「拿回吧，勞駕，先生」〉以示告別昨日的愛。

啊，果然有今天，就不算如願，
她這「我求你」也就夠可憐！
「我求你」，她信上說，「我的朋友，
給我一個快電，單說你平安，
多少也叫我心寬。」叫她心寬！
扯來她忘不了的還是我——我
雖則她的傲氣從不肯認服；
害得我多苦，這幾年叫痛苦
帶住了我，像磨面似的盡磨！
還不快發電去，傻子，說太顯——
或許不便，但也不妨沾一點
顏色，叫她明白我不曾改變，
咳何止，這爐火更旺似從前！

我已經靠在發電處的窗前；
震震的手寫來震震的情電，
遞給收電的那位先生，問這
該多少錢，但他看了看電文，
又看我一眼，遲疑的說：「先生，
您沒重打吧？方才半點鐘前，
有一位年青先生也來發電，
那地址，那人名，全跟這一樣，
還有那電文，我記得對，我想，
也是這……先生，你明白，反正
意思相像，就這簽名不一樣！」
「嘸！是嗎？噢，可不是，我真是昏！
發了又重發；拿回吧！勞駕，先生。」

事實上，對這一段戀情，不光徐志摩，林徽因也沒有徹底忘懷。一九二七年三月十五日，在美國求學的林徽因給也在美國的胡適寫信說：「我昨天把他（徐志摩）的舊信一一翻閱了，舊的志摩我現在眞眞透徹的明白了，但是過去，現在不必重提了，我只求永遠紀念著……」（《林徽因文集・文學卷》）看來，徐志摩、林徽因之間的一段複雜的情感交往，並非哪個局外人所能解說得清楚的。

一九二六年，徐志摩陷入了對陸小曼的熱戀中，他還把林徽因當作一種情感的回憶，寫了〈偶然〉做爲他與林徽因愛情的總結：

你我相逢在黑夜的海上，
你有你的，我有我的，方向；
你記得也好，
最好你忘掉，
在這交會時互放的光亮！

這表明他對林徽因的愛已有了冷靜的思考，既然兩人各有各的人生方向，不能走到一起，那麼，這種愛情就應昇華爲更爲深沈的感情。

一九二三／「二十分不死的時間」

當徐志摩在北京目睹林梁戀情，徒然飲恨憂抑，心再一次被深刻的憂鬱佔據時，他素來景仰和神往的英國女作家曼殊斐兒，魂斷法國楓丹白露。半年前還得一睹芳顏、面聆清音的曠世才女，倏忽間香消玉殞，他怎不感歎人生的多舛和短促，怎不哀傷紅顏的命薄？悽愴的情懷化作詩文，他揮淚寫下〈曼殊斐兒〉、〈哀曼殊斐兒〉，以寄託他那特殊崇拜的一片哀情。

曼殊斐兒原名Kathleen Beanchamp，以筆名Miss Katherine Mansfield著名於世，漢語中通譯爲「曼斯菲爾德」，徐志摩譯爲「曼殊斐兒」，音韻悠揚，極富聽覺之美，讓人想像她一定是個徜徉於瓊樓玉宇、充滿神奇魅力的可人兒。在〈曼殊斐兒〉一文中，徐志摩深情回憶了半年前他與曼殊斐兒一段不尋常的情誼。

那是在徐志摩回國前一月，即一九二二年七月一個陰雨淒淒的夜晚，倫敦街頭燈光黯淡。因天雨地濕，路上行人寥寥無幾，只有偶爾駛過的電車發出一點人間的聲音。徐志摩踽踽獨行，帶著對曼殊斐兒的景仰與期望，如約來到彭德街十號，見到了曼殊斐兒。那時她得了肺病，只剩兩三年時間了，明知生命不再長久，她卻活得無比頑強。雖然已經出版了《幸福》和《園會》兩部小說集，在英國文學界有一個很穩固的地位，但她還努力寫好小說，想留下時間的灰塵掩不暗的眞晶。因曼殊斐兒病弱，易於疲倦，這次會見只有二十分鐘。就在這短短的二十分鐘裡，不但曼殊斐兒那完美絕倫、清逸絕塵的美貌，給徐志摩前所未有的震撼力，曼殊斐兒卓爾脫俗的雅言淸論，也在徐志摩心中展示了一個清新完美的境界。這一切均給徐志摩以「美」的生動啓示和感悟。這次會見，在唯美主義者徐志摩心中留下的深刻印象經久難忘，徐志摩稱之爲「不死的時間」。

在那晚的二十分鐘裡，他和曼殊斐兒同坐在藍絲絨的榻上，幽靜的燈光，輕籠住她美妙的身體。他說她給他的是最純粹的美感，她使他使用了上帝給他的那把進入天國的秘鑰，使他靈魂的內府裡又增加了一部寶藏。他像受了催眠似的，只是癡對她神靈的妙眼，一任她利劍似的光波、妙樂似的音浪、狂潮與驟雨似的向著他靈府潑淹……

說到對當時曼殊斐兒容貌的印象，徐志摩覺得，不但她秀髮的美麗，是他生平所僅見，尤其「她眉目口鼻之清之秀之明淨」，他也「其實不能傳神於萬一」。面對曼殊斐兒，「彷彿你對著自然界的傑作，不論是秋月洗淨的湖山，霞彩紛披的夕照，南洋裡瑩澈的星空，……你只覺得它們整體的美，純粹的美，完全的美，不能分析的美，可感不可說的美；你彷彿直接無礙的領會了造化最高明的意志，你在最偉大深刻的戟刺中經驗了無限的歡喜，在更大的人格中解化了你的性靈。我看了曼殊斐兒像印度最純澈的碧玉似的容貌，受著她充滿了靈魂的電流的凝視，感著她最和軟的春風似的神態，所得的總量我只能稱之爲一整個的美感。她彷彿是個透明體，你只感訝她粹極的靈徹性，卻看不見一些雜質。就是她一身的艷服，如其別人穿著，也許會引起瑣碎的批評，但在她身上，你只是覺得妥貼，像牡丹的綠葉，只是不可少的襯托。」（〈曼殊斐兒〉）在徐志摩眼裡，曼殊斐兒的美貌令人覺得她就是生動無比也純美無比的聖潔美神。

她的聲音之美也令徐志摩爲之傾倒：「一個個音符從她脆弱的聲帶裡顫動出來，都在我習於塵俗的耳中，啓示一種神奇的意境。彷彿蔚藍的天空中一顆一顆的明星先後湧現。像聽音樂似的，雖則明明你一生從不曾聽過，但你總覺得好像曾經聞到過的，也許在夢裡，也許在前生。她的，不僅引起你聽覺的美感，而竟似直達你的心靈底裡，撫摩你蘊而不宣的苦痛，溫和你半僵的希望，洗滌你窒礙性靈的俗累，增加你精神快樂的情調，彷彿湊住你靈魂的耳畔私語你平日所冥想不得的仙界消息。」

徐志摩熱烈地讚美曼殊斐兒的「仙姿靈態」，這不是他一個人的感受，曼殊斐兒生前的好友湯林生，也曾以「阿爾卑斯山巔萬古不融的雪」（〈曼殊斐兒〉），來比擬她清極超俗的美。

二十分鐘的時間是寶貴的，徐志摩又接受了一次思想的啓迪。談話中，曼殊斐兒希望徐志摩不要捲進政治的漩渦裡去。她忿忿地說，現代政治的世界只是一亂堆的殘暴和罪惡。這種語重心長的囑咐，徐志摩永記心裡。

臨別，徐志摩和曼殊斐兒相約，來年夏日，瑞士再見。不幸，這次會見是初次也是末次。一九二三年一月九日，曼殊斐兒美麗的靈魂竟笑歸仙宮，永別人間。一九二三年三月十一日徐志摩聞訊，適逢他的心又一次如夜鶯泣血，只有悵望雲天，淚下點點地哀悼曼殊斐兒，並抒發其失去林徽因的痛苦之情。

這二十分鐘的會見其實還激盪起徐志摩情感上的一陣波瀾。一九二二年七月，他刻骨銘心愛著的林徽因回國近一年了，一直杳無音訊。感受著愛情的痛苦，又驚歎於曼殊斐兒的美麗與才華，他不能不想到自己的靈魂伴侶林徽因，她不同樣也是一位美麗而極富才情的女性嗎？很自然地，他在心裡，把對曼殊斐兒的崇拜與對林徽因的戀愛聯繫起來了，以致在這種特殊的心境中神化曼殊斐兒的美貌與才華，並對她產生了一種深情的精神之愛。在〈曼殊斐兒〉的開頭，他引〈康河晚照即景〉一詩：「任天堂沈淪，地獄開放，毀不了我內府的寶藏！」隨後又引悲觀派詩人理巴第（Leopardi）的幾行詩，由理巴第的不可否認高潔的精神戀愛，說到自己心頭的一股熱流——「感美感戀最純粹的一俄頃之回憶。」回憶完二十分鐘的會見，文章末尾，他又十分坦率地引出拜倫以他愛慕那位同父異母姊姊爲對象寫的一段詩。他要表現的，自然是他對曼殊斐兒精神的、而非肉欲的愛情了。

一九二三／永遠的曼殊斐兒

在同時發表的〈哀曼殊斐兒〉一詩中，徐志摩失聲痛悼亡靈，寄託他那眞心愛慕的一片哀情，並祈求曼殊斐兒的在天之靈能讓他戡破「生死之門」：

我與你雖僅一度相見——
但那二十分不死的時間！
誰能信你那仙姿靈態，
竟已朝露似的永別人間？
……
我當年初臨生命的消息，
夢也似的驟感戀愛之莊嚴；
生命的覺悟是愛之成年，

我今又因死而感生與戀之涯沿！

同情是摜不破的純晶，
　愛是實現生命之唯一途徑：
死是座偉秘的洪爐，此中
凝煉萬象所從來之神明。

我哀思焉能電花似的飛騁，
　感動你在天日遙遠的靈魂？
我灑淚向風中遙送，
問何時能戡破生死之門？

在這裡，徐志摩似乎又聯想到了對林徽因的愛。對林徽因的愛是在他「愛之成年」，當初拜訪曼殊斐兒是帶著對林徽因苦苦的思念而去的，或者說是為找尋林徽因的影子而去的。如今，那美的偶像竟倏爾失去，不能不令他生出「生與戀之涯沿」的諸多感觸。不過，在徐志摩那顆執著的心靈裡，「愛」仍「是實現生命之唯一途徑」，然而，此時林梁兩人正處愛的漩渦之中，自己已愛無指望、愛無著落。在這種悲傷欲絕的心境中，他不禁仰天向曼殊斐兒在天日中的「遙遠的靈魂」流淚相問：「問何時能戡破生死之門？」這「戡破」，似乎既有希望解脫對曼殊斐兒之死的悲傷，也有強迫自己去超脫對林徽因那種愛而不得的絕望心情。

此後，在徐志摩的心中一直供奉著曼殊斐兒的神龕，對翻譯她的作品保持著持久的熱情。一九二四年十一月，他和陳源共同翻譯曼殊斐兒的小說集《曼殊斐兒》出版，不過，其中只有〈一個理想的家庭〉和〈太陽和月亮〉兩篇小說。一九二七年四月，他獨力翻譯的《曼殊斐兒小說集》出版，其中包括〈一杯茶〉、〈深夜時〉、〈幸福〉等八篇小說。直到一九三〇年九月，爲經濟壓力和家庭矛盾而身心憔悴的徐志摩，還在南京出版的《長風》雜誌上發表他翻譯的曼殊斐兒小說〈蒼蠅〉。可見他始終沒有褪減對這位他所膜拜的英國女小說家的熱情。徐志摩不是向國內介紹曼殊斐兒的第一人，可正是他的詩文對曼殊斐兒異乎尋常的讚美，還有他的翻譯，使得曼殊斐兒在中國名聲大噪，影響了幾代中國小說家的創作。

做爲詩人、散文家的徐志摩，不但持久不衰地熱情介紹、翻譯曼殊斐兒的小說，他本人的小說，也在藝術上明顯受到曼殊斐兒的影響。他在小說集《輪盤》的自序中說，「我念過契訶甫（契訶夫），曼殊斐兒，我神往」。「我常常想像一篇完全的小說，像一首完全的抒情詩，有它特具的生動的氣韻，精密的結構，靈異的閃光。」說明他是想寫曼殊斐兒那種「沒有故事情節」的詩性抒情小說。確實，他的小說〈輪盤〉、〈船上〉、〈一個清清的早上〉等都是以主角敘述的視角，描寫人物的心理活動和人物對外在世界的感受，類似徐志摩所謂的曼殊斐兒「心理寫實派」的筆法。

林徽因的兒子梁從誡認爲：「從她（林徽因）早期作品的風格和文筆中，可以看到徐志摩的某種影響，直到晚年，這種影響也還依稀有著痕跡。」（梁從誡：〈倏忽人間四月天〉）也由於徐志摩對曼殊斐兒的推崇，林徽因的小說比徐志摩的小說更具有曼殊斐兒的藝術特徵，如小說〈文珍〉和〈繡繡〉就明顯有曼殊斐兒的那種藝術風格，不但敘事方式，就連主題也與曼殊斐兒的某些小說相當一致。還有，以小說〈酒後〉一鳴驚人、被稱爲「閨秀派」代表作家的凌叔華女士，因徐志摩介紹和翻譯曼殊斐兒的影響，其小說對心理描寫的妙處以及筆觸的細膩、凝煉的詩意、溫馨的抑鬱，都與曼殊斐兒有許多相似之處，因而常常被人們稱爲「中國的曼殊斐兒」。

一九三一／京城溫情

一九三一年徐志摩在〈《猛虎集》序文〉中說的「繼續的行動和北京的風光搖活了我久蟄的性靈」，除了指他創作的詩興又被鼓動外，也指他從林徽因那裡獲得了友情的溫暖。徐志摩一生中和林徽因共有三次相處。第一次在倫敦，第二次是一九二三年至一九二四年在北京，他們曾共同參與接待泰戈爾的來訪。一九二四年六月，林徽因和梁思成雙雙赴美留學去了，徐志摩雖然在〈「拿回吧，勞駕，先生」〉那首詩裡表明，他在林徽因給他刺激後，已經完全死心了，但蟄伏在心底對林徽因的那份深情，始終難以抹去。

林徽因呢？她怎樣看徐志摩，怎樣看待以往與徐志摩的交往，她自己的情感生活又怎樣？透過她給胡適的信，也許可以看出些許端倪。一九二七年林徽因在美國求學時，胡適正好也去了美國。三月十五日她在一一翻閱了徐志摩給她的「舊信」後，給胡適寫信說：「請你告訴志摩我這三年來寂寞受夠了，失望也遇多了，現在倒能在寂寞和失望中得著自慰和滿足。告訴他我絕對的不怪他，只有盼他原諒我從前的種種不了解。但是路遠隔膜誤會是所不免的，他也該原諒我。」（《林徽因文集・文學卷》）這可以說是當事人林徽因對過去幾年間她和徐志摩之間關係的最好概括。爲什麼她要一一翻閱徐志摩給她的「舊信」，爲什麼要胡適轉告徐志摩說自己從一九二四年來的三年間「寂寞受夠了」，「失望也遇多了」？這不說明在「林小姐」心中也難以抹去徐志摩那修長清秀而飽含激情的身影嗎？

林徽因是一九二八年八月回國的，與梁思成一起在東北大學任教。一九二八年十二月，徐志摩在協和醫院探望梁啓超時，見過她。那時林徽因是「風度無改，渦媚猶圓，談鋒尤健，興致亦豪：且能吸煙卷、喝啤酒矣！」（致陸小曼信）一九三〇年底，徐志摩爲了與胡適接洽去北大的事，曾專程從上海到北平一次，他順便去瀋陽看望了梁思成夫婦。那時，林徽因已經得了肺病。在徐志摩勸說下，林徽因返北平養病，徐志摩曾住在她家。一九三一年舊曆年過後，徐志摩從上海再去北平任職時，與林徽因又相處了近一年時間，這是他們的第三次相處。

一九三一年二月，徐志摩本來聽人說梁思成夫婦已回瀋陽。可是有一天，他在街上突然遇到了梁思成、林徽因夫婦。站在他面前的竟是一對枯瘦如柴的人兒，徐志摩嚇了一跳。原來，林徽因陪人去協和醫院時，正好碰上以前給她看過病的大夫，一見她的面便不由分說拉她去做檢查，結果是肺病已到了深危階段——必須立刻停止工作，與家人隔離，到山上療養幾個月再觀察。這簡直是一個晴天霹靂！徐志摩愣了半晌，呆呆地望著林徽因，心裡難受極了。昔日在倫敦初識時的那個活潑天眞的林徽因，七年前在北平爲泰戈爾祝壽合演《齊特拉》時的娟秀清艷的林徽因，前年在醫院門口碰見的嫵媚猶存的林徽因，如今哪裡去了？此刻看到的是一個憔悴乾枯、瘦削骨露的身染重疾的病婦，他不能不爲歲月、生活、命運摧折人們之無情而感慨。他寫信給陸小曼說：「她簡直連臉上的骨頭都看出來了；同時脾氣更來得暴躁。思成也是可憐，主意東也不是，西也不是。凡是知道的朋友，不說我，沒有不替他們發愁的；眞有些慘，又是愛莫能助，這豈不是人生到此天道寧論？」

林徽因帶著母親和兒子，上了香山療養，梁思成隻身北上，繼續在東北大學任敎。對林徽因的病，徐志摩一直牽掛於心，時常去探望。但由於他們之間以往有過特殊關係，外界很快就有了「浮言」，徐志摩得知後，再去探望林徽因時格外謹愼。沒想到流言也很快傳到了遠在上海的妻子陸小曼耳中，禁不住來信嘲諷徐志摩藕斷絲連的探病之舉。一九三一年三月七日，徐志摩只好在給陸小曼的信中，婉言向妻子辯白解釋：每次見面，除了對病人病情的關心問候與安慰外，自然不會有什麼「愉快可言」。

一九三一／林徽因的〈那一晚〉、〈仍然〉、〈窘〉

不管怎樣，在經歷過許多人世滄桑之後，這兩位曾經有過一段特殊感情的朋友在多次相晤後，自然而然產生了對諸多往事的回憶以及對人生的感慨。林徽因開始寫詩了，寫於一九三一年四月的〈那一晚〉（《林徽因文集・文學卷》）是目前發現林徽因的最早作品：

那一晚我的船推出了河心，
澄藍的天上托著密密的星。
那一晚你的手牽著我的手，
迷惘的星夜封鎖起重愁。
那一晚你和我分定了方向，
兩人各認取個生活的模樣。
到如今我的船仍然在海面飄，
細弱的桅杆常在風濤裡搖。
到如今太陽只在我背後徘徊，
層層的陰影留守在我周圍。
到如今我還記著那一晚的天，

星光、眼淚、白茫茫的江邊！
到如今我還想念你岸上的耕種：
紅花兒黃花兒朵朵的生動。

那一天我希望要走到了頂層，
蜜一般釀出那記憶的滋潤。
那一天我要跨上帶羽翼的箭，
望著你花園裡射一個滿弦。
那一天你要聽到鳥般的歌唱，
那便是我靜候著你的讚賞。
那一天你要看到零亂的花影，
那便是我私闖入當年的邊境！

這首詩以筆名「尺棰」發表在徐志摩主編的《詩刊》上，外人不知道作者，徐志摩自然知道，詩的眞正讀者也只是徐志摩。詩中「那一晚你和我分定了方向，兩人各認取個生活的模樣」，讓我們想到徐志摩爲林徽因寫的〈偶然〉中的「你我相逢在黑夜的海上，你有你的，我有我的，方向」，顯然，〈那一晚〉是在回憶與徐志摩曾有過的愛情。徐志摩當然對詩中隱含意義心領神會：雖然你我「分定了方向」，但我至今也沒有忘記「那一晚」。這對徐志摩來說，當然是一種莫大的安慰。

在徐志摩那裡，故人重逢，撫今追昔，內心深處不禁也滿懷遺憾。不甘後人、獨立有成的林徽因自然能理解他在事業上的追求，而妻子陸小曼卻沈溺於享樂之中，不惜讓他爲生計四處奔波。現實生活的不如意，使他難免產生戀舊的情緒。他翻出自己七年前未寫就的詩稿〈在病中〉，恰似重新撿拾起擱置多年的情感：那是一九二四年四月，泰戈爾訪華時，徐志摩與林徽因一起迎接泰戈爾，接觸頻繁，又觸動了他的思戀之情……追思往昔，徐志摩感慨萬千：

……一瞬瞬的回憶，
如同天空，在碧水潭中過路，
透映在水紋間斑駁的雲翳；
又如陰影閃過虛白的牆隅，
瞥見時似有，轉眼又復消散；
又如縷縷炊煙，才嫋嫋，又斷……
又如暮天裡不成字的寒雁，
飛遠，更遠，化入遠山，化作煙！
又如在暑夜看飛星，一道光
碧銀銀的抹過，更不許端詳。

又如蘭蕊的清芬偶爾飄過，
誰能留住這沒影蹤的婀娜？
又如遠寺的鐘聲，隨風吹送，
在春宵，輕搖你半殘的春夢！

爲什麼「兩人各認取個生活的模樣」呢？林徽因本人在病中認眞地追懷和思考當年徐志摩對她的戀情，於一九三一年發表的詩作〈仍然〉，道出了其中的秘密。

你舒伸得像一湖水向著晴空裡
白雲，又像是一流冷澗，澄清
許我循著林岸窮究你的泉源：
我卻仍然懷抱著百般的疑心，
對你的每一個映影！

你展開像個千瓣的花朵！
鮮妍是你的每一瓣，更有芳沁，
那溫存襲人的花氣，伴著晚涼：
我說花兒，這正是春的捉弄人，

來偷取人們的癡情！

你又學葉葉的書篇隨風吹展，
揭示你的每一個深思；每一角心境，
你的眼睛望著，我不斷的在說話：
我卻仍然沒有回答，一片的沈靜
永遠守住我的魂靈。

題目「仍然」由徐志摩的〈偶然〉而來；詩中「湖水」與「白雲」的比喻，也是從〈偶然〉中「海水」與「一片雲」的比喻而來。「我卻仍然懷抱著百般的疑心，對你的每一個映影！」意思是說，雖然你在我心中投下了「映影」，但我仍然疑心你心目中的我的「映影」是否就是眞實的我。即我對你的愛並不否認，但我不知道，你愛的是眞正的我，還是你所看到的我的表相。

林徽因之子梁從誡的回憶也說明了同一個意思：「母親當然知道徐在追求自己，而且也很喜歡和敬佩這位詩人，尊重他所表露的愛情，但是正像她自己後來分析的：『徐志摩當時愛的並不是眞正的我，而是他用詩人的浪漫情緒想像出來的林徽因，可我其實並不是他心目中所想的那樣一個人。』」（梁從誡：〈倏忽人間四月天〉）

當時，因爲林徽因與徐志摩交往比較多，引起了些「浮言」，爲了告訴人們她和徐志摩當年交往的「眞相」，糾正關於此事的種種傳說。一九三一年六月，林徽因寫了小說〈窘〉，並於同年九月以眞實姓名發表在《新月》月刊上，意在透過小說，對徐志摩與她的感情作解說。聰慧絕頂的林徽因十分清楚，圈子中的朋友們對徐志摩和她當年的感情交往略知一二，一眼就能看出她這篇小說的眞實影子。

〈窘〉是林徽因的第一篇小說，寫一個中年知識份子愛上了朋友的一個女兒，天眞活潑的女孩子沒有理解「叔叔」對她的特殊感情，她只是把對方當作一個可愛的「叔叔」而已；中年知識份子感到這種難以啓齒的特殊情感，使他「窘」極了，既不能對女孩子表達，也不能讓朋友知道。小說最後以這個中年知識份子匆匆離開朋友家、離開北平南下結束。這是作者與徐志摩當年在英倫交往的生動翻版，只不過故事發生的地點被移到了北平，男主角的年齡略大了些，而那個女孩子的年齡似乎小了些。

出於闢謠的目的，林徽因的這篇小說對事實進行了很有分寸的加工。一方面肯定了徐志摩對自己的特殊感情，並在小說中把這種感情表現得「發乎情，止乎禮」，不至於使人難堪，另一方面，透過對女孩子天眞、純潔的描寫，說明自己當年並沒有把徐志摩的感情當作愛情，根本沒有理解這種感情的能力。而當年的林徽因是否只是將徐志摩當「叔叔」看，就只能是藏在她心中永恆的秘密了。

〈那一晚〉、〈仍然〉和〈窘〉是林徽因同時創作的作品，所表達的思想卻有差別。「詩言志」，而小說是爲了闢謠。以筆名發表的〈那一晚〉、〈仍然〉，眞正的讀者是徐志摩，而以眞名發表的小說〈窘〉的讀者是他們兩人之外關心此事而又對此事略有所知的人們。聰明的徐志摩不會看不出這種區別，也不會不理解林徽因寫作〈窘〉的良苦用心。

一九三一／〈你去〉

一九三一年七月七日，林徽因從香山回到北平家中，當天又回香山。徐志摩在送別她後，詩興大發，寫了一首〈你去〉，連同一封信寄給林徽因，「請教女詩人」。信中還說，哲學家金岳霖——他們共同的朋友——對這首詩端詳了十多分鐘，然後正色說：It is one of your very best.（這是你最好的作品之一）（《林徽因文集・文學卷》）全詩如下：

你去，我也走，我們在此分手；
你上那一條大路，你放心走，
你看那街燈一直亮到天邊，
你只消跟從這光明的直線！
你先走，我站在此地望著你：
放輕些腳步，別教灰土揚起，
我要認清你遠去的身影，
直到距離使我認你不分明。
再不然我就叫響你的名字，

不斷的提醒你有我在這裡，
為消解荒街與深晚的荒涼，
目送你歸去……

不，我自有主張，
你不必為我憂慮；你走大路，
我進這條小巷，你看那棵樹，
高抵著天，我走到那邊轉彎，
再過去是一片荒野的凌亂；
有深潭，有淺窪，半亮著止水，
在夜芒中像是紛披的眼淚；
有石塊，有鈎刺脛踝的蔓草，
在期待過路人疏神時絆倒，
但你不必焦心，我有的是膽，
兇險的途程不能使我心寒。
等你走遠了，我就大步向前，
這荒野有的是夜露的清鮮；
也不愁愁雲深裹，但須風動，
雲海裡便波湧星斗的流汞；

更何況永遠照徹我的心底，
有那顆不夜的明珠，我愛你！

這裡沒有了〈偶然〉中「你有你的，我有我的，方向」那種遺憾與無奈，詩人坦然認定你我雖然「分手」，但我對你的關切依然細緻入微，你也不用爲我「憂慮」「焦心」；儘管我的途程「險惡」，但我並不「心寒」，我會執著地沿著自己的兇險途程走下去，因爲這中間除了朋友的關愛外，關鍵還有我自己心中對你的摯愛。這似乎表明了徐志摩雖對陸小曼的愛已經失望，但他還得認命地維持下去，他之所以對生活並不絕望，並不消沈，是因爲有「我愛你」這種情感藏在他心底，一直溫暖著他那顆寒冷的心。詩中表達了一種超越的愛，而非徐林初戀時的那種愛情，林徽因當然看得出來。也正是徐志摩這種非常含蓄、非常尊重對方的深沈情感，才使得林徽因在感情上接受了徐志摩。梁從誡也說，「徐志摩此時對母親的感情顯然也越過了浪漫的幻想，變得沈著而深化了。」（梁從誡：〈倏忽人間四月天〉）

因此，一九三一年徐志摩在北平的那些日子裡，儘管外有浮言，但他與林徽因仍然進行了較密切的交往。加上他與陸小曼感情不睦，而與林徽因時常相見，也頗有舊情復萌的趨勢。對這一段感情，梁從誡有自己的看法。二〇〇〇年春，電視劇《人間四月天》播出後，他在回答《文藝報》記者採訪時說：「我一直替徐想，他在一九三一年飛機墜毀中失事身亡，對他來說是件好事，若多活幾年對他來說更是個悲劇，和陸小曼肯定過不下去。若同陸離婚，徐從感情上肯定要回到林這裡，將來就攪不清楚，大家都將會很難辦的。林也很心疼他，不忍心傷害他，徐又陷得很深。因而我一直覺得，徐的生命突然結束，也算是上天的安排。」

梁從誡的話雖不免過於殘酷，細細想來，也不無一定道理。是的，徐志摩若再活幾年，徐林之間眞會「攪不清楚」了。不過，這恐怕不僅僅是梁從誡所想的林徽因「不忍心傷害」徐志摩而帶來的尷尬，恐怕林徽因也有可能陷進徐志摩的癡情與深情。因爲，明顯的事實是後來的林徽因一度同時愛上了兩個人：丈夫梁思成和古怪的哲學家「老金」（金岳霖）。拋開一切假設，可以肯定的是，一九三一年徐林之間確實保持了一種特殊的情感聯繫。

正是這種特殊的感情，使林徽因永遠難以忘懷，在徐志摩去世時，她悲痛欲絕。並在「八寶箱事件」發生後，毫不隱晦地承認了自己對徐志摩的情感。一九三二年農曆正月初一，她給胡適寫信說：「我永是『我』，被詩人恭維了也不會增美增能，有過一段不幸的曲折的舊歷史也沒有什麼可羞慚……我覺得這樁事人事方面看來眞不幸，從精神方面看來這樁事或爲造成志摩成爲詩人的原因，而也給我不少人格上知識上磨鍊修養的幫助。志摩 in a way（從某方面）不悔他有這麼一段痛苦的歷史，我覺得我的一生至少沒有太墮入凡俗的滿足也不是一樁壞事。志摩警醒了我，他變成一種 Stiamulant（激勵）在我生命中，或恨，或怒，或 Happy（幸運），或 Sorry（遺憾），或難過，或苦痛，我也不悔的，我也不 Proud（得意的）我自己的倔強，我也不慚愧。」

一九三一／《猛虎集》獻給林徽因

還值得一提的是，徐志摩生前出版的三本詩集，第一本《志摩的詩》，題辭是「獻給爸爸」；第二本《翡冷翠的一夜》，他給陸小曼的信代「序」，表達了對他與陸小曼婚姻的期望——「我只要地面，情願安分的做人」。自然，這第二本詩集是獻給陸小曼。然而，即使「只要地面，情願安分的做人」也難以變成現實。在一九三一年八月《猛虎集》出版時，徐志摩的思想情感複雜而痛苦，他將一九三一年十月才發表的〈雲遊〉一詩印在前面，題爲「獻辭」。這就意味深長了，這第三本詩集是獻給誰的呢？

《猛虎集》出版時，除了那篇「獻辭」外，另有徐志摩寫的長篇序言，這是他爲自己的作品寫的一篇最長的序文。在這篇序文裡，他第一次向讀者全面介紹寫詩的經歷，「整十年前我吹著了一陣奇異的風，也許照著了什麼奇異的月色，從此我的思想就傾向於分行的抒寫。」這「奇異的風」、「奇異的月色」顯然是指他與林徽因在倫敦的那段戀情，這樣就等於隱晦地向世人、向林徽因傾訴了一九二一年他開始詩歌創作的秘密。原來，對林徽因的愛情是徐志摩最初開始寫詩的原動力。

題爲「獻辭」的詩是這樣的：

那天你翩翩的在空際雲遊，
自在，輕盈，本不想停留

在天的哪方或地的哪角，
你的愉快是無攔阻的逍遙。

你更不經意在卑微的地面
有一流澗水，雖則你的明豔
在過路時點染了他的空靈，
使他驚醒，將你的倩影抱緊。

他抱緊的只是綿密的憂愁，
因為美不能在風光中靜止；
他要，你已飛渡萬重的山頭，
去更闊大的湖海投射影子！

他在為你消瘦，那一流澗水，
在無能的盼望，盼望你飛回！

顯然，這首充滿了詩人「綿密的憂愁」和「你的愉快是無攔阻的逍遙」之思衷曲的傾吐對象，是那使他「驚醒」、渴望「抱緊」並爲之「消瘦」的「倩影」。這也是詩人對林徽因「仍然」抱著「百般的疑心」的回應。徐志摩雖然在〈你去〉中已經理智地正視了「你去」這個現實，並決心沿著自己「兇險的途程」走下去，但在與林徽因的正常交往過程中，林的影子永遠飄逸、閃爍在他心頭，他心靈深處難免還有「盼望你飛回」的企望。只是這希望沒有像〈你去〉那樣對林徽因直接表白，而是深深地掩藏到心底，當作自己第三本詩集的「獻辭」。

將這首「獻辭」與徐志摩序文中所說的自己創作的原動力聯繫起來，我們不難看出《猛虎集》是獻給林徽因的。林徽因當然知道徐志摩複雜而痛苦的心情。徐志摩死後，她寫了〈別丟掉〉一詩做爲對他的紀念和對「獻辭」的回答。

在徐志摩生命的最後一年時間裡，他從自己畢生渴望的生命女神林徽因那裡獲得了諸多情感的安慰，彷彿他久蟄的性靈一下子被搖活了。然而，面對殘酷的現實生活，他感受到的是自己犧牲家庭親誼和人間名譽而追求的浪漫愛情不斷幻滅的苦痛。

6 驚世駭俗的徐陸之戀

一九二四年七月徐志摩與泰戈爾香港相別後，爲排遣心中苦悶，與好友張歆海同去江西廬山小住。

廬山那一瀉三千尺的飛瀑，出神入化的雲霞，把一個淡雅絕俗的意境帶到了徐志摩心裡。他住在小天池近處的一個寺廟裡，每天清晨看著煙雲從腳下升騰而起，俯視那「百灘度流水」的風光，又傾聽萬壑松濤應和著引得回聲四起的嚦嚦鳥鳴，他感到自己的靈魂，又得到了大自然的洗滌；彷彿世間的悲歡離合倏然消隱，他暫時忘卻了塵世中的種種煩擾。於是，他用那略帶誇飾的華麗文筆譯出了泰戈爾的幾篇演講詞。

但是，大自然的怡美，只能使徐志摩的靈魂得到片刻的休憩。從廬山回硤石，又從硤石到北京，貧窮苦難的神州大地上到處都有大大小小的軍閥在混戰，到處是刀光血影、兵荒馬亂的景象，蘇浙齊爕元和盧永祥爭奪，烽煙瀰漫；孫傳芳由閩入浙，宣告自主；北方直奉戰爭，曹錕下台……「沒有一塊乾淨的土地，哪一處不是叫鮮血與眼淚沖毀了的；更沒有平靜的所在，因爲你即使忘得了外面的世界，你還是躲不了你自身的煩悶與苦痛……我們自身就是我們運命的原因。」（〈落葉〉）對於徐志摩來說，除了整個社會的慘澹外，更有自身的種種苦痛。

秋風乍起，回到北京的徐志摩經胡適介紹被聘爲北京大學教授，並在北師大作了題爲「落葉」的演講。這次演講是成功的，但是，座中沒有了林徽因，她已經在一九二四年六月與梁思成雙飛美國留學了。

理想愛情的失敗，軍閥戰爭的慘狀，再加上沈叔薇等親友相繼離世，使徐志摩四顧茫然，對人生產了厭倦之情，竟認爲「生的底質是苦不是樂，是悲哀不是幸福，是淚不是笑，是拘束而不是自由……」（〈悼沈叔薇〉）

然而，生活不會永遠讓一個追求理想人生和理想之愛的人過於落寞的。就在一九二四年秋冬之際，在精神、感情和人性的需求上，找不到出路的徐志摩遇到了北京交際場上的名媛陸小曼，他再一次墜入了愛河。

一九二四／陸小曼

陸小曼，原名眉，江蘇常州武進人，一九〇三年出生於上海。陸家原是常州一帶世代書香的望族。陸小曼父親陸定，字建三，是前清舉人，因其時廢科舉，便東渡日本，入東京帝國大學深造，爲日本名相伊藤博文的得意門生，與曹汝霖、袁觀瀾、穆湘瑤等同班畢業。歸國後由同鄉翰林汪洵介紹入度支部供職，先後任參事、賦稅司長等職，並加入中國同盟會。

陸小曼自幼隨母親居住在上海，直到九歲時才到北京與父親同住。她到北京時，中華民國臨時大總統袁世凱專政，正到處嚴辦革命黨人，北京城裡風聲很緊。身為革命黨人的陸定卻天天隨身攜帶黨證辦理公務，政府有關方面已懷疑陸定是革命黨人，準備隨時加以逮捕。有一天，只在上海讀過幾年幼稚園的陸小曼央求父親把黨證放在家裡藏起來，不要帶在身上，恐怕會發生危險。不出陸小曼所料，那天，她父親才出大門，就被員警廳傳去拘留。到了晚上還有憲警進入陸家寓所搜查，又詢問陸小曼家中情形，以為在小孩子口中容易得到真相。想不到小曼小小年紀，機智從容、大大方方地相機應對，自始至終，不露一絲破綻，憲警只得空手而歸。有關方面因找不到證據，三五日後，也只得把她父親釋放。

後來，父親送陸小曼進北京法國聖心學堂念書，可她俏皮異常，直到十二歲還不肯認真讀書，只知與使女們一起搗亂撒野。她父親只有這麼一個寶貝女兒，平日對嬌縱的女兒多有溺愛，但有一次可能氣極了，抬手打了她幾巴掌，她竟不哭不鬧。也許是父親這幾巴掌打得陸小曼開了竅，她從此循規蹈矩，認真讀起書來。陸小曼讀書接受能力甚強，父親見此，專為她請了英籍教師在家裡教授英語，不久又兼習法文。她悟性極好，又肯用功，進步迅速，到十五、六歲時，已能講一口流利的英語，閱讀英文著作毫無問題，做英文論文、英文書信已能意到筆隨，流暢無礙。法文雖為第二外語，也頗能下工夫，口語在十五、六歲時也很流利，只是讀寫稍遜。陸小曼在結婚後，仍在家請人專門教授法文，學得認眞，作一般法文已無問題。

陸小曼家學淵源，自小受琴棋書畫的薰陶，在聖心學堂學習之餘，還讀舊詩詞，玩賞字畫，學習跳舞和演戲。所以，她不僅聰慧美麗，還多才多藝。她的書法淸健秀雅，毫無柔弱甜媚之氣；她還學過國畫，後來的陸小曼拜「滬上名家」賀天健爲師，所作頗得名家稱讚，開過畫展，爲現代中國不多見的女畫家之一；她嗜好傳統京戲，一口花旦唱得十分漂亮；她的文筆也很好，寫過小說、散文、戲劇，所寫文字流利、綺麗，描寫細膩，顯得才情瀟灑，技巧新穎，讀之令人恍入其境，且富有戲劇意味。此外，她的舞也跳得很好。

當時，北京外交部經常舉行交誼舞會，她常被邀請參加。假如哪一天舞池裡沒有她的倩影，必使「闔座爲之不歡」。有人形容說，陸小曼口齒伶俐，與外賓能用英語和法語交談，跳起舞來，又丰姿綽約，「中外的男賓固然爲之傾倒，就是中外的女賓，見了她好像也目眩神迷似的，必欲與之一言而後快。」（梁實秋：《談徐志摩》）而她的舉措既得體，言語又溫柔，眞是儀態萬方，無與倫比。更何況她天生麗質，淸秀端莊，朱唇皓齒，婀娜娉婷。

藝術家劉海粟一睹陸小曼芳容後，從美學的角度這樣評價她，他說：「從各個角度來看，只覺得她的風度姿態，無一不合美的尺度。如作寫生畫，全是可取而難得的材料，惜乎未帶畫具，想來只有『衣薄臨醒玉艷寒』七字，略可形容一二。」（劉海粟：〈我所認識的徐志摩和陸小曼〉）像這樣一位美艷照人、中西兼通、多才多藝的二八佳麗在當時是十分少見的。所以，陸小曼十六、七歲時，已譽滿京城，成了交際界數一數二的名姝。

對於這樣一個才貌雙全的女子，一幫年輕人自然趨之若鶩，仰慕至極，向陸小曼父母求親的，先後不知有多少人家，內中自不乏名門豪貴、翩翩佳公子。儘管求婚者踏平了陸家的門檻，但陸小曼父母親仍是婉言謝絕，不肯把這一顆掌上明珠輕易許人。

可徐志摩認識陸小曼時，她已是一位有夫之婦了，又是誰打動了陸小曼父母的心呢？

一九二〇／王賡

一九二〇年陸小曼十七歲時，常聽北京外交界長者說起一位青年的名字，每每伴隨著「此子前程不可限量」這麼一句讚語。這位年輕人就是時年二十四歲的王賡。

王賡，字受慶，江蘇無錫人，也是官宦家庭出身，因家道中落，他發奮讀書，考入了清華大學留美預備班。後來前往美國留學，先入普林斯頓大學哲學系，不久又轉入西點軍校專攻軍事，與美國前總統艾森豪同學。一九一八年，他留學歸來，曾在外交部工作，後執教於北京大學。一九一九年，顧維鈞被北洋政府任命爲中國出席巴黎和會的代表，學識優長的王賡隨任爲上校武官，對當時的會議對策提出了不少建設性的意見。王賡二十剛出頭便擔此重任，在當時是頗引人注目的；再加上他此行回國後，又翻譯過幾篇譯筆流暢的長篇外交檔。王賡頓時聲譽鵲起，時人視這位少壯派爲文武全才。

王賡聲譽日隆之時，也正是陸小曼父母爲她擇夫之際。陸定夫婦見王賡相貌堂堂，志趣不俗，能武而不流於粗莽，能文而不落入迂腐，認定他實在是難得之英才，必能成就一番事業。儘管王賡大陸小曼七歲，王家家道也已中落，但陸小曼之母一反平時對求婚者的傲慢矜持，力主將陸小曼許配給王賡。陸小曼聽從父母之命，閃電式與王賡訂婚，不到一月，又閃電式結婚，時人稱之爲「開特別快車」（王映霞：〈我與陸小曼〉）。結婚中，陸小曼父母不俗的舉動又體現了他們對王賡這位女婿十分滿意：一切結婚費用，全由陸小曼家承擔。

王賡與陸小曼的婚禮在北京海軍聯歡社舉行，他們這對典型的才子佳人的婚禮，吸引了許多人前來觀禮。婚禮場面格外隆重而熱鬧。

王賡和陸小曼從議婚到結婚，歷時不到一個月，沒有相知相戀的過程，缺乏充分的思想感情基礎。而且，兩人性格和愛好也有不同。所以，蜜月後，他們的生活開始出現了不愉快。

陸小曼婚後仍熱中於跳舞、看戲、遊玩、花錢，希望像別的太太們一樣每天都與丈夫出入各種社交場合。王賡雖學貫中西，幹練沈著，事業心很強，做起事來一絲不苟，但在家庭生活上，他嚴肅威武有餘，溫存柔情不足，缺乏吸引力。而且，王賡受美國軍校生活方式的影響，從星期一到星期六，他都手不釋卷，埋頭工作，絕不玩樂。這種極有規律、近乎刻板的軍人生活習慣，與陸小曼愛歌舞、愛交際、愛享樂的習性格格不入。

不久，王賡調入陸軍部服務，後來又被任命爲哈爾濱警察局長，離家北上任職。陸小曼不願意去東北，還是住在娘家。丈夫不在身邊的妻子更顯無聊，陸小曼頻繁自由地出入交際場合，整日輕歌曼舞，歡宴郊遊，紙醉金迷，打發時日，不久，她便成了北京社交場裡衆目所矚的名交際花。日子一久，接觸的人越多，陸小曼不再是結婚時情感單純懵懂，她對複雜的情感生活開始有了明白的認識，清醒地認識到她與丈夫之間的距離與不諧，就這樣，她與王賡間的感情只能更加淡漠了。後來，陸小曼自己說，她結婚時只癡長了十幾歲的年齡，性靈的迷糊竟和稚童一般。婚後一年多，她才稍懂人事，明白兩性的結合不是可以隨便聽憑別人安排的，「在性情與思想上不能相謀而勉強結合是人世間最痛苦的一件事」（《愛眉小札・序》）。

一九二四／北京西單石虎胡同七號

一九二四年秋冬之際，北京西單石虎胡同七號新月俱樂部的一次盛大招待會上，徐志摩坐在幾個熟悉的朋友中間，座中有他在國外結識的朋友劉海粟。劉海粟是留法歸來的畫家，徐志摩隨意聊著，漫不經心地打量著幾個不相識的來賓。忽然，他的脖子不再轉動，因爲眼眸凝住了。

就像繁星中的一顆明月，一位女士渾身發出一種眩目的光彩，雍容華貴的風度，嫵媚嬌艷的容顏，一對攝人心魄的眼睛，富有磁性的充滿魅力的笑聲……「你是誰呀？面熟得很，你我曾經會過的，但在哪裡呢，竟是無從說起……」（〈你是誰〉）半晌，徐志摩才轉頭問劉海粟這位女士是誰？劉海粟開始故作神秘地介紹，「當今第一才女，第一美人……」一曲終了，劉海粟才領著陸小曼過來告訴徐志摩，她是王賡夫人陸小曼，不久前由朋友介紹隨他學油畫，「小曼是個極聰明的女性！有著極高的藝術敏感和悟性……」

王賡的夫人，徐志摩感到有些意外。王賡，徐志摩是認識的，他是新月俱樂部的成員，在青年中頗享令譽，徐志摩與他有些交往，也算是徐志摩的朋友。劉海粟也側身向陸小曼介紹了徐志摩這位有著留美留英經歷、現任北大教授的新進詩人。陸小曼落落大方地笑著對徐志摩說，她在新月社俱樂部活動中曾見過他。徐志摩想起來了，是有這麼一個女子，曾與王賡一起來參加過新月俱樂部的活動。當時，曾有幾個朋友跟他說起過，但那時他的心思全在林徽因身上，並沒有太注意她。

再次相識後，徐志摩成了王家的常客。他與王賡、陸小曼夫婦同到北京西山看紅葉，到來今雨軒喝茶，去吉祥戲院聽戲。王賡有時公事繁忙不能同往，就讓徐志摩單獨陪陸小曼遊玩。長城的蒼茫塵沙，故宮的重門深院，北海的巍巍白塔，圓明園的頹杜傾圮，臥佛寺的莊嚴妙相，盧溝橋的玲瓏石獅，天橋的相聲雜耍……皆成了徐志摩和陸小曼情誼相長的見證和生命交流的媒介。他們漸漸看出了彼此心靈深處的苦悶和自己渴求的東西，以致兩顆受傷的心越來越親近，不可避免地，愛的火花迸發了。

徐志摩覺得陸小曼是符合自己理想的美人，正如他在日記裡說的：

眉，你真玲瓏，你真活潑，你真像一條小龍。我愛你樸素，不愛你奢華。你穿上一件藍布袍，你的眉目間就有一種特異的光彩，我看了心裡就覺著不可名狀的歡喜。樸素是真的高貴。你穿戴齊整的時候當然是好看的，但那好看是尋常的，人人都認得的，素服時的眉，有我獨到的領略。

我的胸膛並不大，決計裝不下整個或是甚至部分的宇宙。我的心河也不夠深，常常有露底的憂愁。我即使小有才，決計不是天生的，我信是勉強來的，所以每回我寫什麼多少總是難產，我唯一的靠傍是剎那間的靈通。我不能沒有心的平安，眉，只有你能給我心的平安。在你完全的蜜甜的高貴的愛裡，我享受無上的心與靈的平安。（《志摩日記》）

其實，對徐志摩來說，陸小曼是他心中另一個「林徽因」，一樣地出身書香，有高雅的氣質，一樣地多才多藝，美艷驚人……徐志摩心中對林熾熱的愛，又在身邊活生生的陸小曼身上被啓動了，一發不可收拾。他情不自禁寫下了〈多謝天！我的心又一度的跳盪〉，充滿激情地放歌自己忘卻煩惱，煥發活力生命的新生機：

多謝天！我的心又一度的跳盪
這天藍與海青與明潔的陽光
驅淨了梅雨時期無歡的蹤跡，

也散放了我心頭的網羅與紐結，
像一朵曼陀羅花英英的露爽，
在空靈與自由中忘卻了迷惘：

王賡調任哈爾濱警察局長後，徐志摩和陸小曼接觸的機會越來越多。有一次，北京天橋附近的一個戲院裡義演《春香鬧學》，徐志摩扮老學究，陸小曼飾丫鬟春香，兩人同台演出，眉目傳情。當晚深夜，徐志摩雇車送陸小曼回家，愛的幼芽在兩顆久旱的心中破土而出。徐志摩這樣坦承自己對陸小曼情感經歷的變化：

先前我自己彷彿站得高些，我的眼是往下望的。那時我憐你惜你疼你的感情是斜著下來到你身上來的；漸漸的我覺得我看法不對，我不應得站得比你高些，我只能平看著你。我站在你的正對面，我的淚上的光芒與你的淚上的光芒針對著，交換著。你的靈性漸漸的化入了我的，我也與你一樣的覺悟了，一個新來的影響在我的人格中四布的貫徹。——現在我連平視都不敢了，我從你的苦惱與悲慘的情感裡憬悟了你的高潔的靈魂的真際。這是上帝神光的反映，我自己不由的低降了下去。現在我只能仰著頭獻給你我有限的真情與真愛，聲明我的驚訝與讚美。（致陸小曼信）

陸小曼覺得徐志摩是眞正認識了她，並從徐志摩那充滿熱情和活力的新思想中，和對她的讚美和鼓勵中，鼓起了追求新生活的勇氣和決心。

陸小曼的熱情，陸小曼重新煥發的青春活力，也使得徐志摩激情澎湃，詩意泉湧。一時間，她成爲徐志摩詩情的世界。一九二四年十二月，他將自己熱戀的歡樂與憧憬幻化成了漫天飛舞的雪花，唱出了一首瀟灑飄逸、優美深情的追求之歌——〈雪花的快樂〉：

假如我是一朵雪花，
翩翩的在半空裡瀟灑，
我一定認清我的方向——
飛颺，飛颺，飛颺，
這地面上有我的方向。

他們的婚外戀情，首先被陸小曼的父母察覺。他們堅決反對女兒繼續與徐志摩交往，並對她嚴厲看管，重門深鎖，不讓她到外面走動。兩人見面甚爲不易，徐志摩屢次前去拜訪，均爲看門者擋駕。怎樣對付「人鎖」？他苦思妙計，想到戲文中的情景，「錢能通神」，他再次去的時候便從口袋裡掏出一把鈔票，偷偷塞在看門人手裡，果然奏效。可是很快行情看漲，看門人非要徐志摩出大價錢方能通行，直弄到「每次行賄門公五百元，而謀一晤。」僕傭丫鬟們得知也紛紛效仿，以致徐志摩高價買通了守門者，到了內院，丫鬟們又復環伺不去，甚至他進奉的巴黎香水名貴飾物，「中途都為彼輩所匿。」（梁實秋：《談徐志摩》）同時，陸小曼送出去給徐志摩的情書，也被他們一併沒收，陸小曼又無法啓齒，只好在半夜裡寫好了英文信，乘隙自去投寄。他們的交往多經波折，彼此的熱情已臻不能遏止的程度。

遠在硤石的徐申如也聞知兒子在京師的這些情事，對兒子這又一不符合道德倫常的驚世駭俗之舉，惱怒至極：北京名門閨秀不少，你不找，為什麼偏找一個有夫之婦呢？為讓兒子及時清醒，他斷然從經濟上斷絕了一切費用供給。不久，他們的戀情，王賡也知道了。

一九二五／北京熱門話題

一九二五年早春，徐陸之戀終於暴發成京城交際圈中最熱門的話題。一個是離過婚的浪漫詩人，一個是結了婚的閨中少婦，少婦還是詩人的朋友之妻。「朋友妻，不可戲」，徐陸相戀自然招致了一片非議：有人說徐志摩破壞了友人的家庭，有人說陸小曼不守婦道……徐志摩的朋友中只有劉海粟、郁達夫、胡適等少數幾個人理解他們，為他們辯護幾句。這也難怪，劉海粟是有名的「藝術叛徒」；郁達夫本人在封建包辦婚姻之外追求到了與王映霞的一段浪漫愛情；胡適雖然在母親的包辦下娶了「小腳太太」江冬秀，但在留學時也與美國少女韋蓮司結下了一段終身無法忘懷的愛情。他們對徐陸相戀自然有發自內心的同情與理解。

郁達夫後來對徐志摩和陸小曼的一段濃情，還發表了自己獨特的見解，他說，若在進步社會裡，這一事情，豈不是千古美談？郁達夫還說，記得有一次在茶樓「來今雨軒」吃飯的席上，曾有人問起他對這事的意見，他就學了《三劍客》影片裡的一句話回答那人：「假使我馬上要死的話，在我死的前頭，我就只想做一篇偉大的史詩，來頌美志摩和小曼。」（郁達夫：〈懷四十歲的志摩〉）

父母的唾棄，親友的指責，社會的非議，像滔滔滾滾的洪水一樣，直朝徐志摩和陸小曼席捲過來，他們受盡了精神上的折磨。在黑暗中他們似乎看到了光明，在光明中又被困難絆倒；就這樣，他們一會兒樂觀快樂，一會兒心灰意懶；一會兒情意綿綿；一會兒歎息流淚；一會兒準備殉情；一會兒打算絕交。他們的情愛中，充滿矛盾、追求、掙扎、迷戀、逃避、鬥爭……

一九二五／〈這是一個懦怯的世界〉

爲抒發心中怨憤，一九二五年二月，徐志摩寫了〈這是一個懦怯的世界〉，發洩了對因循保守的現實世界的不滿，更表達了自己對自由戀愛的無畏勇氣。

這是一個懦怯的世界：
容不得戀愛，容不得戀愛！

披散你的滿頭髮，
赤露你的一雙腳；
跟著我來，我的戀愛，
拋棄這個世界
殉我們的戀愛！

我拉著你的手，
愛，你跟著我走；
聽憑荊棘把我們的腳心刺透，
聽憑冰雹劈破我們的頭，
你跟著我走，
我拉著你的手，
逃出了牢籠，恢復我們的自由！

但他又擔心自己離去後，柔弱的陸小曼更經受不了打擊，變得害怕和退縮，使他好不容易得到的愛情重又消失。於是，他寫信給陸小曼表白自己對她眞誠的愛，鼓勵她「往前走吧，再也不必遲疑！」頂住壓力，努力爭取自己的幸福。

徐志摩指出陸小曼的弱點說，她生性柔弱，心腸太軟，這是她一輩子吃虧的原因。

唯恐她不知反抗，還給她指出了努力的方向：

你努力的方向得自己認清，再不容絲毫的含糊，讓步犧牲是有的，但什麼事都有個限度，有個止境。你這樣一朵稀有的奇葩，絕不是為一對庸俗的父母，為一個庸懦兼殘忍的丈夫犧牲來的。你對上帝負有責任；你對自己負有責任；尤其你對你新發現的愛負有責任。你以往的犧牲已經足夠了，你再不能輕易糟蹋一分半分的黃金光陰。人間的關係是相對的，盡職也有個道理。靈魂是要救渡的，肉體也不能永久讓人家侮辱蹂躪；因為就是肉體也含有靈性的。總之一句話：時候已經到了，你得 **Assert your own Personality**（維護你自己的人格）……且不忙，慢慢的來。不必悲觀，不必厭世，只要你我抱定主意往前走，絕不會走過頭，前面有人等著你。

信寄出去了好幾天，陸小曼卻杳無音訊。徐志摩一人獨自來到了北海公園，以排遣心中的紛亂愁緒。三月的北京還春寒料峭，公園裡遊人稀少，顯得空蕩寂寞；巍巍的白塔旁，柳煙輕籠，一對黃鸝依偎著藏於其間，啼囀如歌，呼喚春天。這更觸動了他傷感複雜的心思：自己這一走，留下了小曼獨自苦思苦撐，是逃亡？是卸擔？……不，去年不是與老戈爹相約，今年春暖花開季節同遊歐洲的嗎？再說，愛情需要用分離來進行考驗，看看空間的距離、時間的推移，是增添愛的力量還是削減愛的熱度。

還是出國的好。這樣既可以避開北京城裡的風頭，也可以爭取時間解決實際問題，還可以如約前往義大利拜望泰戈爾。徐志摩決定重遊歐洲了！

徐志摩要出國遠遊的消息一傳開，朋友們紛紛爲他餞行。朋友們都鼓勵他說，安樂恬嬉是害人的，他還年輕，確實應當出去走走，在重新跟大文學家、大藝術家的接觸中汲取滋養，讓自己再接受一點教育，讓自己的精神和知識來一個「散拿吐謹」。這也一定程度上增添了他歐遊的決心。

徐志摩動身的前一天，即一九二五年三月九日晚，新月社爲他設席餞行，不少親朋好友都來參加，王賡和陸小曼也來了。

一九二五／第二次歐遊

徐志摩歐遊主要是來見泰戈爾的，他盼望在一九二五年四月或稍後的日子，和泰戈爾在義大利見面。他在柏林待幾天後，就取道巴黎來到英國。到倫敦他興沖沖第一個去拜訪的就是狄更生，爲重敘舊誼，也爲看那裡是否有陸小曼來信。信件沒見著，倒從狄更生那裡得知，泰戈爾可能已不在歐洲了，具體的情況得他到義大利才清楚。徐志摩感到大失所望，愣怔了很久。

他匆匆忙忙趕到義大利，花了兩個星期才弄明白泰戈爾因病，早在同年二月間就回印度了。泰戈爾的秘書恩厚之因剛與美國富孀史特里夫人結婚，正在英倫鄉間達廷頓莊一幢豪華別墅裡歡度蜜月，忘了及時將泰戈爾的行蹤告知徐志摩。本來打算十分如意，泰戈爾這一跑，一切想法都落空了。徐志摩一時失望不已，越發牽掛起離自己越來越遠的陸小曼。

用他自己的話來說，這次歐洲之行，「倒像是專做清明來的」（《歐遊漫錄》）。這話聽來像是自我解嘲，其實貞的合乎實情，他不僅特意拜謁了知名的或與他有關係的墳，每次經過不知名的墓園，他也往往進去流連。那時的情緒不一定是傷悲，不一定是感觸，有風聽風，在一塊塊的墓碑間自徘徊，等斜陽淡了再回家。果然，在莫斯科，他上過契訶夫、克魯泡特金的墳；在柏林他上自己兒子的墳；在法國楓丹白露上曼殊斐兒的墳；在巴黎上茶花女、波特萊爾的墳，上伏爾泰、盧梭、雨果的墳；在羅馬上雪萊、濟慈的墳；在佛羅倫斯上白朗寧太太的墳，上米開朗基羅、梅迪啓（Medici）家族的，還有但丁、佛郎西斯、浮吉爾的墳。

原來，徐志摩一路探尋墓園，不是消遣。是追尋那一抔黃土的無窮意趣，那墳墓包涵一切、覆蓋一切、調融一切的意象，那墓園靜定的意境，使他的性靈感受到最純淨的安慰！

徐志摩自出國以來，給陸小曼寫信甚勤，到底寫了多少封，他自己都沒有心思去計數，有的只是寫信的激情。然而，直到一九二五年六月二十六日，那時已在巴黎的徐志摩才陸續收到陸小曼的四封來信。陸小曼的信這麼少，不免讓徐志摩很不滿。

當他從小曼來信中隱隱約約看出，小曼經過一段時間的抗爭，在離婚問題上似乎沒有多大進展，反而產生了氣餒和絕望的情緒時，他直截了當地告訴她：「我也不妨告訴你，這時候我想起你還是與他同住，同床共枕，我這心痛，心血都迸了出來似的！曼，這在無形中是一把殺我的刀，你忍嗎？」當小曼在信中提出，離婚會損害她母親的面子時，他的情緒簡直有點激憤了：「咳！老太太的面子——我不知道要殺滅多少性靈，流多少的人血，為要保全她的面子？不，不；我們不能再忍。曼，你得替我——你的愛，與你自己，我的愛，——想一想哪！不，不；這是什麼時代，我們再不能讓社會拿我們血肉去祭迷信！退步讓步，也得有個止境。」陸小曼大概還不清楚，父母顧及自己的面子而干涉、反對兒女的離婚，正是徐志摩當年在〈徐志摩張幼儀離婚通告〉中極力反對的。

在焦慮的牽掛中，他眞想立即飛到印度泰戈爾那裡盡了心意，再飛回北京小曼身邊。但六月初，他接到泰戈爾的電報，說是一定會在八月到達歐洲，讓徐志摩在歐洲等他。徐志摩只能繼續在歐洲流浪，但「感情是我的指南，衝動是我的風！」他實在無法想定要流到哪裡去。

一九二五／《歐遊漫錄》、〈翡冷翠日記〉

一路上，徐志摩弔古，傷時，惦念著塵世生活中的戀情。「流浪」到義大利後，佛羅倫斯那秀美的自然山水，古香古色的建築，和內中體現的濃郁的文化氣息，滋潤了他枯竭的心田，撫慰了他心靈的創痛。

他對佛羅倫斯一見鍾情，那裡的暮春勝景，使他文思湧發。原本出國前曾答應給

《現代評論》沿途寫遊記，一直等到了佛羅倫斯，他才認眞動筆。事後，他回憶說，那時情緒是何等活潑，興趣何等醇厚，一路來眼見耳聽心感的種種，哪一樣不活生生地叢集在他的筆端，爭求充分的表現（〈自剖〉）。這種噴湧而出的文思，使得一篇篇美麗的詩文在佛羅倫斯山居裡誕生了。

逗留於翡冷翠（佛羅倫斯），在六月中旬的一個夜晚，他打開窗子，月光像水一樣瀉進來，靜夜悠揚的笛音，山野激越的泉響，密林夜鶯不絕的呼喚，都飄了進來。他覺得這夜是由詩、音樂、蟲鳴、鳥聲、夢、雲、愛情……人間一切美好的事物混合起來造成的。在這美麗的月夜，他無法抑制自己對小曼的極度思念。於是，他拿起筆來以遠方心上人的口吻寫了一首七十四行的長詩〈翡冷翠的一夜〉：

我可忘不了你，那一天你來，
就比如黑暗的前途見了光彩，
你是我的先生，我愛，我的恩人，
你教給我什麼是生命，什麼是愛，
你驚醒我的昏迷，償還我的天真，
沒有你我哪知道天是高，草是青？
……
愛，你永遠是我頭頂的一顆明星：

要是不幸死了，我就變一個螢火，
在這園裡，挨著草根，暗沈沈的飛，
黃昏飛到半夜，半夜飛到天明，
只要天空不生雲，我望得見天，
天上那顆不變的大星，那是你，
但願你為我多放光明，隔著夜，
隔著天，通著戀愛的靈犀一點……

此外，他還寫了《歐遊漫錄》和四頁英文的〈翡冷翠日記〉，以及幾篇有關丹農雪烏的文章和一些詩篇。那四頁日記，是他個人沈思默想的作品，寂寞、愛情、愛與死、怯懦、憐憫、容忍、宗教、悲愁、詩人和詩，他都寫到了。至於議論丹農雪烏的文章，還有一件徐志摩引爲遺憾的事情。

丹農雪烏

徐志摩翻譯爲丹農雪烏的這個人，就是 Gabrielle d'Annuzio，他仰慕已久的義大利著名作家鄧南遮。徐志摩逗留在佛羅倫斯的時候，丹農雪烏正在那裡過著無所事事的閒散日子。按說正好可以去拜訪他，但遺憾的是，丹農雪烏已經十分厭倦了絡繹於途的慕名拜訪者，徐志摩當然也沒有機會見到他。不過，在居留義大利期間，他重新拜讀了丹農雪鳥的許多作品及有關傳記資料，他先後寫下了〈義大利與丹農雪烏〉、〈丹農雪烏的青年時期〉、〈丹農雪烏的小說〉、〈丹農雪烏的戲劇〉，還翻譯了他的戲劇〈死城〉，先後都發表或連載在《晨報副刊》上。

丹農雪烏創作時對感性意象的高超運用和對自然之美特別是對色彩的敏銳捕捉與展示，對徐志摩有很大影響。徐志摩寫的〈翡冷翠山居閒話〉和〈我所知道的康橋〉，流露出來的是色彩美、音樂美和一種薰人欲醉的芬芳氣息，顯然沾染了丹農雪烏的情韻。後來寫的〈巴黎的鱗爪〉和〈濃得化不開〉，其遣詞用字濃得化不開的風味，也有丹農雪烏的影響在內。

此外，丹農雪烏作品中對死的主題表現，也對徐志摩產生不小的影響，以致他對浪漫之愛的理想追求、表達及其藝術化的描繪，都與死亡的意念聯繫在一起。早在一九二二年，徐志摩初讀丹農雪烏的時候，他的靈魂就被震顫了。在日記裡，他對丹農雪烏的〈死城〉推崇備至，將它譬爲一本無可比擬的巨構，說它是生的詩篇與死的聖頌融會交流而成的協奏曲，「生與死，勝利與敗滅，光榮與沈淪，陽光與黑夜，帝國與虛無，歡樂與寂寞，在無底深潭中絕對的眞與美。」他由此而生的感慨是：「跳呀，勇敢的尋求者……」（〈丹農雪烏〉）這時徐志摩已愛上了花季少女林徽因，並決心爲之奮鬥。當得知自己和林徽因的愛情已經沒有可能時，一九二三年一月二十四日，沮喪至極的徐志摩，寫下詩作〈希望的埋葬〉：「我又捨不得將你埋葬，希望！我的生命與光明——像那個情瘋了的公主，緊摟住她愛人的冷屍。」這種將愛與死交織的描寫方式，就是受到丹農雪烏的啓發，從他那裡吸取了靈感所致。

六月中旬，徐志摩離開義大利，又返回法國。他仍然翹首盼望北京來信，了解愛人病況。在望眼欲穿等待陸小曼來信的日子裡，他的靈魂彷彿出了竅，整天心驚肉跳，昏昏惘惘，急不可耐。受丹農雪烏靈感的啓發，他日裡夜裡魂繞夢纏的，只有一個陸小曼。

由於徐志摩的建議，陸小曼決定到歐洲與徐志摩相會。於是徐志摩就在巴黎翹首相待，一方面等候與陸小曼的重逢，也等候與泰戈爾的相會。他把自己的見聞和感受留在筆下，寫成了散文〈巴黎的鱗爪〉。文中並未記敘巴黎絢麗的羅浮宮，壯觀的凱旋門，迷人的塞納河，這些千篇一律的「花都」印象，而是將觀察的視角和描繪的筆觸投向了社會生活的底層，爲我們講述了兩個小人物的故事：一個紅顏薄命的伴舞女郎，一個是窮困潦倒的無名畫家。眞實地展現了他們沈浮、掙扎和追求的落寞與悲愴，也讓讀者看到了生活皮相下「花都」的眞實靈魂。

六月二十六日，徐志摩收到小曼來信，得知小曼重病的消息，他當即決定中止歐遊，恨不得插翅飛回國內。

一九二五／拜訪哈代，重晤羅素

在等候蘇聯政府簽證期間，他趁便到英國拜訪了哈代、重晤了羅素，這使徐志摩的歐遊生活有了一個難忘的結束。徐志摩心儀的丹農雪烏拒絕拜訪者，羅曼羅蘭又去度春假了。深深落寞之後，他決心要見到哈代（一八四〇—一九二八）這位文壇老將，以滿足他那英雄崇拜的心願。經由狄更生介紹，徐志摩和哈代有了不及一小時的會晤。

這場拜會在徐志摩心中留下了「高山仰止」的印象。離開哈代家五個小時後，徐志摩站在哀克利脫教堂門前，玩弄自己月光下的身影，內心充滿了神奇，陷入對哈代的盲目崇拜之中：「吝刻的老頭，茶也不請客人喝一杯！但誰還不滿足，得著了這樣難得的機會？……哈代！多遠多高的一個名字！」（〈謁見哈代的一個下午〉）

本來，徐志摩還想到恩厚之燕爾新婚的達廷頓莊與其相聚。七月十四日，陸小曼又打來急電催促他回國。從那簡單的字句裡，他隱約感受到，自己的愛人在那「鬼臉社會」裡受氣受難，他們的愛情又面臨一個危難關頭。於是，他給泰戈爾拍了電報說明自己要趕回北京，又給恩厚之去信說明原因。恩厚之趕到倫敦和徐志摩匆匆見了一面。

一九二五年七月十五日晚，徐志摩便從巴黎啓程回國，月底回到了北京，匆匆結束了這場長達五個月的傷感之旅。

一九二五／再回北京／《愛眉小札》

正在歐陸漫遊的徐志摩，接到陸小曼病危催歸的電報，心急如焚，日夜兼程，於一九二五年七月底趕回北京。一到北京，他立刻去看望陸小曼。說也奇怪，徐志摩一回到陸小曼身邊，她的病竟豁然痊癒，一下子恢復了健康。八月六日，他們邀請摯友林長民同遊南海。天上白雲悠悠，他們的小舟在透著荷花清馨的荷葉叢中蕩著，悠哉遊哉。又是題字又是贈詩，久別重逢的歡樂瀰漫了風光綺麗的南海。八月九日，徐志摩和陸小曼度過了一個早上——「甜極了」的時刻之後，徐志摩說：「我只要你，有你我就忘卻一切，我什麼都不想什麼都不要了，因爲我什麼都有了。」（《愛眉小札》）徐志摩與陸小曼的羅曼蒂克史就這樣拉開了新的一幕。

徐志摩返京後不久，發現陸小曼的病情完全不像自己想像中的那樣沈重可怕，相反，她活蹦亂跳，精神十足，一點不減從前。只要人健康地活著，離婚問題可以從長計議。所以，徐志摩追求愛的決心更大了。特別是他看了《小曼日記》，知道了陸小曼困苦的處境和艱難的抗爭，完全理解了她前些日子流露出來的灰心、絕望之情。他也深深感到陸小曼對自己愛情的堅定與忠誠。做爲答謝和回報，他對她的情感也更眞摯、更深沈了。

感動之餘，徐志摩買了一只「玲瓏堅實的小箱」，讓陸小曼存放幾個月來他們倆的情書。那時社會環境還不容許他們自由往來、自由傾談，他便與陸小曼相約撰寫一種信札式的日記，記錄下他們以後的生活與思想，兩人交換看，相互鼓勵。在徐志摩這方面，就是日後著名的《愛眉小札》。

「幸福還不是不可能的」。徐志摩用這句充滿希望和信心的話，做爲《愛眉小札》的開頭。它是一個狹長的本子，灰藍封面，天地頭很寬的連史紙，十行藍格，古色古香。徐志摩用毛筆一個字一個字記下了自己心靈每一次愛的搏動。

沒有愛就沒有詩，他感謝小曼滋養了自己的詩魂：「眉，有時我想就只你一個人眞的懂我的詩，愛我的詩。……眉，我的詩魂的滋養全得靠你，你得抱著我的詩魂像母親抱孩子似的，他冷了你得給他穿，他餓了你得餵他食——有你的愛他就不愁餓不怕凍，有你的愛他就有命！」（《愛眉小札》）

他認為，戀愛是生命的中心與精華；戀愛的成功是生命的成功，戀愛的失敗是生命的失敗。於是，他給愛塗上了濃濃的理想主義色彩，他也在追求一個世間無法容存的美的境界：

> 我要的是你的絕對的全部——因為我獻給你的也是絕對的全部，那才當得起一個愛字。在真的互戀裡，眉，你可以儘量、盡性的給，把你一切的所有全給你的戀人，再沒有任何的保留，隱藏更不須說……愛是人生最偉大的一件事實，如何少得一個完全：一定得整個換整個，像糖化在水裡……眉，方才你說你願意跟我死去，我才放心你愛我是有根了；……我不僅要愛的肉眼認識我的肉身，我要你的靈眼認識我的靈魂。（《愛眉小札》）

面對家庭、社會對他們的不理解和壓力，他甚至幻想用自己愛情的純鋼，起造一座「愛牆」，來保護他與小曼的愛情：

> 你我千萬不可褻瀆那一個字，

別忘了在上帝跟前起的誓。
我不僅要你最柔軟的柔情，
蕉衣似的永遠裹著我的心；
我要你的愛有純鋼似的堅強，
在這流動的生裡起造一座牆；
任憑秋風吹盡滿園的黃葉，
任憑白蟻蛀爛千年的畫壁；
就使有一天霹靂震翻了宇宙，——
也震不翻你我「愛牆」內的自由！

當時的局面是令人難堪的：陸小曼的丈夫王賡已經南下謀職，陸小曼既沒能與王賡離婚，又不願馬上動身南去，就這麼尷尬地在北京「嵌著」，社會上對徐陸兩人的非議也越來越多，不少人似乎在看兩人的把戲，這自然不是個辦法。

這時王賡雖然不在陸小曼旁邊，但陸母時時盯住女兒，嚴加防範，陸小曼一點行動的自由都沒有。就連徐志摩與陸小曼說句話、看一眼，都加以監視。老太太不僅「小鶼鶼的溜看眼珠當著人前提防」，還以死相逼，堅決反對女兒與徐志摩相愛。又惱又恨的徐志摩不止一次地發洩對未來丈母娘的不滿與仇恨：「你娘的橫蠻眞叫人髮指……難道老婆婆的一條命，就活活的嚇倒了我們，眞的蠻橫壓得住眞情嗎？」「我恨你的娘刺

骨，要不爲你愛我，我要叫她認識我的厲害！等著吧，總有一天要報復的！」（《愛眉小札》）

而陸小曼本人在對待離婚問題上，不僅動搖在孝道與愛情之間，對丈夫王賡也遲遲不下定一刀兩斷的決心。徐志摩恐懼擔憂，也對陸小曼產生了不滿和焦慮情緒，你陸小曼按兵不動，「單叫我含糊等著。你說我心上哪能有平安，這神魂不定，又哪能做事？」因此，他催促陸小曼快刀斬亂麻，早下決斷，「使我早一天定心，早一天能堂皇的做人。」（《愛眉小札》）

八月底，陸小曼終究敵不過家人的壓力和王賡的催逼，還是跟隨母親去了上海。走了小曼，北京城頓時變得空蕩蕩的，太陽沒有了光芒，世界失去了重心和色彩。徐志摩胸口隱隱生痛，雙眼盈盈熱淚，「眉，我悲極了！我就要你，我此時要你，我偏不能有你……」他一人躑躅街頭，不知不覺又到了曾與小曼遊玩過的北海公園，可「如此星辰非昨夜，爲誰風露立終宵」，多淒涼的情調啊！

徐志摩不顧一切地追到上海。並且想如果此行還是不了了之，自己乾脆「投身西湖做死鬼」算了。九月五日到上海後，很快收到了陸小曼發來的電報，好久沒笑了的他又激動得忍不住笑了。

但事態的發展實在難以預料。陸小曼的態度仍閃爍其辭，舉棋不定，使徐志摩無所適從。因此，在上海短短的幾天中，他的思緒大起大落，最後完全絕望，痛苦、憂傷、憤懣佔據了他全部身心。他只有仰天長歎：「咳，真苦極了，現在我立定主意走了，不管了，以後就看你了，眉呀！想不到這《愛眉小札》，歡歡喜喜開的篇，會有這樣淒慘的結束，這一段公案，到哪一天才判得清？」

九月十一日，陸小曼悄悄跑來與他見面，急急地說，「沒有別的辦法，除非立刻跑！」這話像電火花似地照亮了徐志摩落寞的心。他想起了美麗的海濱城市大連，並寫信給好朋友胡適幫他與小曼「私奔」，可陸小曼說完這句話就再沒有了消息。焦急等待中，九月十三日，徐志摩約小曼在杭州見面。他準備效仿當年的胡適和曹誠英，做一回煙霞之夢。但一個母親和一個丈夫圍成了一垛衝不破的牆，柔弱的小曼如何前來赴約。

九月十七日，絕望的徐志摩又發傻似地獨自去杭州靈隱，直挺挺地躺在壑雷亭下那條石凳上尋夢，臉上蓋著陸小曼送的一條小紅絹。他的愛彷彿是雷峰塔，在風風雨雨中，倒了，埋了。站在倒掉的雷峰塔前，他只有宣洩著自己的一腔鬱憤：

為什麼感慨，這塔是鎮壓，這墳是掩埋，
　鎮壓還不如掩埋來得痛快，
　鎮壓還不如掩埋來得痛快，
發什麼樣感慨，這塔是鎮壓，這墳是掩埋！
再沒有雷峰；雷峰從此掩埋在人的記憶中：
　像曾經的幻夢，曾經的愛寵；

像曾經的幻夢，曾經的愛寵，
再沒有雷峰；雷峰從此掩埋在人的記憶中。

從一九二五年八月九日到九月十七日，四十個晨昏，徐志摩的靈魂就這樣在天堂—地獄—天堂—地獄之間走了幾個來回。他已被折磨得憔悴不堪了，他不知該走向哪裡。

一九二五／上海功德林餐廳，劉海粟相助

正當徐志摩喪魂落魄、一籌莫展，彷彿跌入了無邊的苦海時，一些知心朋友，向他丟下了救生圈。

早在北京期間，徐志摩的摯友胡適就爲徐志摩與陸小曼之事向陸母疏通過，然而，陸母考慮到門庭觀念和社會輿論，沒有接受胡適的勸解。一九二五年八月底與陸小曼母女同來上海的藝術家，也是徐志摩好友的劉海粟，也很同情徐志摩和陸小曼的遭遇，一路向陸母講了許多幫徐志摩和陸小曼的話。還對陸母陳述了陸小曼婚姻的利害關係：若繼續維持陸小曼與王賡的婚姻生活，陸小曼痛苦，還會三天兩頭鬧病，最後可能憂鬱而死，做父母的又如何能有清靜的日子過，王賡也絕不會得到幸福……陸母的態度終於有點鬆動，「曼的心思，我何嘗不知道，又何嘗不痛惜她！你說的道理我不是不懂。可是我們夫婦都喜歡王賡，才把親事定下來的。現在好端端的如何去對王賡提出來？……我們對志摩的印象也不壞，只是人言可畏啊！」（劉海粟：〈我所認識的徐志摩和陸小曼〉）

徐志摩知道劉海粟逃過婚，反抗封建婚姻有點經驗，他與劉海粟商量，現在事情的關鍵是對王賡用點功夫，只要說通了他，老太太不會再作梗的。於是在劉海粟的提議下，安排一次勸說王賡的特殊宴會，爲求功德圓滿，地點就定在功德林。

座落在南京路側的功德林是上海著名的素菜館，廳堂不大，卻甚雅致，當時知識界人士都喜歡到此宴飲。那天，來客除了陸小曼母女和王賡、徐志摩外，劉海粟精心安排，還特意請來了唐瑛、李祖德、楊杏佛，以及唐瑛兄長唐腴廬，徐志摩前妻胞兄張君勱。楊杏佛是徐志摩和劉海粟的摯友，爲哈佛大學商學博士出身；唐瑛也是上海名媛，她與楊杏佛熱戀時，被父母許配給留美學生、寧波富家之子李祖德。而李祖德也是楊杏佛的好友。一位滿腦子封建觀念的母親，兩位兄長，兩組三角關係，再加上反封建志士、逃婚勇將、「藝術叛徒」劉海粟主持牽線。這一席夜宴，可謂風雲人物會聚一堂，人物關係微妙、複雜之極。

劉海粟先說今天把各位邀來，是因爲他私下有一件事要紀念。當年他從家裡逃了出來，反抗封建的包辦婚姻，終於在自主的情況下爭得了自己的婚姻幸福。自己不僅是「藝術叛徒」，也是「禮教叛徒」。他覺得伉儷之情應建築在相互之間感情融洽、情趣相投的基礎上，捆綁不能成夫妻；沒有感情的夫婦生活是最痛苦的生活，也是最不道德的生活。

接著張君勱說到張幼儀與徐志摩離婚的事情上。他說張幼儀正在國外發奮苦學，歸國後準備在中國女界中切實幹一番事業，雖然她與徐志摩離婚後一度很痛苦，但他們之間的友誼反而加深了，這是離婚給張幼儀開闢了新的道路，張家兄弟幾個都持支持態度（劉海粟：〈我所認識的徐志摩和陸小曼〉）。

王賡是明白人，他不會不知道這一切言語都是爲他而發，於是推拖有事，先走了。功德林夜宴就這樣尷尬而散。

事實上，徐志摩、陸小曼依然壓力重重。首先，來自社會的輿論壓力，尤其是北京的顯貴們，原來把陸小曼捧爲曠世佳人，待到婚變，就把她視爲水性楊花的淫婦；而徐志摩身爲大學教授，理當行爲人範，卻勾引朋友之妻，更是斯文掃地。當時上海的報紙多以醒目標題如「王賡讓妻，氣度非凡；志摩娶婦，文德安在？」、「私奔乎？淫奔乎？」來報導徐陸之戀，揚王貶徐，對徐志摩、陸小曼極盡侮辱挖苦之能事。

功德林夜宴後，王賡一直沒有作出任何決定。目睹妻子的情變，王賡一直是痛苦不堪，他曾嘗試想讓妻子回心轉意，不料陸小曼對徐志摩的情越來越濃了。這自然更加深了王賡的痛苦，這份痛苦，自然影響到王賡的工作狀態，他做事不免心神不寧。據說在此期間，王賡經辦的一件軍火大事，幾乎出了岔子，雖未獲死罪，但也因而丟官。或許經過此事後，王賡切實感到與陸小曼在一起，終非自己之福，對夫婦和好不再指望。經過大半年的對峙和延宕，終於有一天，王賡這位受過新式教育的紳士徹底想通了，他爽快地對陸小曼說，婚姻的事，就是夫婦的事，合得來，是夫婦；合不來，就算了。不過，既然有這麼一段夫婦的感情，那就由夫婦退爲朋友吧。據說，王賡與陸小曼離婚後，曾當面對徐志摩說：「我們大家都是知識份子，我縱和小曼離了婚，內心並沒有什麼成見；可是你此後對她務必始終如一，如果你三心二意，給我知道，我定以激烈手段相對的。」（《梁實秋懷人叢錄》）其內心之痛苦也就可想而知了。後來，王賡與香港的一位陳女士結婚，並有一子一女。一九四二年，王賡做爲中國政府派往美國的軍事代表團團員，在赴美途中，因腎臟病復發病逝於開羅，開羅盟軍以軍禮安葬他於英軍公墓。

陸小曼與王賡維繫了五年的婚姻，就這樣因王賡的理智而了斷了。時間是一九二五年十月，在上海。

激動萬分的陸小曼趕到北京，一時卻不知徐志摩住在哪裡。有一天，她隨手翻開《晨報副刊》，一行鉛字像靈符似地向她招手：「迎上前去」——徐志摩。

那是剛接任《晨報副刊》編輯不久的徐志摩所寫的一篇言辭懇切的自剖文章。陸小曼急切地看著。徐志摩寫到，他這次從南邊回來，決意改變他對人生的態度，並寫信給朋友說，這次要來認眞做一點「人的事業」了。

> 我再不想成仙，蓬萊不是我的份；
> 我只要這地面，情願安分的做人。

一九二六／父親同意婚事

儘管徐志摩與陸小曼的戀愛早已不是新聞，但當徐志摩向父母提出要與陸小曼正式結婚時，兩位老人依然是很吃驚的：兒子眞的要娶有夫之婦?!這在他們不能相信，更難以接受。首先徐陸兩人各自的離婚案都已經鬧得沸沸揚揚，社會輿論給他們的壓力很大，現在兩人又要結合，更會引起外界的詬病；其次徐志摩的父母在觀念上也無法接受這樣的親事，覺得有辱徐家門風；再次他們從來就不喜歡陸小曼這一類聲名不大好聽的女子，認爲這樣的女子朝三暮四、品行輕薄，不會給徐志摩帶來安樂的生活。

爲說服父母、親人，一九二六年二月初，春節前夕，徐志摩離開陸小曼，把《晨報副刊》編輯事務全部委託給江紹原代理，隻身南下硤石老家。

這一次回到家鄉，爲達到預期目的，徐志摩頗費了幾番周折。他做的第一件事，就是參與家族的家產劃分。本來，徐志摩的祖母於一九二三年夏天去世後，徐申如兄弟兩家一直共同經營著家產。在中國舊式家庭裡，老一代過世後，第二代一般都要財產分開、獨立收支，不過，不分的事也常有。本來此事可以緩行，但徐志摩到處奔波、花銷甚大。再說，他的婚戀事情在硤石早已爲鄉人所傳聞，這在不了解內情的人看來，徐志摩拋棄結髮之妻，又與別的女人廝守一道，自然在經濟上開銷很大，而徐申如仍然挽留張幼儀爲家庭成員，今又聽說徐志摩要娶陸小曼爲妻，也需要一筆開支。這在徐志摩大伯一家的心目中，撇開觀念和輿論的因素不說，在經濟問題上也難保不會有意見，至少在徐申如那裡，哪怕是爲了避嫌計，還是以分家爲妥。徐申如怕兄長會有意見，因此趁年節團聚分家。不管怎樣，分家總是舊式家庭生活中的一件大事，徐志摩做爲長孫，當然必須在場，只是徐志摩這時還另有打算，他想趁這個機會向父母正式提出他與陸小曼的完婚之事。

盼望中的張幼儀終於回到了硤石。申如夫婦就徐陸婚事徵求她的意見，指望她能勸說徐志摩，張幼儀不想反對徐志摩的婚事，乾脆地回答：「不反對。」老人失望了。在一旁一直默不作聲的徐志摩，卻高興得從椅子上跳起來尖叫，樂不可支地伸出雙手，像要擁抱整個世界似的。這下只要等老先生最後一句話了！（張邦梅：《小腳與西服》）

二月二十一日，大年初九，徐家分產完畢。祖輩留下的財產，徐申如與其兄一家一半。徐申如家的財產也分做三份：一份留給老倆口養老；一份歸於徐志摩名下；還有一份給張幼儀與阿歡。張幼儀仍居乾女兒名，如不出嫁，阿歡的一份家產歸她管，如出嫁，則劃取奩資一份後，與徐家完全脫離關係。另外一個決定對徐志摩是最重要的，就是原則上同意徐志摩與陸小曼的婚事。他與張幼儀的離婚，公告由張幼儀的哥哥張嘉璈設法公佈；陸小曼與王賡的離婚也要登報聲明。

徐申如的同意顯然是消極的，他表示只要做到上述有關事項，他對徐志摩的婚事就不聞不問了。

不過，徐申如在同意時又提出兒子必須依他的三項條件：一是結婚費用自理，家庭概不負擔；二是婚禮必須有胡適做介紹人，梁啓超證婚，否則不予承認；三是結婚後必須回南方，在硤石老家安分守紀地過日子。（陳從周：《徐志摩年譜》）

對徐志摩來說，第一個條件自然不在話下，徐志摩根本沒想用家裡的錢；第三個條件也可以暫時答應下來；這第二個條件裡，胡適是沒有問題的，他本來就一直是徐志摩與陸小曼的「紅娘」，在朋友中始終支持他們，並給他們切實幫助的只有胡適。胡適不但多次做過說服陸小曼母親的工作，在勸說徐申如答應徐陸的婚事中也起了關鍵作用，因爲胡適這位「當代的聖人」，歷來爲申如公所敬重。徐志摩此前在自己的日記和給陸小曼信中，多次表達了對這位兄長式的好友由衷的感激，稱胡適爲自己和陸小曼的「恩人」，並以胡適的支持和幫助來鼓勵小曼與家庭抗爭。讓徐志摩頭痛不已的是恩師梁啓超的證婚，恩師對自己情感上的飄蕩一向不滿，當年的教訓也言猶在耳：「萬不能以他人之苦痛，易自己之快樂。」但不請梁啓超，父親那一關是過不去的，一想到終有介紹人胡適這樣的好友作靠山，徐志摩也就稍感放心地答應下來了，恩師總不會不給胡博士面子吧。

得到父親有條件的許可，徐志摩高興極了，他趕忙把這個好消息告訴陸小曼，「眉，你和我的好事，到今天才算磨出了頭，我好不快活！今天與昨天的心緒大大的不同了，我恨不得立刻回京，向你求婚……」在信中，還附了一首詩：

我心頭平添了一塊肉，
這輩子算有了歸宿！
看白雲在天際飛，
聽雀兒在枝上啼。
忍不住感恩的熱淚，

我喊一聲天，我從此知足！
再不想望更高的天國！

一九二六／梁啟超「罵婚」

一九二六年八月十四日，即農曆七月初七，傳說是牛郎織女鵲橋相會的日子。徐志摩與陸小曼仿照好友陳西瀅、凌叔華兩人的訂婚樣式，在北海公園董事會設席，舉行訂婚儀式。他們發帖邀請在京的親朋好友前來參加，請帖寫得很是別緻（劉心皇：〈徐志摩與陸小曼〉）：

夏曆七月七日即星期六正午十二句鐘潔樽候敘

志摩
小曼 拜訂

座設北海董事會

應邀前來參加訂婚儀式的親朋好友，約有一百多人。凡徐志摩在京的朋友，如葉公超、楊振聲、丁西林、沈從文、任叔永、陳衡哲、唐有壬、鄧以蟄等全都光臨。

隨後，徐志摩與陸小曼的婚禮如期在這一年的十月三日，即農曆八月二十七日（孔子誕辰紀念日）舉行。地點仍在北海董事會，雖然婚禮不辦酒宴，只備茶點，但在北京的文化界名人幾乎都來了，整個場面簡樸而盛大。這場婚禮由徐志摩老師梁啓超做證婚人，由新郎摯友胡適做介紹人，胡適是新文化運動的主將，學界新派的領袖，青年學子的楷模；梁啓超更是名聞天下的一代宗師，早在戊戌維新時期就以一枝帶有魔力的凌雲健筆傾倒了一批批青年學子，當時是清華國學院著名的四大導師之一，可謂學界泰斗。這可眞算得上是一場由名人介紹、名人證婚的名人婚禮。

照普通朋友的關係，徐志摩與陸小曼將結婚的喜帖，也送了王賡一張。據說，當時王賡是毫不考慮地要參加婚禮的，許多朋友都勸他不要去，王賡本人卻解釋說：「離了婚還是朋友嘛，他們以朋友的身分請我，我也該盡點心意。」此話在當時的社交圈內傳爲美談。不過，由於家人怕丟面子，極力阻攔，他最終還是沒有參加，只是送了一份禮物。值得一提的是張幼儀的八弟張嘉鑄也盛裝參加了徐志摩的這次婚禮。張嘉鑄一直十分欽佩徐志摩，與徐志摩情誼深厚，並沒有因徐志摩與姊姊的婚變而與他有所疏遠。

不過，這場頗爲隆重的、又不同尋常的名人婚禮，在進行中卻大出意外。梁啓超做爲一代宗師，對徐志摩這一得意門生的戀愛婚姻，一直抱著十分反感的態度，尤爲擔心徐志摩與陸小曼的婚姻不測。經過胡適等人再三勸說後，勉強答應做證婚人。出於對這位不肖愛徒的愛護，在婚禮致詞中，以嚴師身分將徐志摩和陸小曼大大教訓了一番：

徐志摩！陸小曼！你們的生命，從前很經過些波瀾，當中你們自己感受到不少的痛苦！社會上對於你們還惹下不少誤解。這些痛苦和誤解，當然有多半是別人給你們的；也許有小半由你們自招的吧？……那，你們從今以後，真要有謹嚴深切的反省和勇猛精勤的悔悟，……你們基於愛情，結為伴侶，這是再好不過的了。愛情很神聖，我很承認；但是須知天下神聖之事，不止一端，愛情以外，還多著哩。一個人來這世界上一趟，住幾十年，最少要對於全世界人類和文化，在萬仞岸頭添上一撮土。這便是人之所以為人之神聖意義與價值。……陸小曼，你既已和志摩作伴侶，如何的積極的鼓舞他，做他應做的事業，我們對於你，有重大的期待和責備，你知道嗎？就專以愛他而論，愛情的本體是神聖，誰也不能否認；但是如何才能令神聖的本體實現，這確在乎其人了……（王森然：《近代名家評傳》）

梁啓超因對新郎新娘早有不滿，胸中塊壘，鬱積於心，不吐不快。此時，機會來了，更是口若懸河，滔滔不絕。措辭也越來越激烈：

徐志摩，你這個人性情浮躁，所以在學問方面沒有成就，你在個人用情不專，以至於離婚再娶……以後務要痛改前非，重新做人！（梁實秋：《記徐志摩》）

略微停頓了一下，梁啓超又把威嚴的目光轉向兩人：

徐志摩，陸小曼，你們聽著，你們都是離過婚，又重新結婚的，這全是由於用情不專，以後要痛自悔悟……我做為你徐志摩的先生——假如你還認我為你的先生的話——又做為今天這場婚禮的證婚人，我送你們一句話：祝你們這是此生最後一次結婚！（劉海粟：〈憶梁啓超先生〉）

徐志摩感到太難堪了，只好忍著慚怍，連忙趨前，向老師懇求：「請先生不要再講下去了，顧全弟子一點面子吧！」說話間，眼淚早已溢出眶外。此時的梁啓超聽了學生的這番懇求，也自覺有點過分，就沒有再往下說了。

本來，徐陸兩人的戀愛，在社會上已鬧得沸沸揚揚，現在，再加上這麼一個觸目驚心的「證婚」變「罵婚」的訓話，把徐陸的戀愛史更加上了一層斑爛的傳奇色彩。

第二天，心情複雜的徐志摩與陸小曼還去了清華園梁府，向梁啓超謝恩請安。但梁啓超依然不肯賞臉，沒有給這對新人好臉色看。梁啓超還說：「人生眞諦無非責任二字，對國家、對民衆、對父母、對朋友、對自己、對子女能盡到責任，那就可以無遺憾了。」

這樣的婚禮當然是令人不愉快的。但不管是響雷、是急電，還是狂風、暴雨，往事畢竟猶如流水，無聲永逝了。徐志摩與陸小曼正式結婚了，折磨了當事人整整兩年的愛情終於劃上了一個完滿的句號。所以，徐志摩還是以一個勝利者自居，心裡十分高興和自豪。一九二七年一月，他在給恩厚之的信中說：「我經過一場苦鬥，忍受了許多創痛，那時侯除了一二知己（胡適在內）的同情外，幾乎一切事情都與我作梗。但我畢竟勝利了——我擊敗了一股強悍無比的惡勢力，就是人類社會賴以爲基的無知和偏見。」

徐志摩帶著新婚的喜悅，辭掉了《晨報副刊》編輯職務，偕陸小曼南下拜望父母。

一九二六—二七／《眉軒瑣語》

徐志摩與陸小曼訂婚後，爲了紀念新生活的開始，他特地準備了一本精美的日記本，從一九二六年八月起，他又開始寫日記了，一直到一九二七年的四月，這就是徐志摩的蜜月日記《眉軒瑣語》。這部蜜月日記歷時九個月，說「蜜月」，似乎時間長了些，但徐志摩本人在《眉軒瑣語》中說：「我們爲什麼一定得隨俗說蜜月？愛人們的生活哪一天不是帶蜜性的，雖則這並不除外苦性？」

在蜜月日記《眉軒瑣語》開篇中，他回首往事，深感去年（一九二五）是「在苦悶的齒牙間過日子」，一整本嘔心瀝血的日記，是他給眉的一種禮物。現在，時光改變了一切，卻不曾抹煞那一點子心血的痕跡，高山深谷，深谷高山，都已過去，現在好不容易走上了平陽大道，徐志摩的感受絕不一樣了。有了陸小曼，他彷彿進入了自己多年追求的「愛、自由、美」的理想境界。

他們建立了新生活，徐志摩希望藉這個機會，兩人能在事業上有所作爲，不枉親朋好友的一片期待之心。但他估計錯了，婚後的陸小曼積習難改。就在上海度蜜月的一個月裡，頻繁的應酬便使徐志摩疲憊不堪，不但自己很少有時間和精力來做事，更顧不上督促小曼了，《眉軒瑣語》裡僅留下兩篇日記。儘管在蜜月中，徐志摩有幸福、快樂的感覺，但身邊的好友卻爲他們花天酒地的生活而深感不安，誠摯的朋友德生就直言對他說，志摩夫婦現在都在墮落之中，所交的朋友也只是酒肉之交，「彼此一無靈感，一無新生機，還談什麼『作爲』，什麼事業。」

而對陸小曼來說，上海的新生活才使她眞正體會到自由自在的樂趣。她快活極了，在北京受的譏嘲，在徐家受的冷落，她盡可以不去理睬了，她覺得上海就是她的家。能歌善舞、喜於交際、養尊處優的陸小曼一到這裡，如魚得水，立刻捲入酒宴、舞會、牌桌、戲院的漩渦之中，故態重演，且越演越烈。徐志摩雖多次口頭上婉轉規勸，最終都是一味地遷就，百依百順，陪著陸小曼同出同入，有時還從一旁幫襯。徐志摩心中不免感到苦惱。這對剛剛掙脫重重桎梏、獲得自由的戀人，在生活上很快就顯出不祥之兆。

首先使徐志摩感到苦惱的是越來越沈重的經濟壓力。本來，徐申如有言在先，徐志摩結婚的一切開支自理。訂婚、結婚，徐志摩已經花了一大筆錢，等到與陸小曼自硤石回到上海時，他已經債台高築了。而徐申如原定分給徐志摩的三分之一家產，也因徐申如的北上成了一句空話。徐陸初到上海時寄人籬下，終因陸小曼過慣了豪華奢侈的生活，徐志摩只得在當時頗有名的花園別墅租了一座三層的小樓。後來他們又遷到福煦路

（今延安中路）四明村一所上海老式石庫門洋房。一樓中間是會客室，邊廂房是陸小曼父親的臥室。二樓亭子間是陸小曼母親的房間。二樓廂房是他們的新房，後小間是陸小曼的吸煙室，中間的客堂間供會客，也備煙榻供客人抽鴉片用。三樓亭子間是徐志摩的書房，陳設洋氣。整個寓所，每月房租得花一百多元大洋。再說，陸小曼有一個貼身丫頭，另有丫頭伺候她的父母親，此外有司機、老僕人，還養了一輛轎車，排場不算不大，總計每月沒有別的活動也要花費五、六百元大洋。這對於一般的生活水平來說，已經是一個天文數字了，絕非一個大學教授或一個副刊主編所能承擔得了的。所以在夫婦雙雙回硤石的路上，徐志摩首先考慮的是，如何努力工作，儘快還債。

最令徐志摩感到苦惱與困惑的還是陸小曼那近乎墮落的生活。陸小曼愛玩，沈溺於夜生活，使她每天天亮時分才上床，一直睡到下午兩點才起身，她的一天是從下午開始的。她起來後，先在洗澡間裡摸弄一個小時，才披著浴衣吃飯。下午有時會客、作畫、寫信；晚上大半是跳舞、打牌、聽戲，直到過了子夜，她才拖著疲倦的身體在汽車裡一躺，回家了（王映霞：〈我與陸小曼〉）。

在平庸、無聊的生活中，徐志摩完全被苦惱糾纏著，變得寡言少語，臉上再不見半絲歡快的笑容，他的銳利與氣魄似乎不見了，筆下也更近於枯澀。《眉軒瑣語》裡出現了這樣瑣碎、鬱悶與傷感的話：「費了半個鐘頭才洗淨了一枝筆」，「男子只有一件事不知厭倦的。」「女人心眼兒多，心眼兒小，男人聽不慣她們的說話。」「最容易畫最難畫的是一樣東西——女人的心。」在一九二六年年底那篇很短的「瑣語」中，他還深有感觸地說：「愛是建設在相互的忍耐與犧牲上面的。」這裡，徐志摩對陸小曼的心也困惑了。本來，他正是無法忍受婚姻雙方的相互犧牲，才斷然不顧輿論與習俗，同張幼儀離婚的。現在他卻說出「愛是建設在忍耐與犧牲上面的。」這在徐志摩而言，是愛情觀的一次重大變化，也表明他對曾經擁有並爲之奮力拼爭的浪漫理想開始退卻與放棄開始。正是因爲對現實失望，他才特別地標舉出在愛情中兩人忍耐與犧牲的成分。數天後，徐志摩又這樣寫道：「我唯一的引誘是佛，它比我大得多，我怕它。」徐志摩那種灰心失望與掙扎嚮往的矛盾心態可以想見。

還使徐志摩痛苦的是，陸小曼熱中於演戲和捧戲子。當年她沒結婚時，就已被譽爲交際花，隨徐志摩定居上海後更是名滿浦江兩岸。當時有些闊太太爲募捐賑濟而義演，常常親自登門，請她出來幫忙。第一次在恩振亞大戲院，陸小曼演了崑曲《思凡》，又與江小鶼、李小虞合演了壓軸戲《汾河灣》，接著又在卡爾登大戲院演《玉堂春》、《販馬記》。在上海的上流社會中，不分男女，都想一睹陸小曼的風采，還以此爲榮，且每次義演，一定推她壓軸。其實，陸小曼沒有拜師學藝，戲唱得並不十分見好，只是因爲人生得漂亮，艷名遠揚，先聲奪人。陸小曼倒也眞喜歡唱戲，尤其喜歡捧戲子。那時，先後有小蘭芬、容麗娟、馬艷秋和馬艷雲姊妹、花翠蘭與花玉蘭姊妹、姚玉英與姚玉蘭姊妹、袁美雲和袁漢雲姊妹等，都受過她的扶掖。其中，馬艷雲、姚玉蘭、袁美雲幾乎就是她捧紅的。陸小曼平時花錢如流水，對於捧角，更是一擲千金，毫不吝惜。

更讓徐志摩難受的是，他不僅要看陸小曼票戲，陪著她捧戲子，有時還不得不投其所好，婦唱夫隨，參加演出，湊個角色爲陸小曼配戲。

徐志摩厭倦極了，卻又拗不過陸小曼，只好勉強上場。據陸小曼的義女何靈琰回憶：「那一天以徐乾爹最差，坐在那裡，總把兩隻靴子伸到桌幃外面。我從不知道徐乾爹會唱戲，想來也是湊趣，要使乾娘高興而已。」（何靈琰：〈我的義父母徐志摩和陸小曼〉）望著台下那一雙雙興奮的、飽含著嘲弄的眼睛，徐志摩的心是抑鬱苦悶的。

無節制的社交生活又使陸小曼原本病弱的身體時好時壞，也使得徐志摩苦惱不堪。一九二七年新年的第一天，徐志摩就說「曼的身體最叫我愁」。對此，徐志摩原來始終有一個固執的理念，那就是大自然對陸小曼的身心健康是有益的。

陸小曼開始還能感覺大自然詩情畫意，喜愛大自然那份新鮮與清淨，但終因侈靡的生活過得太久，耐不住寂寞，消受不慣那份清新與寧靜。面對陸小曼的病體，徐志摩著急、擔心、煩躁，以至於對她能不能病癒失去了信心。在《眉軒瑣語》裡，徐志摩常有這樣的記錄：「今天是觀音的生日，也是我眉兒的生日，……眉因昨夜車險吃嚇，今朝還有些怔怔的，現在正睡著，歇忽兒也該好了。」「曼的身體最叫我愁。一天二十四小時，她沒有小半天完全舒服，我沒有小半天完全定心。」陸小曼的病又多了一筆巨大的經濟開支不說，她的病更引出了一場折磨徐志摩的精神風波，那就是翁瑞午的出現。

翁瑞午，江蘇常熟人，本是世家子弟，祖父係書法自成一格的清末軍機大臣、光緒皇帝的師傅翁同龢，其父翁印若歷任桂林知府，也以畫名世。因此，翁瑞午家富收藏，鼎彝書畫，累篋盈櫥。他會唱京戲，又做房地產生意，是一個掮客。自己不能爲文，但喜歡與文化界人士接近，被胡適稱爲「自負風雅的俗子」。徐志摩夫婦剛到上海不久，就與翁瑞午相識了，並經常相互串門，曾相約一起登山遊湖。如一九二七年三月，徐志摩夫婦去杭州遊玩，翁瑞午與之始終相伴。

也許是共同的愛好，在夏令配克大戲院等幾次配戲後，陸小曼很快與棋逢對手的戲友翁瑞午產生默契，開始眉來眼去了。

陳定山在《春申舊聞》中寫道，陸小曼體弱，連唱兩天戲便舊病復發，得了暈厥症，翁瑞午有一手推拿絕技，他是江南名醫丁鳳山的嫡傳，常爲陸小曼推拿，眞能手到病除，後來陸小曼凡是不舒服之時，都少不了要翁瑞午給她按摩。陸小曼天性愛美，又喜歡繪畫，翁瑞午則時時袖贈名畫，以博歡心。而且，他又敎陸小曼吸食阿芙蓉（即鴉片），試之疾病立癒，陸小曼不禁大喜。於是徐志摩家客廳的煙榻上，常常有翁瑞午與陸小曼一榻橫陳，隔燈並枕，通宵達旦地呑雲吐霧。

徐志摩天性灑脫，他以爲夫婦的關係是愛，朋友的關係是情，從這一點說，翁瑞午和陸小曼在羅襦半解、妙手撫摩之際，他視之坦然。一開始，徐志摩讓陸小曼吸鴉片，坦然地讓翁瑞午爲陸小曼按摩，只是爲了治病，沒料到陸小曼會一吸成癮，竟弄得不可收拾；他也沒料到陸小曼竟如此放縱，發展到和翁瑞午不清不白起來。

徐志摩多次懇切地規勸陸小曼，無效。徐志摩激烈地批評陸小曼，甚至吵架，也是無效，而且適得其反。陸小曼任性、固執、我行我素，還常常藉著一個崇拜徐志摩夫婦的話劇演員俞珊，找徐志摩吵鬧，說俞珊很性感，要徐志摩少接近她，她甚至說：「俞珊是只茶杯，茶杯沒法拒絕人不斟茶的。而你是牙刷，牙刷就只許一個人用。你聽見過有和人共用的牙刷嗎？」（劉炎生：《徐志摩評傳》）徐志摩有苦難言，只好作罷。

俞珊是徐志摩在上海期間比較接近的一個女子，出身名門，曾師從余上沅學習話劇表演，因演《莎樂美》而名聲大震。她曾在徐志摩家住過一段時間，向徐志摩學文學，向陸小曼學演技，徐志摩對她很熱情。據何靈琰回憶：「三樓亭子間是徐乾爹的書房，……有當時名女人俞珊的舞衣，……牆上掛著俞珊的照片，穿著舞衣，描眉畫眼，一腿跪在地上，手中托了一個盤子，盤中一個人頭，當時想看又怕看，徐乾爹說是什麼『莎樂美』的劇照。」（何靈琰：〈我的義父母徐志摩和陸小曼〉）在徐志摩的私人空間裡，掛的不是陸小曼的照片和用品，而是俞珊的劇照和舞衣，可見徐志摩與俞珊關係非同一般。當然，陸小曼更多的時候是採取一種寬容的態度，沒有把事情鬧大，就像徐志摩對她與翁瑞午的關係一樣，睜一眼閉一眼而已。不過，他與俞珊的關係並沒有到陸小曼和翁瑞午的那種程度。徐志摩主張妻子交男朋友，當然也包括自己能交女朋友，這是他的「男女間的情與愛有分別」一貫主張的表現，也是那個時代從歐美傳來的一種社交時尚。徐志摩與林徽因、張幼儀、韓湘眉、凌叔華等幾位女性的關係都沒有出精神的界域，也都只有心靈的默契。

一九二八年六月，精神苦悶的徐志摩第三次出國，歷時半年回來後，陸小曼的積習不但一點沒改，陸小曼與翁瑞午之間的曖昧關係更是招致了「不少浮言」。

文學創作是徐志摩事業的生命，但內心的種種痛苦，常常令他感到才思枯竭。有時他正坐在書桌前苦思冥想，陸小曼又過來搗亂，忽然搶下他手中的筆，寫詩的衝動就更像退潮的海水一樣無可挽留而去。他為此焦慮、不甘，感到自己在墮落中，一無靈感，一無新生機，還談什麼「作為」，什麼事業。

他覺得世界是如此地冷漠，好像日子是在沈悶中過的，到哪兒都覺得無聊。時而，他被幻滅感所籠罩，在一九二六年底，徐志摩竟然發出這樣傷感的疑問，「再過三天是新年，生活有新的希望不？」

在蜜月日記的最後一篇，徐志摩還留下了〈殘春〉一詩：

昨天我瓶子裡斜插著的桃花，
是朵朵媚笑在美人的腮邊掛；
今兒它們全低了頭，全變了相——
紅的白的屍體倒懸在青條上。

窗外的風雨報告殘春的運命，
喪鐘似的音響在黑夜裡叮嚀：
「你那生命的瓶子裡的鮮花也
變了樣，豔麗的屍體，誰給收殮？」

徐志摩的蜜月日記《眉軒瑣語》便以這樣消沈、淒涼的句子而結束了。之後，徐志摩眞的連日記也不曾寫了。

一九二八／《卞昆岡》

不過，陸小曼並非一味只知享受與揮霍的庸俗女人，她本是一個多才多藝的奇女子，婚後在徐志摩的督促與鼓勵下，也常常練字作畫，使志摩感到欣慰。她還常常在玩樂之餘以獨到的眼光評點志摩的詩文，有時寥寥數語，卻十分到位。因此，徐志摩在一九二七年八月出版的散文集《巴黎的鱗爪》的「序」中稱陸小曼爲「諍友」。他說：「因爲你給我的是最嚴正的批評（在你玩兒夠了的時候），你確是有評判的本能，你從不容許我絲毫的『臭美』，你永遠鞭策我向前，你是我的字業上的諍友！」而尤其令徐志摩感到自豪和幸福的是，兩人還興致勃勃地成功合作了一出五幕悲劇《卞昆岡》。劇本在《新月》第一卷第二期（一九二八年四月十日）、第三期（一九二八年五月十日）連載。劇本後在徐志摩第三次歐遊期間，由戲劇家余上沅主持在新月書店出版。

《卞昆岡》的主要情節是：山西有一個姓卞的石匠，妻子死了多年，遺下一個兒子，痛失愛妻的石匠將所有感情都傾注在兒子身上。鄰家有個妖媚狠毒的寡婦，勾引石匠，終於與石匠結婚，但婚後卻用種種方法虐待石匠的兒子。最後，寡婦對小孩下了毒手後，又與姘夫一起逃走，石匠悔恨交加，引刀自盡。

劇本完全是兩人合作的產物，對此，余上沅有比較詳細的說明：「志摩根本是個詩人，這也是在《卞昆岡》裡處處流露出來的。我們且看它字跡的工整，看它音節的自然，看它想像的豐富，看它人物的選擇，看它——不，也得留一些讀者自己去看不是？他的內助在故事及對話上的貢獻，那是我個人知道的。志摩的北京話不能脫去硤石土腔，有時他自己也不否認，《卞昆岡》的對話之所以如此動人逼眞，那不含糊的是小曼的貢獻，尤其是劇中女人說的話。故事的大綱也是小曼的；如果在穿插呼應及其他技術上有不妥當的地方，那得由志摩負責，因爲我看見原稿，那是大部分志摩執筆的。」

（余上沅：《卞昆岡・余序》）

可見，《卞昆岡》若沒有陸小曼的出色合作，是不可能有面世後的那種面目的。

十分可惜的是，這樣的愉快合作是徐志摩夫婦婚後唯一的一次。此後，在徐志摩生前，陸小曼再也沒有提起過文字的興趣。令徐志摩遺憾的是，陸小曼無論是寫字作畫、評點文字，還是饒有興味地與徐志摩進行劇本合作，多是心血來潮的結果，正如徐志摩所說，是陸小曼在玩樂夠了之後的行爲。遺憾多了，便變爲失望，失望又一變爲痛苦。正因爲陸小曼有這樣優異的天賦，又有兩人成功合作的經歷，所以徐志摩一直竭力要將陸小曼從靡爛的生活中拯救出來，在夫唱婦隨中共同創造美好的生活。然而，陸小曼在徐志摩生前給他的總是失望。

父子反目

一九二六年舊曆九月初九，徐志摩攜新婚嬌妻離京南下。抵達上海後，因爲硤石老家為他們蓋的新屋還沒有建好，他們便借寓上海新新旅店，後又應好友吳德生（當時東吳大學法學學院院長）之邀，去上海大西路吳宅小住了幾日。待老家的新屋落成後，他們已在上海度過了近一個月的蜜月，十一月他們便雙雙回故里硤石。

蜜月已經過去，此後應該是過安安穩穩、舒適充實的家庭生活了。在回家的路上，徐志摩不禁規劃起在家鄉的生活：「回家去沒有別的希冀，除了消閒，譯書來還債是第一件事，此外就想做到個養字。在上養父母（精神的，不是物質的），與眉養我們的愛，自己養我的身與心。」（《眉軒瑣語》）

徐志摩萬沒有想到的是，這又只是他浪漫詩人一廂情願的浪漫理想而已。共同的生活給老少雙方帶來的是越來越深的感情裂痕，尤其是父親申如公，對於陸小曼貪圖享受和慵懶的品性十分反感，因此越發覺得以往的兒媳、現在的寄女張幼儀的可貴與難得，新的翁媳之間始終未能在感情上有所溝通；而陸小曼也因公公婆婆的輕慢態度而委屈而不快而憤懣，在以後的生活中，她似乎有意唱反調了。

一九二六年十二月，孫傳芳戰事突起，徐志摩與陸小曼為避兵亂離開硤石，之前徐申如夫婦已先行離開硤石，到達了上海。當徐志摩與陸小曼到上海時，他們二老不願與徐志摩、陸小曼同居一室，又打點行裝北上與在北京教書的張幼儀和孫子阿歡團聚去了。兩位老人一見張幼儀，就向他們的乾女兒訴苦：「陸小曼出門要坐六個人抬的紅轎子，那可是女人出嫁時才能坐的，而且一個女人一生只能坐一次。」「陸小曼吃不完的飯要志摩吃，飯碗裡的飯一粒都不能剩下，這是才七歲的阿歡都懂得的起碼規矩呀！吃

完飯，她竟還要志摩抱她上樓，硤石家裡的樓梯特別長，你是知道的。」（張邦梅：《小腳與西服》）

雙親的不辭而別，無異於向徐志摩夫婦表示，在徐家只有張幼儀才是「合法」的，好惡愛憎十分明顯。徐志摩想取得父母諒解的希望落空了，他無可奈何，只能連連歎氣。他在十二月十四日給張幼儀的信中說道：「你們那一小家庭，雖是新組織，聽來倒是熱鬧而且有精神，我們避難人聽了十分羨慕……媽在那裡各事都舒適，比在家裡還好些……我們在上海的生活是無可說的，第一是曼同母親行後就病，直到今天還不見好，我也悶得慌，破客棧裡困守著，還有什麼生活可言……阿歡的字，眞有進步，他的自治力尤其可驚，我老子自愧不如也。」徐志摩心無芥蒂，說的都是事實。當然他還清楚，北京生活的熱鬧是有徐申如的經濟支持，上海生活的困擾是未得徐申如經濟支持。兩個家庭，兩樣風情，徐志摩當初未曾想到，自己百分之百信仰的理想之愛之美的後面竟伴生著這許多的尷尬。

徐志摩與陸小曼在上海的生活幾經波折，開始寄人籬下，到一九二七年初，生活稍穩定下來，搬入了上海花園別墅，那時徐申如老夫婦也和張幼儀移居到了上海范園，但他們不怎麼來往。據新月社友人劉英士說：「張家的人不進花園別墅當是事實。徐家二老不到花園別墅更可確定。但陸小曼同徐志摩到范園去過。那天，我們正在打牌，我和徐老太太對面而坐，看得最爲清楚。這是一幕十分動人的悲喜劇。我和內子都認爲是生平奇遇，實在難以忘記……」（劉英士：〈談雲裳公司及其人事背景〉）

後來，爲緩和陸小曼與自己父母的關係，徐志摩又做了種種努力，在父母面前像個頑皮孩子。一九二八年五月，徐申如在硤石老家過五十七歲生日，徐志摩知道父親喜歡聽京戲，便帶著一個戲班子前去唱戲三天。戲班名角袁漢雲、袁美雲在上海小有名氣，並得到了陸小曼的扶持。袁美雲長得極像陸小曼，還被她認作義女。徐志摩的這一行爲自然是要討父母歡心。沒有想到陸小曼臨時突發奇想，也登台表演助興。一段京胡過後，陸小曼和著琴聲柔和委婉地唱了一段《宇宙峰》。一迭聲的喝彩聲和掌聲，但徐申如看著這個媳婦，心裡的眉結又蹙緊了。他早就對陸小曼懶散病弱、愛玩愛花錢的性格十分反感，所以不僅不領情，反生憎惡，對媳婦的看法變得更壞了。此後，徐志摩回老家的次數也不多，陸小曼一次也沒有去過，直到徐老夫人病危之時。

一九三一／《詩刊》熱銷・母親病逝

一九三一年，《詩刊》的熱銷，北京的風光，友誼的撫慰，使徐志摩感到有了一個性靈復活的機會。可生活始終沒有眞正給他以寧靜問學、潛心創作的機會。一九三一年四月初，硤石一紙急電催返，母親病危！他即刻南奔。

回到硤石的徐志摩在母親的病榻前悉心照料，常常夜不成寐，給病中的母親極大安慰。看到母親病重，憂心如焚的徐志摩想讓陸小曼也來侍奉婆婆，略盡孝心。徐志摩的母親本來對陸小曼很不滿意，但不忍拂愛子一片孝心，也就答應了。

哪知當徐志摩去求得父親的許可時，卻遭到父親的激烈反對，徐申如以不容商量的口氣說：「她若來，我即走！」（致陸小曼信）徐志摩當即就頂撞起來，當然還是沒有結果。當母親病情稍緩後，徐申如有事去上海，行前跟徐志摩說，陸小曼回硤石的事等他回來再考慮。看來，事情有些鬆動了。徐志摩也跟著去上海。徐志摩一回到上海，因心情不好，當晚便讓陸小曼一人去徐申如住處，請求回硤石盡孝心。當陸小曼鼓足勇氣準備去接受公公的冷遇時，很不巧，徐申如外出了。第二天，因徐志摩害著腳病，寸步難行，事情也就不了了之。

幾天後，已回硤石的徐申如打來電話，說老夫人病勢日趨危急，要徐志摩速回，徐志摩又要求跟陸小曼一同回來。徐申如卻說：「且緩，你先安慰她幾句吧！」徐志摩只好自己一人回到母親身邊，連續五天守候在母親床邊。一九三一年四月二十三日，五十八歲的母親溘然長逝。徐志摩感到天旋地轉，眼前一片漆黑。緊接而來一場潛伏已久的家庭衝突，又使悲痛之中的徐志摩雪上加霜。

衝突還是圍繞陸小曼與張幼儀的問題引起的。徐申如本來就對徐志摩與陸小曼婚事十分不滿，生性高傲的陸小曼也因徐家的態度而對翁姑不夠尊敬，雙方積怨越來越深。徐志摩身處父母與妻子之中，左右爲難，衝突終於在母親錢太夫人病逝後爆發了。與對待陸小曼完全相反的是，徐申如對徐志摩的前妻張幼儀以養女看待，愛護有加，凡事都有張幼儀的份。母親病逝後，徐申如一面再三催促張幼儀趕來，一面又遲遲不讓陸小曼來徐家戴孝。陸小曼本來就對徐家一直不認她這個媳婦憋著氣，但得知婆婆過世，也只好穿著一身喪服趕來硤石。不料徐申如知道後立即派人半路上阻攔，不准她進入家門。

陸小曼只好半路又折回上海，心中的怨恨與所受的羞辱可想而知。

徐志摩沒想到父親做得這樣絕，當晚便跟父親頂撞起來，替陸小曼據理力爭。徐申如見自己心愛的兒子竟在母親的喪事期間，不思悲痛，卻爲他那好吃懶做、名聲不佳的妻子跟自己大吵大鬧，實在是混帳至極！一時也悲憤難抑，竟跑到夫人靈前放聲大哭，彷彿要把自己多年來在教子成才、娶親和持家上所積下的苦心與怨憤，一股腦兒地發洩出來似的，朋友進來相勸也勸止不住。一位從來就對兒子寄予厚望的父親，一位從小就敬愛父親的兒子，從此反目。

這還不算，喪事的忙亂過去後，沈浸在悲痛之中的徐志摩又接到妻子的埋怨信，滿腹委屈的陸小曼越想越氣，氣憤中認爲是徐志摩與家人聯合起來欺負她。本來，徐志摩很清楚父親一直不承認陸小曼，只是平日裡未在陸小曼面前提及，總希望有緩和的機會。在這次矛盾完全公開激化後，長久藏在志摩心中對父親的一腔怨憤，禁不住在給陸小曼的回信中憤怒地發洩開來，他安慰陸小曼說：

我家欺你，即是欺我：這是事實。我不能護我的愛妻，且不能護我自己：我也懊憹得無話可說。再加不公道的來源即是我的父親……至於我們這次的受欺壓，我雖懦順，絕不能就此甘休。……我們非得出這口氣，小發作是無謂的。別看我脾氣好，到了僵的時候，我也可以僵到底的。並且現在母親已不在。我這份家，我已經一無依戀。父親愛幼儀，自有她去孝順，再用不到我。這次拒絕你，便是間接離絕我，我們非得出這一口氣。……那時我你連同娘（陸小曼母親）一起商量一個辦法，多可要出這口氣。同時你若能想到什麼辦法，最好先告訴我，我們可以及早計算。

這裡的徐志摩，與父親儼然是不共戴天了。

7 韻味悠長的詩文

一九二二——二五／創作第一高峰

一九二二年十月到一九二五年上半年，徐志摩從英倫回國後的兩年多時間裡，是他短暫生命中詩歌創作的第一個高峰期。那時他雖然在現實情感生活中很不如意，但愛情並不是生活的全部，他還有情感之外的許多重要事情要做，他積極熱情地開闢一片片的啓蒙園地，傳播觀念，實現自己的人生和社會理想。他滿懷熱忱，透過一系列演講，從政治到人生到藝術各個方面張揚其浪漫理想。浪漫主義的最終歸宿必定爲藝術，爲充分表達其「單純理想」，他積極採用新詩的形式，在藝術想像中爲其理想尋找詩意象徵。詩歌創作成了這一時期徐志摩最爲突出的文學成就。

這幾年，在徐志摩的新詩裡處處閃現著詩人的理想主義和樂觀的追求精神。

一九二四年秋，詩人在北京師範大學的演講中，當衆朗讀了他新創作的三篇散文詩：〈毒藥〉、〈白旗〉和〈嬰兒〉，引起了熱烈反響。在〈毒藥〉、〈白旗〉中，詩人用怨毒的語言，詛咒了種種黑暗醜惡的社會現實，止不住要流露濃重的悲觀情緒。不過，詩人並沒有失望，他召喚懺悔者、悟道者們，希望他們能夠用感動天地的淚水和哀傷，來回復天性，「望見了上帝永久的尊嚴」。

而在〈嬰兒〉中，詩人用一個帶預言性的想像，嚮往著一個偉大的革命，預言著中華民族新生之動人形象。詩人以充沛的情感，自然主義的手法詳細描繪了一個經受分娩痛苦的青年母親，這就是苦難中國的象徵，但希望和理想也就在這痛苦掙扎的母親身上。產婦雖然痛苦，但她並「不曾絕望」，她知道很快會得到報償的，「因爲她知道（她的靈魂知道！）這苦痛不是無因的，因爲她知道她的宮胎裡孕育著一點比她自己更偉大的生命的種子，包涵著一個比一切更永久的嬰兒。」「我們不能不想望這苦痛的現在準備著一個更光榮的將來，我們要盼望一個潔白的肥胖的活潑的嬰兒出世。」這「嬰兒」便是詩人理想中的中華民族之新生的動人象徵了。該詩十分積極、昂揚，這基調正是五四後在反帝、反封建的高潮中，渴求新生活的時代知識青年所迫切需要的。因此，這首詩也顯示了詩人早期創作思想中的一個飛躍。

遺憾的是，徐志摩懷著這樣的理想積極進取，嚴酷的現實卻使他不斷感到幻滅。他也寫下了不少詩篇來揭露現實問題，表達對勞苦大衆不幸遭遇的深切同情。除〈毒藥〉、〈白旗〉等作品外，又如〈太平景象〉用口語描述了軍閥混戰、民不聊生的悲慘景象：「你不見李二哥回來，爛了半個臉，全青？他說前邊稻田裡的屍體，簡直像牛糞，全的，殘的，死透的，半死的，爛臭，難聞。」

在〈先生！先生！〉裡，詩人悲憤訴說了一個穿著單薄的小女孩在冰冷的北風裡追趕洋車，向車裡一位戴大皮帽的先生討錢的悲慘情景，「破爛的孩子追趕著鑠亮的車輪……飛奔……緊追……一路旋風似的土塵……紫漲的小孩，氣喘著，斷續的呼聲……先生……先生……」，母親又餓又凍又病，躺在道兒邊直呻吟。那位吝嗇的先生卻說「沒帶子兒」。斷續而扣人心弦的節奏與畫面，令人對當時的慘像久久難以忘懷。

在〈叫化活該〉裡，大門內發財發福的老爺有歡笑，有紅爐，有玉環，大門外卻是一群乞丐，戰慄在西北風中，這時詩人的感情甚至和乞丐同在一個行列，「我也只是戰慄的黑影一堆」，「我也只要一些同情的溫暖」，「但這沈沈的緊閉的大門：誰來理睬，街道上只冷風的嘲諷『叫化活該』！」

在〈古怪的世界〉一詩裡，詩人看著上車來的「顫巍巍的承住弓形的老人身」，及老人眼中傷悲的眼淚，他積鬱著無比的心酸與憤慨，就直接向當時混亂社會提出質問，呼喚人道了，「老年人有什麼悲哀，爲什麼凄傷？爲什麼在這快樂的新年，拋卻家鄉？」「我獨自的沈思這世界古怪——是誰吹弄著那不調諧的人道的音籟？」

《志摩的詩》也歌詠愛情。徐志摩從十九世紀英國浪漫派詩人拜倫、雪萊等謳歌戀愛至上的情詩中獲得借鑑，又受「五四」時期個性解放、愛情自由思潮的影響，再加上他自己情愛生活的體驗，尤其他與陸小曼的新戀情開始後，更是點燃了詩人心中情感的火花，一首首情艷意濃的愛情詩從他筆底滔滔流出，詩人也被譽爲「新詩中最擅長於情詩的人」（朱湘：〈評徐君《志摩的詩》〉）。在那些早期的詩歌中，有很多詩篇都抒發了詩人對浪漫愛情的憧憬與追求，如〈雪花的快樂〉，此時詩人正沈浸在與陸小曼熱戀的幸福中，詩人心中之歡快可想而知，自比爲半空中飛揚的雪花，懷著歡愉的心情去尋求意中人，並終於融化在她柔波似的胸口。這是一首輕鬆歡快、優美深情的追求之歌、希望之歌，堪稱詩人早期抒情詩的代表作。還有〈我有一個戀愛〉、〈多謝天！〉、〈她是睡著了〉同樣流露出詩人對愛的如癡如醉之情。

也有些情詩抒發了詩人愛情不如意的憂鬱之情，如前面提到過的〈這是一個懦怯的世界〉，又如〈在那山道旁〉，詩人重溫了昔日與心上人分別時欲說還休的情景：

我不曾開言，她亦不曾告辭，
駐足在山道旁，我暗暗的尋思；
「吐露你的秘密，這不是最好時機？」
露湛的小草花，彷彿惱我的遲疑。
……
我咽住了我的話，低下了我的頭：
火灼與冰激在我的心胸間迴盪，
啊，我認識了我的命運，她的憂愁，
在這濃霧裡，在這淒清的道旁！

在那天朝上，在霧茫茫的山道旁，
新生的小藍花在草叢裡睥睨，
我目送她遠去，與她從此分離
在青草間飄拂她那潔白的裙衣！

一九二五／《志摩的詩》：中國現代新詩史上的一件大事

一九二五年八月，徐志摩選輯他回國近三年來潛心創作的詩歌成果，包括上述篇目在內的五十五首詩作，自費出版了他的第一本詩集，取名爲《志摩的詩》，以提醒讀者這些詩都是志摩創作，放手讓苛刻的讀者去鑑賞批評，也包含了自信與審愼之意，創意與敗筆都由他本人負責。詩集出版後，立即引起文壇的注目和廣大讀者的熱烈歡迎，徐志摩甚至被認爲是當時中國最有前途的詩人，名噪一時。一九二八年八月，《志摩的詩》以嶄新的面目由上海新月書店重新出版。這時徐志摩已是國內赫赫有名的大詩人了，但他沒有陶醉於讚美聲中，在聽取了多方面的意見後，他對原詩集作了增刪修改，刪去了〈留別日本〉等十五首。如〈沙揚拉娜〉那首膾炙人口的詩作，在第一版中是以〈沙揚拉娜十八首〉爲題出現的，在新的《志摩的詩》中，詩人只保留了現在大家所熟知的只有五行的最後那一首。詩人還調整了詩作先後次序，把內容與格式相似的詩作歸類編排；又把原來開篇的〈這是一個懦怯的世界〉後移，而將初版編輯排在倒數第二的〈雪花的快樂〉移至首位；另增加了〈戀愛到底是怎麼一回事〉，以四十一首重新刊行。

《志摩的詩》出版，是中國現代新詩史上的一件大事，是繼郭沫若的《女神》之後最具特色的又一新詩力作。「五四」時代所出現的初期白話詩，是想在否定傳統的前提下，衝破舊詩的詩式，並用語體來表現新的時代內容。但由於初期白話詩詩人受傳統的薰陶，多少還殘餘著意圖衝破的舊體詩詞的形骸，有些又表現爲比較零散的小詩，似乎不曾找到比較恰當的表現形式。而《志摩的詩》出版，繼《女神》爲代表的自由體詩之後，以其清新的氣息、自由的排列，更顯示了新詩的表現魅力，進一步衝垮了傳統詩式在詩壇上的統治地位，從而鞏固了新詩創作的成果。

徐志摩一方面憑藉他敏銳的語言感覺力，高超地運用口語，也用土白寫詩，使詩富於節奏感和旋律感；這一嘗試在「五四」新詩中雖不是他的專利，但就藝術成就而言，他駕馭白話的純熟，講究詩韻、節奏和音調的和諧以及抒情、寫意與音樂性的高度統一，在早期新詩人中是非常突出的。另一方面他在詩的格式上大膽且多方面的嘗試，爲新詩尋找合適的格式可能提供了許多成功的經驗。這也體現了詩人「跑野馬」的性格：從不只停留在一個地方，從不只寫一種格式，而是潛心追求變化多端的詩藝的精美。有中式的沿用，有西式的引進；有長詩，有短句；有自由詩，有散文詩……但詩人更多的是將西方詩式移入中國，進行創新和試驗，無韻體、章韻體、奇偶韻體和變相的十四行體等，都被拿來一一嘗試，這對當時中國詩歌的發展起了很大的促進作用。對此，朱自清在〈論中國詩的出路〉中給予了高度評價：「徐志摩是試用外國詩的音節到中國詩裡最可注意的人。他試用了許多西洋詩體。……縱觀他所作，覺得最成功的要算無韻體（Blank Verse）和駢句韻體。他的緊湊與俐落，在這兩體裡表現到最好處。」

著名作家林語堂的話也許代表了當時許多人的共同感受，他說他是讀了徐志摩的詩歌（包括散文）之後，才眞正相信現代口語可以寫成美麗的作品。就這樣，徐志摩與他創作的白話新體詩，在一般的讀者中站住了腳跟。雖然《志摩的詩》在他的創作生涯中還是一個開始，但它的出版標誌著徐志摩眞正走上了中國詩壇。從此，他做爲一個新的詩人開始名聲大振。

一九二七／《翡冷翠的一夜》、《巴黎的麟爪》

一九二七年八、九月間，忙於《新月》編輯的徐志摩，接連由新月書店出版了兩本書。先是八月出版第二本散文集《巴黎的鱗爪》，緊接著九月出版第二本詩集《翡冷翠的一夜》。詩集的封面爲翡冷翠（佛羅倫斯）的維琪烏大橋的街景，由江小鶼先生（美術家，當時在上海新華藝術專科學校任教）設計。全集共爲兩輯，包括他一九二五年和一九二六年的詩作。第一輯收〈翡冷翠的一夜〉等十八首詩，第二輯收〈再不見雷峰〉等十八首詩，並收哈代作〈一個厭世人的墓誌銘〉等譯詩六首。

詩集的序以徐志摩給陸小曼的一封公開信的方式出現。當時他們結婚快一週年，詩集便算是徐志摩獻給陸小曼的結婚週年禮物。「序」一開始就明確寫道：「如期送禮不妨過期到一年的話，小曼，請你收受這一集詩，算是紀念我倆結婚的一份小禮。秀才人情當然是見笑的，但好在你的思想，眉，本不在金珠寶石間！」

在這裡，詩人把自己與陸小曼的愛的成功只當成唯一「陶成的詩」，並對自己的詩歌創作能力越來越缺乏自信，對前途也感到十分渺茫。對此，徐志摩歸結爲是這幾年都市生活的壓制所致。

這種失望的情緒也可透過詩集收錄的詩歌反映出來，如在〈半夜深巷琵琶〉裡，詩人把深夜裡的琵琶聲，比擬爲一陣淒風、一陣慘雨、一陣落花，隨之而來的感歎是：「半輪的殘月，像是破碎的希望。」

《翡冷翠的一夜》還有一個突出內容，那就是它記錄了徐志摩和陸小曼熱戀的一段情史。正如徐志摩後來在〈《猛虎集》序文〉裡說的，這一集詩是他「生活上的又一個較大的波折的留痕」。徐志摩一九二五年春歐遊出國，在義大利佛羅倫斯寫了一首著名的詩〈翡冷翠的一夜〉。這不是人們傳說徐志摩「一夜豔遇」的記錄，而是用第一人稱，擬陸小曼的口氣寫的。徐志摩附麗在他們的情愛之上的是一片眩目的光彩：

我可忘不了你，那一天你來，
就比如黑暗的前途見了光彩，
你是我的先生，我愛，我的恩人，

你教給我什麼是生命，什麼是愛，
你驚醒我的昏迷，償還我的天真，
沒有你我哪知道天是高，草是青？

不幸的是，他們愛得那麼眞摯，那麼熱烈，甚至是那麼瘋狂，卻得不到社會的理解、承認。他們憤憤然，想到了情死，〈翡冷翠的一夜〉是這樣寫那情死的意念的：

我就微笑的再跟著清風走，
隨他領著我，天堂，地獄，哪兒都成，
反正丟了這可厭的人生實現這死
在愛裡，這愛中心的死不強如
五百次的投生？自私，我知道。
可我也管不著……你伴著我死？
什麼，不成雙就不是完全的「愛死」，
要飛升也得兩對翅膀兒打夥，
進了天堂還不一樣的要照顧，
我少不了你，你也不能沒有我；
要是地獄，我單身去你更不放心，

你說地獄不定比這世界文明
（雖則我不信），像我這嬌嫩的花朵，
難保不再遭風暴，不叫雨打，
那時候我喊你，你也聽不分明——
那不是求解脫反投進了泥坑，
倒叫冷眼的鬼串通了冷心的人，
笑我的命運，笑你懦怯的粗心？

如此依戀，這般癡情！這首詩簡直可以看作是徐志摩第二部詩集的主題詩了。這首詩的情景似乎是兩人共度良宵之後，天亮就得分離，其間不乏如膠似漆的恩愛，但那都不是庸俗，不是艷遇，不是色情，不是挑逗。它寫得赤裸裸，固然少了含蓄，卻也寫得大膽，寫得情意純眞！

一九二五／〈偶然〉

〈翡冷翠的一夜〉以後的〈呻吟語〉、〈他怕他說出口〉、〈偶然〉、〈珊瑚〉、〈我來揚子江邊買一把蓮蓬〉、〈客中〉、〈最後的那一天〉、〈望月〉、〈再休怪我的臉沈〉、〈天神似的英雄〉，都寫得情意綿綿，濃烈得令人難以排遣。其中〈偶然〉一詩，在綿情蜜意中，把你我之間的關係，寫得奇特而浪漫。後來此詩成爲徐志摩與陸小曼合寫的劇本《卞昆岡》第五幕裡老瞎子彈三弦的唱詞。後來它譜曲以後，廣為傳唱，經久不衰。這首只有十行的小詩，詩人本人也十分喜愛，認為是他「最好的詩」，全詩是這樣的：

我是天空裡的一片雲，
偶爾投影在你的波心——
　你不必訝異，
　更無須歡喜——
在轉瞬間消滅了蹤影。

你我相逢在黑夜的海上，
你有你的，我有我的，方向；
　你記得也好，
　最好你忘掉，
在這交會時互放的光亮！

〈偶然〉首次發表於一九二六年五月二十七日的《晨報副刊》，如此好詩，詩人自然不會密而不宣，所以寫作時間應當就在這段時間。此時陸小曼已擺脫婚姻的束縛，與徐志摩沈浸在幸福的海洋中，〈偶然〉中的詩意自然不是他與陸小曼的關係，而是寫給他的第一個戀人林徽因的，是幸福中的徐志摩對自己以往苦苦追求浪漫之愛的微妙回憶。林徽因的兒子梁從誡回憶說：「母親告訴過我們，徐志摩那首著名的小詩〈偶然〉是寫給她的，而另一首〈你去〉，徐也在信中說明是爲她而寫的，那是他遇難前不久的事。從這前後兩首有代表性的詩中，可以體會他們感情的脈絡，比之一般外面的傳說，確要崇高得多。」（梁從誡：〈倏忽人間四月天〉）此時的林徽因還在美國留學。

《翡冷翠的一夜》：一個絕大的進步

《翡冷翠的一夜》中並不全是詩人陷入個人情愛圈子的詩作，尤其在第二輯裡的詩，也反映了某些社會問題。如，詩人「見日報，前敵戰士，隨死隨掩，間有未死者，即被活埋」，而後用口語寫就〈大帥〉，怒斥了軍閥的暴行。

還有，〈人變獸〉描寫了少女被強姦、烏鴉爭食人屍體的可怕畫面：

朋友，這年頭真不容易過，
你出城去看光景就有數：——
柳林中有烏鴉們在爭吵，
分不勻死人身上的脂膏；

城門洞裡一陣陣的旋風
起，跳舞著沒腦袋的英雄，
那田畦裡碧蔥蔥的豆苗，
你信不信全是用鮮血澆！

還有那井邊挑水的姑娘，
你問她為什麼走道像帶傷——
抹下西山黃昏的一天紫，
也塗不沒這人變獸的恥！

另外，〈這年頭活著不易〉借桂花被風雨摧殘作比興，提出了當時人們一個共同的感受，顯示了當時社會的一個側影。至於悼念「三．一八」死難烈士的〈梅雪爭春〉，更是直接抨擊了封建軍閥政府。

徐志摩儘管在詩集的序中顯得很消沈，但詩作比早期的要成熟得多，可以說是徐志摩一生詩歌創作中的一座豐碑。由於徐志摩覺悟了詩是藝術，無論在內容上，還是在詩歌的技巧與表現形式上，《翡冷翠的一夜》比起《志摩的詩》有一個大的變化和進步。在〈《猛虎集》序文〉裡，他自己以比較冷靜的眼光來看待自己的兩本詩集：「我的第一集詩——《志摩的詩》是我十一年回國後兩年內寫的；在這集子裡初期的洶湧性雖已消滅，但大部分還是情感的無關攔的氾濫，什麼詩的藝術或技巧都談不到。……我的第二集詩——《翡冷翠的一夜》——可以說是我的生活上的又一個較大的波折的留痕。我把詩稿送給一多看，他回信說：『這比《志摩的詩》確乎是進步了——一個絕大的進步。』」

當時的青年詩人，後來的著名先秦史家陳夢家在〈紀念志摩〉一文裡也說，徐志摩向他說過，《翡冷翠的一夜》中的〈偶然〉、〈丁當——清新〉幾首詩劃開了他前後兩期的鴻溝。他抹去了以前的火氣，用整齊柔麗清爽的詩句，來寫出那微妙的靈魂的秘密。

這裡所說的《翡冷翠的一夜》的進步，主要是指詩的形式方面的變化。《志摩的詩》裡，格律體的詩固然不少，但自由體的詩像〈誰知道〉、〈卡爾佛里〉等也不在少數。而《翡冷翠的一夜》，由於徐志摩素性落拓，除〈起造一座牆〉、〈西伯利亞〉等少數作品還有自己獨特的野性外，多數都是新格律詩了。徐志摩詩作的這種變化和聞一多以及《詩鐫》所倡導的新格律詩運動有密切的關係。徐志摩在〈詩鐫放假〉裡說：在詩形藝術的雕鏤，「我們覺悟了詩是藝術」。他和幾個寫詩的朋友都努力去實踐聞一多的「三美」主張。

在提倡「三美」主張方面，徐志摩特別講究音樂美，在中國現代詩歌的發展歷史上，他是這方面努力最多的、成就最高的詩人之一。在徐志摩看來，正如一個人身的秘密是它血脈的流通，一首詩的秘密也就是它內含音節的勻整與流動。而音節本身還得起源於真純的「詩感」。他拿人身作比說，一首詩的字句是身體的外形，音節是血脈，「詩感」或原動的詩意是心臟的跳動，有它才有血脈的流轉。顯然，他不是形式主義地理解音節，而是在詩感、詩意的基礎上去尋求與詩感相吻合的音節，以期獲得節奏變化和感情起伏的完滿和諧。在這方面，他獲得了獨特的成就。

到了《猛虎集》和《雲遊》時期，徐志摩的詩歌藝術成熟更加引人注目，尤其是抒寫性靈的詩，幾乎新詩史上無與倫比。朱自清曾相當公允地評價道，徐志摩的詩猶如他的人，「是跳著濺著不捨晝夜的一道生命水」（朱自清：《中國新文學大系・詩集導言》），是活潑的，更是鮮明的，既傳遞了思情，又給人以美的享受，是真正的上乘的藝術品。

一九三一／北京大學・北京女師大

上海陸小曼所過的渾噩生活不是一個敏感詩人所能忍受的，徐志摩希望有一個真的復活機會。在北京、天津的一班老朋友也一直勸徐志摩夫婦離開上海那個「腐化不健康的環境」，重返北京。一九三一年二月下旬，徐志摩在胡適等好友的勸說和安排下，離開了「銷形蝕骨的魔窟」——上海，來到北京大學和北京女子師範大學任教。他借住在胡適家，胡太太一切都替他預備好，被窩等等一應俱全。日常生活中，胡適夫婦對徐志摩同樣細心關照，他的兩件絲綿袍子一破一燒，胡太太幫他縫好；一次，他病了，胡太太也親自做金銀花、貝母等藥給他吃。

友情的溫暖，兩個大學的教學，加上《詩刊》的編輯工作，使徐志摩感到自己的精神開始復甦，自己的意志、人格又復活了。徐志摩說，他感到欣慰的是，繼續的行動與北京的風光又在無意中搖活了自己久蟄的性靈，他抬起頭居然又看到光燦燦的天了；睜開眼時心也跟著開始了跳動。嫩芽的青紫，勞苦社會的光與影，悲苦的圖景，一切的動與靜，重複在他的眼前展開。有聲有色有情感的世界重複爲他存在；「這彷彿是爲了要挽救一個曾經有單純信仰的流入懷疑的頹廢，那在帷幕中隱藏著的神通又在那裡栩栩的生動，顯示它的博大與精微，要他認淸方向，再別錯走了路。」（〈《猛虎集》序文〉）

一九三一／《猛虎集》

徐志摩希望這是他眞的復活的機會。爲了告慰他的朋友們，讓他的朋友們知道他還有一口氣，還想在實際生活的重重壓迫下透出一些聲響來，繼《志摩的詩》和《翡冷翠的一夜》之後，一九三一年八月，徐志摩出版了他的第三本詩集、也是他生前出版的最後一部詩集：《猛虎集》。《猛虎集》仍由上海新月書店印行。這一集收〈獻辭〉、〈再別康橋〉等三十三首詩，另外又穿插輯入〈猛虎〉等譯詩七首。徐志摩借英國詩人威廉·布萊克（Willam Blake）的〈猛虎〉（"The Tiger"）爲詩集的名字，在新的環境和心境下，徐志摩似乎激勵自己在詩壇上「咆哮」一番、重振雄風。他翻譯的〈猛虎〉詩是這樣的：

猛虎，猛虎，火焰似的燒紅

在深夜的莽叢，
何等神明的巨眼或是手
能擘畫你的駭人的雄厚？

在何等遙遠的海底還是天頂
燒著你眼火的純晶？
跨什麼翅膀他膽敢飛騰？
憑什麼手敢擒住那威棱？

是何等肩腕，是何等神通，
能雕鏤你的臟腑的系統？
等到你的心開始了活跳。
何等震驚的手，何等震驚的腳？

椎的是什麼錘？使的是什麼鍊？
在什麼洪爐裡熬煉你的腦液？
什麼砧座？什麼駭異的拏把，
膽敢它的兇惡的驚怕擒抓？

當群星放射他們的金芒，
滿天上氾濫著它們的淚光，
見到他的工程，
他露不露笑容？
造你的不就是那造小羊的神工？

猛虎，猛虎，火焰似的燒紅
在深夜的莽叢，
何等神明的巨眼或是手
膽敢擘畫你的驚人的雄厚？

一九三二／《雲遊》，逝後

徐志摩去世後，一九三二年七月，陳夢家又爲他編集了第四個詩集《雲遊》，應邵洵美約請，陸小曼於一九三一年十二月三日爲《雲遊》作序。這部詩集收集了〈雲遊〉等十一首詩，卷末另有譯詩兩首。兩部詩集將徐志摩後期的詩作收入，充分體現了徐志摩後期詩歌創作的成就和思想變化。

《猛虎集》和《雲遊》裡的詩，特別引人注目的是徐志摩新詩藝術上的成熟，而這種成熟，實際上是以詩的性靈、意象、音律不可分割的統一爲標誌。他的詩裡，性靈常常是透過富有個性特點的意象來體現的，意象是藉助於音律去完成的，音律又總是附麗於性靈美和意象美。他的新詩藝術不僅使他的新詩創作具備了較高的藝術品格，有較高的藝術地位，還給中國新詩的發展帶來了有益且可供借鑑的藝術經驗。

徐志摩是中國現代文學史上主張用作品表現自己性靈的詩人，他所謂的性靈，實際上是一種美學範疇。它和傳統社會中的叛逆性格及近代的個性解放思潮有一定的聯繫，具有反封建的意義，實際上是個性自由與個性解放的思想在藝術理論上的體現。

徐志摩寫詩時善於捕捉生活中的形象，也十分重視生活中剎那間的感受、印象，以至於幻覺，又十分注意從中攝取靈感，發掘詩的意趣，把形象和詩的意趣融合在一起，從而去構建較高的美學境界。如一九三〇年發表的〈黃鸝〉一詩：

一掠顏色飛上了樹。
「看，一隻黃鸝！」有人說。
翹著尾尖，它不作聲，
豔異照亮了濃密——
像是春光、火焰，像是熱情。

等候它唱，我們靜著望，
怕驚了它。但它一展翅，
衝破了濃密，化一朵彩雲；
它飛了，不見了，沒了——
像是春光，火焰，像是熱情。

這像是春光、火焰，像是熱情的黃鸝，化一朵彩雲飛走的黃鸝，自然是詩人從生活中捕捉到的一個形象。然而它又不是一個生活中的簡單形象，而是經過詩人心靈孕育出的帶著獨特詩的意趣的意象，遠比生活中的形象本身更豐厚、更具美感。

至於詩的音律美，在徐志摩看來，一切有形的事物與無形的思想的底質都只是音樂，絕妙的音樂。天上的星，水裡泅的乳白鴨，樹林裡冒的煙，朋友的信，戰場上的炮，墳堆裡的鬼燐，巷口的石獅子，以及夜裡的夢，無一不是音樂做成的，無一不是音樂（〈死屍．前言〉）。正是憑藉著這種理解，他在詩的音樂美的追求上獲得了極大的成功。他的詩多數是輕音樂，像〈再別康橋〉、〈我不知道風是在哪一個方向吹〉等，都是可以譜曲傳唱的佳作。如那首〈再別康橋〉中的第一節，「輕輕的我走了，正如我輕輕的來，我輕輕的招手，作別西天的雲彩」，讀來能讓人感覺到詩人踮著腳尖輕輕走路的聲音，以及詩人飄逸的風度、溫柔的神思。

茅盾：志摩是中國文壇上傑出的代表

總的來看，《猛虎集》、《雲遊》更多的是〈再別康橋〉、〈黃鸝〉等一系列名篇佳作。這反映了徐志摩即使在理想與感情的苦苦掙扎中，在他自感詩情的枯竭中，也掩蓋不住他那稀世輝煌的詩才。這是同時代包括左翼作家在內的諸多有識之士的共識，如茅盾就這樣說過：「志摩是中國文壇上傑出的代表，志摩以後的繼起者未見有能並駕齊驅。」（茅盾：〈徐志摩論〉）

《猛虎集》和《雲遊》雖然沒有一九三〇年代中國詩壇上樹立起「猛虎」的形象，但它凝聚了徐志摩掙扎中的心血，是他的政治理想與審美理想的新記錄；他所癡癡追求著的浪漫理想在死滅，他沒能使自己超脫於日常生活之上，而是被生活的種種苦痛不斷地凌辱、逼迫。徐志摩自己也深知這幾年自己靈魂的境遇，關於他這幾年的詩，他在〈《猛虎集》序文〉裡作了這樣的說明：「你們不能更多的責備。我覺得我已是滿頭的血水，能不低頭已算是好的。你們也不用提醒我這是什麼日子；不用告訴我這遍地的災荒，與現有的以及在隱伏中的更大的變亂，不用向我說正今天就有千萬人在大水裡和身子浸著，或是有千萬人在極度的飢餓中叫救命；也不用勸告我說幾行有韻或無韻的詩句是救不活半條人命的；更不用指點我說我的思想是落伍或是我的韻腳是根據不合時宜的意識形態的……這些，還有別的很多，我知道，我全知道；你們一說到只是叫我難受又難受。」

濃得化不開的散文

在現代中國文化史、文學史上，以天才詩人聞名的徐志摩，同時也是一位散文名家。林語堂曾這樣評價徐志摩：「志摩，情才，亦一奇才也，以詩著，更以散文著，吾於白話詩念不下去，獨於志摩詩念得下去。其散文尤奇，運句措辭，得力於傳奇，而參任西洋語句，了無痕跡。」（林語堂：《新豐折臂翁・跋》）梁實秋、陳西瀅、周作人等人，也都認爲徐志摩的散文在他的詩之上，都認爲徐志摩性格的可愛之處，在他的散文裡表現得最清楚、最生動。

徐志摩所寫的散文，徐志摩生前自編了三個散文集：《落葉》，一九二六年六月由北京北新書局出版，收〈落葉〉、〈青年運動〉等七篇文章。《巴黎的鱗爪》，一九二七年八月由上海新月書店出版，收〈巴黎的鱗爪〉、〈翡冷翠山居閒話〉等十篇散文；《自剖》，一九二八年一月由上海新月書店出版。分「自剖」輯、「哀思」輯、「遊俄」輯三輯，共收散文二十四篇。此外，徐志摩的散文作品還有收在《愛眉小札》裡的《志摩日記》、《眉軒瑣語》、〈志摩書信〉、〈西湖記〉、〈太戈爾來華〉、〈就使打破了頭，也還要保持我靈魂的自由〉等。從內容看，包括議論政治和社會的、談理想與情操的、論說名人和創作的、悼念親友的、記遊山川與名城的、訴說戀情和悲歡的等六個方面。

從審美的角度看，徐志摩的散文，在現代中國文學史上達到了其獨特的藝術水平。

楊振聲在〈與志摩最後的一別〉一文裡，這樣評說志摩的散文風格：「他那『跑野馬』的散文，自己老早就認爲比他的詩還好。那用字，有多生動活潑！那顏色，眞是『濃得化不開』！那聯想的富麗，那生趣的充溢！尤其是他那態度與口吻，有多輕清，多頑皮，多伶俐！而那氣力也眞足，文章裡永看不出懈怠，老那樣像雲的層湧，春泉的潺溪！他的文章確有它獨創的風格，在散文裡不能不讓他佔一席地。」

梁實秋談論徐志摩散文的妙處時說，無論寫的是什麼題目，永遠都保持一個親熱的態度。他覺得實在找不出比「親熱的」更好的形容詞了，因爲徐志摩的散文不是板起面孔來寫的，沒有教訓的氣味，沒有演講的氣味，而是像和知心朋友談話。提起筆來，毫不矜持，而是充滿了同情和幽默，把他心裡的話眞掏出來說，把他的讀者當作很親近的人。總之，徐志摩內心有充實的生命力，他的散文充滿著魔力，寫起文章來是痛快淋漓，「筆鋒上的情感逼人而來」，「使得讀者開不得口，只有點頭只有微笑只有佩服的份兒！……讀志摩的散文，非成爲他的朋友不可！」（梁實秋：〈談志摩的散文〉）這正說明了徐志摩散文裡所體現的濃郁的感情色彩。

在〈自剖〉、〈再剖〉、〈求醫〉、〈想飛〉等篇章裡，徐志摩和知心朋友談心裡話的親熱態度顯得特別突出。他大膽向讀者敞開心扉，毫不掩飾自己思想上的矛盾、苦悶、疑惑，層層解剖自己，眞實地向讀者袒露他內心的一切，和他那顆掙扎中的痛苦心靈。首先他告訴讀者他是個好動的人，思想也跟著身體每次的行動而跳盪。可近來他心靈突然呆滯，或許這與時局裡「五卅」慘案、「三・一八」慘案有些關係。但他並沒有叫時局來替他思想驟然呆鈍負責，他又順著自己的煩悶、焦躁、不安的表相，往內心深處發掘，一一地去尋找病源，最後終於向讀者袒露了心靈深層的幻滅感：「因爲個人最大的悲劇是設想一個虛無的境界來謊騙你自己；騙不到底的時候你就得忍受『幻滅』的莫大的苦痛。」即他自己所說的單純信仰流入懷疑後的痛苦。從這字裡行間，我們結實了一個活生生的徐志摩，也體會到了他散文的眞實、眞摯與眞情。

除這種眞實基礎上的純情美外，徐志摩散文中的一組哀思文章，情深意濃，情眞意切。如〈我的彼得〉一文，抒發的是對他僅見過一面而又早殤的愛子的思念之情和自己未盡父親義務的慚愧之情：

彼得我愛，我說過我是你的父親。但我最後見你的時候你才不滿四月，這次我再來歐洲你已經早一個星期回去，我見著的只是你的遺相，那太可愛，與一撮的遺灰……可愛的小彼得，我算是你的父親，但想起我做父親的往跡……覺著心裡有一個尖銳的刺痛，這才初次明白曾經有一點血肉從我自己的生命裡分出，這才覺著父性的愛像泉眼似的在性靈裡汩汩的流出：只可惜是遲了，這慈愛的甘液不能救活已經萎折了的鮮花。……為什麼我不能在你生前，日子雖短，給你應得的慈愛，為什麼要到這時候，你已經去了不再回來，我才覺著骨肉的關連？

另外，徐志摩筆鋒上帶著逼人而來的情感，很擅長於在散文中經營一種獨特的意境，給人一種「登山則情滿於山，觀海則意溢於海」的細膩、眞切之感。如散文〈我所知道的康橋〉和〈翡冷翠山居閒話〉，以濃墨重彩描寫令人迷醉的康橋風光和義大利翡冷翠的靜謐清美景色時，也處處突出了他自己對大自然的眞情與深情，情景交融，情意濃得化不開，表現了他鑄造散文意境美的特殊才華。

詩化的韻味

徐志摩散文濃得化不開的色彩，也表現在他藉助遣詞造句上的鋪張和排比，渲染情緒，增加繁複和含蓄的色彩。這當然不是單調乏味的簡單重複，而是讓人感到奢華新鮮，鋪張而不累贅。如在〈我所知道的康橋〉裡，他這樣描寫遠望村舍的晨炊：「朝霧漸漸的升起，揭開了這灰蒼蒼的天幕，（最好是微霰後的光景）遠近的炊煙，成絲的，成縷的，成捲的，輕快的，遲重的，濃灰的，淡靑的，慘白的，在靜定的朝氣裡漸漸的上騰，漸漸的不見，彷彿是朝來人們的祈禱，參差的翳入了天聽……」這鋪張的文字不也勾畫出了一幅靜穆、幽遠、寧靜、恬淡的村舍晨炊圖嗎？

在〈北戴河海濱的幻想〉裡，徐志摩用五百餘言，一口氣寫了二十三句「忘卻」的排比句式，末了還留下了「……」告訴人他還言之未盡：

在此暫時可以忘卻無數的落蕊與殘紅；亦可以忘卻花蔭中掉下的枯葉，私語地預告三秋的情意；亦可以忘卻苦惱的僵癟的人間，陽光與雨露的殷勤，不能再恢復他們腮頰上生命的微笑；亦可以忘卻紛爭的互殺的人間，陽光與雨露的仁慈，不能感化他們兇惡的獸性；亦可以忘卻庸俗的悲瑣的人間，行雲與朝露的丰姿，不能引逗他們剎那間的凝視；亦可以忘卻自覺的失望的人間，絢爛的春時與媚草，只能反激他們悲傷的意緒。

我亦可以暫時忘卻我自身的種種；忘卻我童年期清風白水似的天真；忘卻我少年期種種虛榮的希冀；忘卻我漸次的生命的覺悟；忘卻我熱烈的理想的尋求；忘卻我心靈中樂觀與悲觀的鬥爭；忘卻我攀登文藝高峰的艱辛；忘卻剎那的啓示與徹悟之神氣；忘卻我生命潮流之周轉；忘卻我陷落在危險的漩渦中之幸與不幸；忘卻我追憶不完全的夢境；忘卻我大海底裡埋著的秘密；忘卻曾經刳割我靈魂的利刃，炮烙我靈魂的烈焰，摧殘我靈魂的狂飆與暴雨；忘卻我的深刻的怨與艾；忘卻我的冀與願；忘卻我的恩澤與惠感；忘卻我的過去與現在……

這恐怕是中國現代散文裡排比句用得最多的一篇了。徐志摩借這二十三句排比的「忘卻」，展露了自己一生的歷史、思想的演變，以及情感的潮汐和靈魂的奧秘。句式雖長，意義卻鮮明；意義雖繁複，語言卻流暢，氣勢又頗足。同時，他隨著自己思想過去的變化，利用音節的組合，追求一種詩化的韻味，造成了一種音樂的美，感染讀者的情緒，也給人以散文詩的美感。

梁實秋在談到徐志摩散文的魔力與風格時也說，「他的文章真是跑野馬；但是跑得好。志摩的文章本來用不著題目，隨他寫去，永遠有風趣。嚴格地講，文章裡多生枝節（Digression）原不是好處，但有時那枝節本身來得妙，讀者便會全神貫注在那枝節上，不回到本題上也不要緊，志摩的散文幾乎全是小品文的性質，不比是說理的論文，所以他的跑野馬的文筆不但不算毛病，轉覺得可愛了。」（梁實秋：〈談志摩的散文〉）這段話可以說準確地把握了徐志摩散文結構上形散而神不散的特點。

徐志摩筆鋒上的情感逼人而來，與他的老師、筆鋒常帶感情的一代宗師梁啓超對他的影響是分不開的。徐志摩早年追隨梁啓超新民體文風，筆鋒帶感情而滿紙活力，眞可以說是慷慨激昂，淋漓盡致。他受「康橋」的洗禮後，文體又多了一種幽默諷刺的風味，這不能說不是受了羅素及一班英國作家的影響。此外，家庭的影響和大自然的薰陶，使他從小養成的浪漫性靈，以及他畢生追求浪漫理想的個性，也都是影響他散文「濃得化不開」的重要原因。

也因爲徐志摩從小養成的活潑好動、酷愛自由的個性，使他的散文恣肆汪洋，不拘成法，形成他散文結構上「跑野馬」的特點。所以，他的散文比他的詩更顯出他的性格。讀他的散文我們宛然如見他整個性格的光輝，他的聲音容貌，他的活潑、靈動、嘮叨、興奮，及其談鋒之自在如意，都能在其散文裡見到。

梁實秋等人都評價徐志摩的散文在他的詩之上，也是有道理的。這要說到他寫散文的態度。在徐志摩的散文〈落葉‧序〉和〈話〉中，可見其創作散文的態度。在《落葉

・序》中他說，除了〈落葉〉一篇「反映前年秋天一個異常的心境多少有點分量或許還值得留，此外那幾篇都不能算是滿意的文章，不是質地太雜，就是筆法太亂或是太鬆，……且不說高明的讀者，就我這回自己校看的時候，也不免替那位大膽厚顏的『作者』捏一大把冷汗！」徐志摩這樣說，說明他對於文字，心目中早就有一個嚴格的要求了。

在〈話〉裡，他進一步表達了這個意思：

> 絕對的值得一聽的話，是從不曾經人口說過的；比較值得一聽的話，都在偶然的低聲細語中；相對的不值得一聽的話，是有規律有組織的文字結構；絕對不值得一聽的話，是用不經修煉、又粗又蠢的嗓音所發表的語言。

顯然，徐志摩寫散文是要追求那絕對值得一聽的話的境界了。如何才能達到這樣的境界？他接著舉了法國大文學家福樓拜的例子。據說，福樓拜有一信仰：「以為一個特異的意念只有一個特異的字或字句可以表現。」所以，他一輩子艱苦卓絕的從事文學，只是在尋求唯一適當的字句來代表唯一相當的意念。有時福樓拜還不吃飯，不睡覺，呆呆坐著，想尋出自己稱心愜意的句子；有時煩惱至極，甚至想到自殺。像福樓拜那樣有著豐富學識的偉大天才，還下這樣苦工成就不朽的文學，徐志摩感動了。同時他深深體會到：

不要說下筆寫，就是平常說話，我們也應有相當用心——一句話可以洩露你心靈的淺薄，一句話可以證明你自覺的努力，一句話可以表示你思想的糊塗，一句話可以留下永久的印象。這不是說說話要漂亮，要流利，要有修辭的工夫，那都是不重要的：最重要的是對內心意念的忠實，與適當的表現。固然有了清明的思想，方能有清明的語言，但表現的忠實與不苟且運用文字的決心，也就有糾正鬆懈的思想與警醒心靈的功效。

8 「單純信仰」的頹廢

一九二五／迎向前去

眞誠地袒露自我個性，在二十世紀一、二〇年代的中國知識份子中是一種風氣，它的魅力就在於其所體現的坦誠與勇氣。徐志摩在這一點上十分眞誠：他說的正是他所做的，他本人就是主動向別人描述的那個形象。按照他的浪漫理想來塑造自我，在徐志摩那裡並沒有陰暗的成分。他的一生行狀，如孩子般的天眞浪漫，富於衝動，他的毫無遮攔，所展露的是童子一樣的純眞與熱情。

「單純信仰」是徐志摩的奮鬥目標，他一直以一種不遷就社會成見、不屈從於習慣勢力的態度在追求，希望能達到「落花流水逕然去，別有天地非人間」的超脫境界。然而，當時的中國社會，正是動盪不安、各種價值觀念並存而相互衝突的時代。因此，他對於浪漫理想的追求不會有收成，就像沙灘上的花一樣終有枯萎的一天。

一九二五年十月，徐志摩剛剛接辦《晨報副刊》時，他的宣言是信心十足的，他在「發刊辭」〈我爲什麼來辦，我想怎麼辦〉和〈迎上前去〉中，對於現實的態度還是一如既往地充滿凌厲之氣：

這回我不撒謊，不打隱謎，不唱反調，不來烘托；我要說幾句至少我自己信得過的話，我要痛快地招認我自己的虛實，我願意把我的畫押畫在這張供狀的末尾。……我不敢非分的自誇；我不夠狂，不夠妄。我認識我自己力量的止境，但我卻不能制止我看了這時候國內思想界萎癟現象的憤懣與羞惡。我要一把抓住這時代的腦袋，問他要一點真思想的精神給我看看——不是借來的稅來的冒來的描來的東西，不是紙糊的老虎，搖頭的傀儡，蜘蛛網幕面的偶像；我要的是筋骨裡迸出來，血液裡激出來，性靈裡跳出來，生命裡震盪出來的真純的思想。……是的，我從今起要迎上前去！生命的第一個消息是活動，第二個消息是搏鬥，第三個消息是決定；思想也是的，活動的下文就是搏鬥。

用徐志摩自己的話說，這些話不免顯得「狂妄的招搖」，但他的這種堅定口吻，在鼓動別人的同時，其實也在給自己打氣。因爲幾天後，他在悼念好友劉叔和時，又寫下了這樣的話：

這年頭也不知怎的，笑自難得，哭也不得容易。你的死當然是我們的悲痛，但轉念這世上慘澹的生活其實是無可沾戀，趁早隱了去，誰說一定不是可羨慕的幸運？……可怕是這煩囂的塵世：蛇蠍在我們的腳下，鬼祟在市街上，霹靂在我們的頭頂，噩夢在我們的周遭。在這偉大的迷陣中，最難得的是遺忘；只有在簡短的遺忘時我們才有機會恢復呼吸的自由與心神的愉快。誰說死不就是個悠久的遺忘的境界？誰說墓窟不就是真解放的進門？

這顯然是在藉題發揮，抒發他個人的情懷了。於是，他的「最敬畏的一個前輩」——梁啓超在看了此文後，告誡說：

……既立意來辦報而且鄭重宣言，「決意改變我對人的態度」，那麼自己的思想就得先磨冶一番，不能單憑主覺，隨便說了就算完事。迎上前去，不要又退了回來！一時的興奮，是無用的，說話越覺得響亮起勁，跳躑有力，其實即是內心的虛弱，何況說出衰頹懊喪的語氣，教一般的青年看了，更給他們以可怕的影響，似乎不是志摩這番挺身出馬的本意！（〈再剖〉）

一九二八／《自剖》

梁啓超這一番當頭棒喝，很長時間裡一直在徐志摩「虛弱的內心」裡迴響。後來他情緒的發展，不幸恰恰走上了爲梁啓超也爲他自己所擔憂的路。到一九二六年春，徐志摩冒著「說出衰頹懊喪的語氣」的危險，接連發表了〈自剖〉、〈再剖〉、〈求醫〉、〈這是風刮的〉等一系列自剖文字。這些文字都收入了一九二八年一月由新月書店出版的散文集《自剖》，集子的封面圖案是被一把刀一劈爲二的徐志摩頭像。他說要「把我的血肉與靈魂，放進這現實世界的磨盤裡去捱，鋸齒下去拉，——我就要嘗那味兒！」處處透露出一股冷靜之氣，痛苦地自審著自己的欠缺。這在徐志摩以前的文字中極爲少見。

在〈自剖〉裡，徐志摩像剝竹筍一樣，層層深入地解剖自己，他說，他本是一個好動的人，每回他身體行動的時候，思想也彷佛跟著跳盪。他做的詩，有不少是在行旅期間想起的。他愛動，愛看動的事物，愛活潑的人，愛水，愛空中的飛鳥，愛車窗外掣過的田野山水。星光的閃動，草葉上露珠的顫動，花鬚在微風中的搖動，雷雨時雲空的變動，大海中波濤的洶湧，都是在觸動他感興的情景。他說，只要是動，不論是什麼性質，就是他的興趣，他的靈感；是動就會催快他的呼吸，加添他的生命。但近來他大大地變樣了：他的肢體已不如原先的靈活；他的心也同樣感受了不知年歲還是什麼的拘縶，動的現象再不能給他歡喜和啓示。他的思想，只似岩石上的藤蘿，貼著枯乾而粗糙的石面，極困難地蜒著。他覺得自己沈悶的心府裡有嘲諷弔唁的諄囑，「你再不用想什麼了，你再沒有什麼可想的了」；「你再不用開口了，你再沒有什麼話可說的了」（〈自剖〉）。

結果他只好自安沈默，以無限感傷的心情，緬懷去年去歐洲時情緒的活潑，興趣的醇厚。但這次春節的南方之行，他本想在這閒暇的假期中採集一點江南風趣，哪知他的心靈驟然呆鈍，筆下什麼也寫不出來。

爲什麼會有這種情形呢？徐志摩苦苦地自問。他認爲也許與時局有關。愛和平是徐志摩的天性，而北京的「三・一八」慘案使他十分震驚，彷彿那被殺的不僅是青年們的生命，他自己的思想似乎也遭了致命的打擊，在怨毒、猜忌、殘殺的空氣中，他的神經每每感受一種不可名狀的壓迫，只覺著煩只覺著悶。感想來時只是破碎，筆頭只是笨滯，身體也不舒服，像是蠟油塗抹住了全身毛竅似的難過。

徐志摩極度苦悶之餘，想要陸小曼給他力量、給他勇氣，但還是失望了。終於他向讀者袒露了自己心靈深層的幻滅感：「因爲個人最大的悲劇是設想一個虛無的境界來謊騙你自己；騙不到底的時候你就得忍受『幻滅』的莫大的苦痛。」（〈自剖〉）自剖）這也就是他自己所說的，從單純信仰流入懷疑後的痛苦。於是，他借朋友的口吻，說自己其實對文藝與學問都沒有眞興趣與熱心，「你本來沒有什麼更高的志願，除了相當合理的生活，你只配安分的做一個平常人，享你命裡鑄定的『幸福』；在事業界，在文藝創作界，在學問界內，完全沒有你的位置。你眞的沒有那能耐。」也說自己缺乏那種成就事業的「無形的推力與衝動」（〈自剖〉）。

徐志摩在〈再剖〉一文中再一次明確地表示他自剖的目的，他說他只要朋友們認識他的深淺，他最怕朋友們的容寵形成一種虛擬的期望；他操刀自剖的目的，就在及早解卸他本不該扛上的負擔。回顧他接編《晨報副刊》，他承認當初是很有熱情的，有自己的信念與理想，但後來就放棄了原先的理想，即使沒有後退，至少也是停滯不前。他似乎突然發現原來我們的生活是一種複性的生活，具有現實的和性靈的兩面，而自己這輩子只是在生活的道上盲目前衝，「從哪裡來，向哪裡去，現在在哪裡，該怎麼走，這些根本的問題卻從不曾到我的頭上。」他現在似乎明白了，要把自己從幻想的天空放回現實的地面，在這種誕生的新意識中，他要好好自我認識，然後決定現實生活的路該怎麼走。

此後的前途就光明了嗎？並沒有，浪漫詩人那裡的浪漫理想與「悲慘的」現實始終是一個無法解開的死結。在一個文弱詩人那裡，理想既無法實現，現實更無法超脫，徐志摩這些字裡行間蘊含絕望的吶喊，拚命的掙扎始終存在。徐志摩在〈求醫〉一文中說到，一個說話絕對不敏捷的朋友給他開了兩味藥來治療自己的思想病：一是「隱居」，一是「上帝」。「煩悶是起源於精神不得充分的怡養；煩囂的生活是勞心人最致命的傷，離開了就有辦法，最好是去山林靜僻處躲起。……爲要啓發性靈……他得自動去發見他的上帝。」

這種消極避世的想法當然只是一種假想的解脫，一種心理的自我安慰，而絲毫無補於問題的解決。痛苦中，他便從曼殊斐兒日記中描繪閒適寧靜的生活中尋找安慰。曼殊斐兒寫道，如果她身體健康，她就一個人跑到一個地方，在一株樹下坐著。這引起徐志摩的深深共鳴，他說：「她這苦痛的企求內心的瑩澈與生活的調諧，哪一個字不在我此時比她更加『散漫、含糊、不積極』的心境裡引起同情的迴響！啊，誰不這樣想：我要是能，我一定跑到一個地方在一株樹下坐著去。」「但是你能嗎？」徐志摩便用這充滿絕望的反問戛然結束了全文。

這一天天、一夜夜的枯坐獨思，使徐志摩的浪漫理想，再一次經受了嚴重的考驗。絕望之中的徐志摩有兩條路可以走：一是繼續一意孤行；一是從根本上承認現實，徹底地放棄理想，向現實妥協。

最後，他為自己選擇了一種解決矛盾的輕捷方式，便是對越來越不堪忍受的現實的逃遁。在〈想飛〉中，徐志摩盡情地描繪了「飛」的種種暢美境界和想飛的強烈願望：

是人沒有不想飛的。老是在這地面上爬著夠多厭煩，不說別的。飛出這圈子，飛出這圈子！到雲端裡去，到雲端裡去！哪個心裡不成天千百遍的這麼想？飛上天空去浮著，看地球這彈丸在太空裡滾著，從陸地看到海，從海再看回陸地。凌空去看一個明白——這才是做人的趣味，做人的權威，做人的交代。這皮囊要是太重挪不動，就擲了它，可能的話，飛出這圈子，飛出這圈子！

六年之後，徐志摩果然「飛」出了這一個圈子，在火光與巨響之中結束了他短促的一生，從而徹底擺脫了被理想與現實糾纏著的痛苦人生。但他曾像一隻不知倦的夜鶯，在月高風清之夜，不斷地為理想放喉嗚唱，一直到滿嘴鮮血淋漓，一直到生命的終止。

一九二八／第三次出國

與陸小曼結婚近兩年後，徐志摩婚後的幻滅感與日俱增，理想之光也隨著時光的飛逝而慢慢暗淡消退。在事業上，他雖與胡適、聞一多等在上海組建了新月書店，創辦了《新月》月刊，與陸小曼合寫了《卞昆岡》，創作和譯述了少量詩歌和散文。但文學創作與前幾年相比，其成就是微不足道的，一個有靈氣的詩人到了才思枯竭的地步，他內心深爲不安。而生活上，陸小曼奢靡豪華，徐志摩爲了家計，疲於奔命，經濟的困頓使他極爲狼狽。

徐志摩越來越意識到上海這十里洋場是一個銷形蝕骨的地方，絕不是詩人可以久居之地，一種深深的焦灼折磨著他敏感的靈魂。

陸小曼是他自己找的，而且是在家庭、老師、社會的一片反對聲中，執意選擇的伴侶，他有他的自尊，即使再痛苦，他也不想和陸小曼鬧得不可開交，滿城風雨，讓別人笑話。所以，徐志摩跟陸小曼的感情雖然惡化了，但在人面前，他還要裝得若無其事，落拓瀟灑，一派紳士風度。這是不是也受了他的崇拜偶像哈代的影響呢？卡爾・韋伯說到哈代和他太太的關係，是這樣寫的：「他對太太並沒有報復行動。他寧願內心慘痛而口中默默，微笑在人前，忍受在人後。」（趙遐秋：《徐志摩傳》）這，也簡直就是在給徐志摩畫像了。

一九二八年六月中旬，徐志摩第三次出國遠遊。對於這次遠遊，徐志摩公開的理由是去看望國外的老朋友，特別是要去印度和泰戈爾團聚幾日，但其中一個不便明說的重要原因則是他太痛苦了，他希望自己的暫時離開能使小曼驚醒，他對小曼仍充滿了期待。不過，與三年前的那次歐陸之行相比，他的心境大不一樣。那次正當熱戀，他滿載著對陸小曼深切的愛，滿懷著對理想愛情的憧憬與渴望而踏上途程。

一九三一年三月十九日，徐志摩給陸小曼的信裡，曾追憶過這次歐遊的緣由：「我對你的愛，只有你自己最知道，前三年你初沾上習的時候，我心裡不知有幾百個早晚，像有蟹橫著爬，不提有多麼難受。……如果不是我身體茁壯，我一定早得神經衰弱。我決意去外國時是我最難受的表示。但那時萬一的希冀是你能明白我的苦衷，提起勇氣做人。」

啓程後才一天，船上的徐志摩就寫了一封很長的家信，詳細介紹自己的衣食住行、船上見聞，述說自己對小曼的思念與擔心，叮囑小曼「冷東西千萬少吃，多多保重，省得我在外面提心吊膽的！」同時，他藉交代兩人合著的《卞昆岡》出版事宜，鼓勵自己的「乖囡」提起寫戲的興趣：「這夏天我眞想你能寫一兩個短戲試試，有什麼結構想到的就寫信給我，我可以幫你想想。我對於話劇是有無窮願望的，你非得大大的幫我忙，乖囡！」此後的五個多月中，旅途中的徐志摩決心每天給妻子寫信，實際上他從世界各地寫給妻子的信共有一百封，即平均每三天就寫了兩封。徐志摩對妻子的那份深情和對她覺醒的期盼可以想見。

促妻反省，催妻上進，是徐志摩出國的一個重要原因。所以，在這些書信中，他還對婚後兩年來的上海生活作了冷靜的剖析，對自己作了自我反省與批判：

船上吃飽睡足，精神養得好多，面色也漸漸是樣兒了。不比在上海時，人人都帶些晦氣色。身體好了，心神也寧靜了。……上海的生活，想想真是糟。陷在裡面時，愈陷愈深；自己也覺不到這最危險，但你一跳出時，就知道生活是不應得這樣的。

陸小曼不但懶於動筆給海外孤獨的丈夫捎去柔聲曼語，還將丈夫那字字凝聚著愛之心血的萬里家書隨手亂扔，到丈夫返國時竟遺失得所剩無幾，一百封家書我們今天能讀到的竟只有寥寥八封。這不免令歸來後的徐志摩寒心，也讓陸小曼後來在追念志摩中後悔莫及。

徐志摩一生中共出國三次，一九一八年，是去追求眞理；一九二五年，是躲避社會對他的非議，去尋覓寧靜；一九二八年是無法忍受自己追求的浪漫之愛幻滅的巨大痛苦，爲了逃避現實。這第三次遠遊是他一生中名副其實的環球旅遊，行程幾萬里，歷時約半年。一九二八年六月十六日，他在上海登上一艘加拿大郵船——女皇號，橫渡太平洋，途經日本，到達美國西部海岸的西雅圖，然後再橫穿美國大陸，乘火車到紐約。七月穿越大西洋到達倫敦，訪問羅素和恩厚之。九月到法國，後又乘船至印度，訪泰戈爾。十月到新加坡，十一月底回到北京。

重遊日本，徐志摩對日本產生了複雜的感情。四年前他陪同泰戈爾訪日時，正是東京發生大地震之後，整個城市幾乎被毀滅，現在，東京又建成一個繁華的大都市。這使徐志摩對日本人民的頑強意志和創造精神由衷感到敬佩，但一個月前，日本侵略者強佔濟南，大肆屠殺中國的軍民，製造了「濟南慘案」。徐志摩對日本軍國主義者瘋狂侵略中國也極爲憤怒。他在日記中寫道：「這幾天我生平第一次爲了國事難受。……一方面日本人當然是可惡，他們的動作，他們的態度，簡直沒有把我們當作『人』看待，且不說國家與主權，以及此外一切體面的字樣，這還不是欺人太甚？」（陳從周：《徐志摩年譜》）這時徐志摩在東京看到不少玲瓏可愛的玩意兒，很想買幾件寄給陸小曼，但一想到國家的義憤，毅然掉頭而去。

徐志摩於七月初抵達美國維多利亞島後，又立即爲臨海的美景所陶醉。自然崇拜者徐志摩對這裡居住環境的優美、空氣的清新、艷麗的鮮花、臨海的宏闊都傾倒之至，並有「使人塵俗之念，一時解化」之感。

他又來到他的母校——紐約哥倫比亞大學，十年前就是在這裡開始了學子們夢寐神往的留學生活。雖然他一直不欣賞美國社會與文化，也曾經對這所學校的教學方法很反感，但這裡畢竟是他走向歐洲文明的第一個起點，是他成長歷程中的一個關鍵性驛站。盤桓哥大，這裡的老師、同學、校園風光，無不令他感到陌生又親切，無不勾起自己當年在這裡刻苦攻讀的種種回憶。

一九二八／三訪康橋

一九二八年八月中旬，徐志摩重新回到了精神故鄉康橋。

整整六年了，他已從一個滿懷激情與狂想的少年成長為一個詩人、教授。夕陽下，他漫步在康河邊的濃枝茂草之間，追尋當年的足跡。在王家學院的那棵大榆樹下駐足，佇望康河柔緩的流水，河畔輕拂的金柳倒映在清澈的水中，與柔軟的水草交織在一起；榆樹下那靜靜的拜倫潭（大詩人拜倫舊遊之地），更照出西天絢爛的彩霞；河邊那一大片蔥鬱的草坪上，一些年輕的學子們或坐或臥，三三兩兩地在談論著什麼；草坪後的房舍還是像六年前一樣掩映在一片薔薇之中，左側教堂那森林似的尖閣永遠直指著天空，……依然是夏末的濃蔭翠綠，依然是康河汩汩的流水，而人事滄桑，不堪回首。

徐志摩又從康橋步行去沙士頓，他想將這六英里當作他生命中最可貴的一段歷程。回到沙士頓，那間他經常收取林徽因來信的雜貨鋪不見了，被一座漂亮的汽車旅店取代，原來店主老約翰死了。自己遠涉重洋而來，就是為了承受這幻滅的悲哀？他幾乎沒有勇氣去看老房東史密斯夫婦了。但是他還是來到了他熟悉的那座灰色房子面前，他想像著一個驚天動地、興高采烈的歡聚場面，但他見到的是永遠也站不起來了的史密斯先生，一雙失神眼睛打量他的史密斯太太。老約翰死了，史密斯先生癱了，史密斯太太衰老了……是啊，什麼才是永恆的呢？自己孜孜追求嚮往的愛和美，難道不是瞬息即逝嗎？徐志摩滿懷世事滄桑的悲哀告別了沙士頓。

再遇羅素、恩厚之、狄更生

在康瓦爾（Cornwall）羅素的住處，徐志摩拜會了羅素夫婦。儘管漫天濃霧遮蓋了周圍應有的美景，但主人的熱情款待，使他們共同度過了一段難忘的時光。他們徹夜長談，哲學家還是與往常一樣，話語間充滿了辛辣的情趣和溫厚的幽默。這樣富於智慧的談話，徐志摩已經很久沒有享受了，如今重聽哲人的教誨，他異常激動。

他又去了達廷頓，好友恩厚之夫婦盛情款待了他。徐志摩參觀了他們的實驗農莊，他由衷地對恩厚之說：「根據我在這個世界的閱歷，達廷頓的道路是直通人類理想樂園的捷徑……」（致恩厚之信）晚上，恩厚之來到徐志摩的房間，拿出了他保存的一九二四年五月徐志摩陪同泰戈爾去山西訪問，火車即將開動時徐志摩匆匆寫下的字條。徐志摩很慢很慢地看了這片段的文字，他的眼眶濕了，又將字條還給了恩厚之。「留在你這兒，讓它永遠留在你這兒吧，做爲我過去美麗而無望的愛情的見證留在英國，因爲這段愛情就是在這多霧的島國產生的。」回首往事種種，字條又勾起了詩人的萬千感慨！

就在徐志摩離別歐陸前夕，還有一次重逢令他終身感動不已，那就是他與康橋恩師狄更生在馬賽的會面。本來，徐志摩以爲在康橋就能見到狄更生，可狄更生當時去了法國。深爲遺憾的徐志摩只好經巴黎、杜倫、馬賽準備乘海船回國，一路仍電報與狄更生聯繫。狄更生，這位當年介紹徐志摩到劍橋大學王家學院做「特別生」的英國學者，對中國學生也滿懷深情，竟按著徐志摩行程的電報，一站一站地追，最後兩人終於在馬賽緊緊擁抱。老人不辭辛勞趕來與他告別，對於故地重遊的徐志摩來說，似乎更有一番深意，他深深地感激老人的厚愛，為自己的故地尋夢添上了這濃墨重彩的一筆。

再晤泰戈爾

晤別狄更生，徐志摩便乘船東返，前往印度拜會泰戈爾，這是他這次漫遊的一個重要心願。十月初，徐志摩終於見到了他時常想念的泰戈爾。他們天天見面，談天，說幽默話，講故事，時而暢懷大笑，時而沈默靜思，又時而悄悄密語，十分和諧、融洽，親如父子。一批印度朋友還在十月九日為徐志摩舉行茶會，泰戈爾做主席。茶會上，老詩人為徐志摩畫了幾張素描，在上面還題寫了短詩，並朗讀徐志摩的詩〈沙揚娜拉〉，博得在座者的熱烈掌聲，留給徐志摩一個美好的回憶。孔子誕辰那天，也是徐志摩與陸小曼結婚兩週年紀念日，泰戈爾特邀徐志摩向國際大學的師生們講述孔子這位中國大思想家的生平和學說。此外，泰戈爾還安排徐志摩參觀他的蘇魯農村建設實驗基地，使徐志摩心中一時充滿了光明和希望。

十月下旬，徐志摩在印度停留了三個星期後，啓程回國。

一九二八／再別康橋

十一月六日，在南中國海上，在周圍旅客的嬉笑喧鬧聲中，徐志摩憑欄遐思。快回家了，快見到小曼了，半年的飄泊即將結束了，徐志摩心中不免有些興奮。現在小曼終於醒了嗎？他抬頭望望天上的雲彩，不禁又沈浸在對這次歐遊的回憶之中：

輕輕的我走了，
正如我輕輕的來；
我輕輕的招手，
作別西天的雲彩。

那河畔的金柳，
是夕陽中的新娘；
波光裡的豔影，
在我的心頭蕩漾。

軟泥上的青荇，
油油的在水底招搖；
在康河的柔波裡，
我甘心做一條水草！

那榆蔭下的一潭，

不是清泉，是天上虹
揉碎在浮藻間，
沈澱著彩虹似的夢。

尋夢？撐一支長篙，
向青草更青處漫溯，
滿載一船星輝，
在星輝斑斕裡放歌。

但我不能放歌，
悄悄是別離的笙簫；
夏蟲也為我沈默，
沈默是今晚的康橋！

悄悄的我走了，
正如我悄悄的來；
我揮一揮衣袖，
不帶走一片雲彩。

徐志摩的不朽名作，中國現代詩歌史上的經典作品，〈再別康橋〉就這樣橫空出世了。詩作最初刊登在一九二八年十二月十日出版的《新月》第一卷第十期上，後收入《猛虎集》。

此次歐遊，所見所聞，都很愜意，一切在徐志摩心中又注入了新的活力。歸來後，他的事業心更強了，決意仿效恩厚之和泰戈爾致力農村建設實驗，正如他所說：「想到已訪問了兩處使我獲益良多的地方，我感到十分快樂。我現在動程回國——頭腦中裝滿了知識，心懷裡充滿了感念。」

一九二八／綠色之夢：農村建設計畫

徐志摩這次歐遊去看望泰戈爾和恩厚之夫婦，一是盼望在老戈爹那寬博無邊的庇蔭下享受寧謐，與多年來結下深情厚誼的恩厚之重叙友情；同時也想見識一下他們在印度和英國創建的農村樂園，指望他們的農村復興計畫能夠爲黑暗中國的未來提供一種救渡的可能。

農村復興計畫是泰戈爾多年的願望，早在一九一三年獲得諾貝爾文學獎後，他就用這筆獎金在大自然懷抱裡辦了一所學校。後來他又覺得，要使農民徹底擺脫愚昧與貧窮，單靠教育還不夠，必須興辦實業，進行綜合管理。一九二一年泰戈爾在訪問美國期間，結識了英國學生恩厚之，當時恩厚之正在美國康乃爾大學農業經濟系念書，和泰戈爾一樣都有造福人類的崇高願望，兩人不謀而合。於是，恩厚之成了泰戈爾的私人秘書，隨同泰戈爾回印度。他們在蘇魯買下山迪尼基頓農莊，建立了蘇魯農村試驗基地，開始從事農村建設的試驗工作。該基地設有學校、救火隊、醫療隊、合作社、畜牧業、手工業等，學校重視音樂、歌舞、戲劇和美術等文化生活。這使得當地農村的面貌有了一定程度的改觀，也部分實現了泰戈爾的理想。

泰戈爾在一九二四年訪華時，就希望移植他在印度蘇魯的山迪尼基頓計畫，也在中國建立一個實驗基地，繼續實踐、檢驗他的農村建設的計畫，並確定由恩厚之帶領數名印度農村建設工作者一起做這個工作。當時中國的熱心者徐志摩、張彭春、瞿菊農三人都參與討論和謀畫。他們計畫先在中國一地起頭，然後逐漸推廣；具體辦法是在農村設立學校、救火隊、醫療隊、蓄水池、合作社，並加強畜牧業和手工藝，更提倡全民性的文藝活動。泰戈爾一行於一九二四年六月二十日前往太原考察。由美國傳教士李佳白寫信引薦，泰戈爾在太原會見了閻錫山，主要原因是想爭取閻錫山的合作，推行農村建設計畫。閻錫山一口答應，接受這份外援，立即決定把晉祠一帶的地方給泰戈爾他們做試驗基地。而且確定於一九二五年春，由中國的熱心份子在山西當局的協助下，先做一些社會調查研究，然後再擬定方案，付之實施。

徐志摩高興得手舞足蹈，親自和山西省教育局負責人馮司直見面，具體協商農村建設計畫中的學校建設問題，雙方取得了一致的意見。恩厚之後來說徐志摩當時「對這件事的遠景洋溢著他個人喜悅之情，做爲詩人的他，這是理所當然的。」（趙遐秋：《徐志摩傳》）在徐志摩看來，農村建設實施以後，農村在物質生活方面，豐衣足食；精神方面教育會得到普及，文化會獲得自由地發展，這正是理想主義者徐志摩所期望的。他以泰戈爾弟子自居，泰戈爾也十分信賴他，徐志摩就成爲泰戈爾農村計畫在中國的代理人。很可惜，數月後直奉戰爭爆發，徐志摩本人也陷入了與陸小曼的愛情漩渦之中……晉祠農村開發基地，這一幅花團錦簇的理想圖畫，就成了紙上談兵的空想。

一九二四年，恩厚之隨泰戈爾回印度後不久，就回英國和一位美國富孀結婚。婚後，他們夫婦在英國南部德溫郡的托特尼斯買了達廷頓莊（Dartington Hall），全面地實現泰戈爾的農村建設計畫，把達廷頓莊辦成了一個綜合性的農村試驗基地。那裡有使當地人獲得就業機會、提高他們生活水平的鋸木廠、釀酒廠、紡織間、木工廠和陶器窯等，還有醫院、實驗室和中小學校。學校重視文藝體育活動，由師生共同管理，沒有嚴格的上課制度，音樂、戲劇、舞蹈、美術和非競爭性的運動在那裡十分盛行。

在參觀了恩厚之這美如詩歌的達廷頓莊後，徐志摩心中一度「黯淡」的綠色之夢又「明亮」起來。他對恩厚之說，根據他在這個世界的閱歷，達廷頓的道路是直達人類理想樂園的捷徑，達廷頓莊是一圈燦爛異常的光明，也是至美的化身。他準備回國後立即籌建一個農村建設基地，把達廷頓的做法搬到中國來。恩厚之讚賞徐志摩的理想，表示在經濟上全力支持他，要他在上海開一個銀行戶頭，以便日後匯款。但他又擔心徐志摩的詩人氣質過濃，影響農村建設計畫的實現。因爲徐志摩對泰戈爾的農村建設計畫，有些浪漫的情緒，他在給恩厚之的信裡就曾瀰漫著這種思想。

對此，恩厚之誠懇地批評他的老朋友：「關於你去訪泰戈爾，我想略進片言。首先，他頭腦中實際的一面會強調中國實際的需要，但這只是一時之想；他的另一面，就是藝術家與詩人的氣質，會熱烈翻飛來歡迎你心魂中和他一致的氣質，這樣的同氣相投，彼此相處水乳交融，你們就會不切實際而只強調中國在精神上和藝術上的需要了……」（趙遐秋：《徐志摩傳》）徐志摩接受了這番忠告，他告訴恩厚之：「你提及我裡面的『詩人與藝術家』，這句當頭棒喝的話十分中肯，我一定會銘記於心。」（致恩厚之信）

徐志摩回國後不久，恩厚之滙了三百英鎊到上海通商銀行徐志摩的戶頭上。在恩厚之夫婦的經濟支援下，徐志摩開始積極籌畫他胸中的綠色計畫了。他與張彭春、瞿菊農、金岳霖等人在蘇浙兩地進行了實地觀察，最後他們選定了民風淳厚、受文明污染較少的浙江「南北湖」爲實驗區，並及時給恩厚之報告進展情況，並希望恩厚之在最近能親自來中國一趟，幫他籌畫一切。

很快，恩厚之就有了回音，表示樂意再資助二百英鎊。按理說，徐志摩有實現「綠色之夢」的可能了。可是，徐志摩經過幾個月與現實生活接觸之後，發現他原來嚮往的「原始的」、「樸素的」農民生活，在他心中已變了顏色。他這時才深深感到，要在中國實現自己的「綠色之夢」談何容易啊！

由於戰禍天災，北方是赤地千里的災區，哀鴻遍野，觸目驚心。一九二八年十二月，他在去北京途中，見淮北河南一帶，雪花亂飄，風寒如刀，百姓所居土屋牆壁破碎，葦席作頂，僅可聊避風雨，農民袖手寒戰，面無榮色，原來他所標榜的農村生活，早已滲進了苦水。他感慨不已：「回想我輩穿棉食肉，居處奢華，尚嫌不足，這是何處說起。我每當感情動時，每每自覺慚愧，總有一天我也到苦難的人生中間，去嘗一分甘苦……」（致陸小曼信）南方雖已無戰亂，但情況也大不如人意，人身安全失去了保障，搶劫、綁票之風四處蔓延。「治安一事，即使在江、浙兩省，甚至是南京城附近，也是沒有保障的。綁票幾乎蔓然全國，搶劫更不用說了，法律是形同虛設的。」（致恩厚之信）而且當地農民狹隘的保守思想像是一座密封的碉堡，外來的春風不易吹入。

一九二九年三月，失望中的徐志摩不得不致信告訴恩厚之：「我有幸在達廷頓以及山迪尼基頓，從你和泰戈爾把靈感和鼓舞帶回中國，這些都是偉大的事物，但可惜都在毫無希望的時日和人事推移中漸漸黯然無光了。我癡心的夢想還是沒有什麼實現的機會。」（致恩厚之信）徐志摩與恩厚之的通信到一九二九年六月終止，徐志摩想振興中國農村的綠色計畫就這樣又煙消雲散了。這又是一次單純信仰的幻滅。

一九二九／「秋聲」與正義

徐志摩在創作、教學中感受到了友情的溫暖和教學的樂趣，在編輯《詩刊》的過程中，感受到了生命與性靈的光亮，並從他畢生渴望的生命女神——林徽因那裡獲得了諸多情感的安慰，彷彿久蟄的性靈一下子被搖活了。然而，面對殘酷的現實生活，在他的內心深處，卻一直是「不論你的夢有多麼圓，周圍是黑暗沒有邊」。詩人感受到的是自己多年癡癡追求的浪漫理想不斷幻滅的苦痛。

「我不知道，我不知道。我知道的還只是那一大堆醜陋的臃腫的沈悶，壓得瀟人的沈悶，籠蓋著我的思想，我的生命。它在我的經絡裡，在我的血液裡。我不能抵抗，我再沒有力量。」這是徐志摩於一九二九年秋，在上海暨南大學作「秋聲」講演時所說的話。這是他性靈呆滯、詩意枯萎的焦慮表現，也是他的「單純信仰」流入頹廢的吶喊。

做爲一個詩人，再沒有什麼比性靈的枯萎更讓人焦慮的了。在實際生活的壓迫中，偶然掙出八行十二行的詩句都夠艱難的。尤其是那幾年，膽小的性靈不再拜訪心煩意亂的詩人，有時候他想著都害怕：「日子悠悠的過去，內心竟一無消息，不透一點亮，不見絲紋的動。」徐志摩一個人在靜默中追憶往昔時光，他想起了泰戈爾的名劇《齊特拉》，難道自己以前的詩興是神靈因爲憐憫自己的愚蠢而暫時借給自己享用的？如同齊特拉一身的美麗是向神靈通融得來限定日子要交還的一樣？徐志摩疑惑了。

徐志摩的「單純信仰」爲什麼會幻滅呢？「五卅」慘案、「三・一八」等慘案，屠殺的不僅是青年們的生命，也是徐志摩的思想。還有他那「綠色之夢」也因中國政局激變而全部落空。

但徐志摩絕不甘心於沈淪，就在〈秋〉的末尾（當時演講的題目是「秋聲」，後來印行時取消了「聲」字），他還是鄭重地宣告了一個態度，喊出了Everlasting Yea（意爲永遠持肯定的態度）不管這一次說這話時心情多麼沈重，其眞誠與勇氣還是一貫的。這使我們想起了一九二四年秋徐志摩在北京師大作的講演「落葉」，其末尾也是Everlasting Yea。

當趙家璧問徐志摩，爲什麼用Everlasting Yea作結束語時，徐志摩說：「這是英國哲學家湯瑪斯・卡萊爾的話，意即千秋萬代，永遠向前！我用這來鼓勵中國青年應當就在今天採取積極的、肯定的、向上的人生態度。我想望著一個偉大的革命，因此我在〈落葉〉裡喊著。幾年時間過去了，我盼望的事情出現沒有呢？沒有！但是我在〈秋〉的結束處，還是照樣喊著，我對青年的希望沒有變，對未來的希望沒有變！」（趙家璧：〈徐志摩和《志摩全集》〉）

在瞬息萬變的時代面前，追尋和平秩序的理想主義者徐志摩迷惑了，他既對一切反動勢力和醜惡現象深感失望，也無法理解蓬勃興起的共黨運動。但失望並不意味絕望，那麼，出路在哪裡？在〈秋〉中，徐志摩拿出的法寶依然是他那超現實鬥爭的「單純信仰」：「我們要的是從豐滿的生命與強健的活力裡流露出來純正的健全的思想，那才是有力量的思想……我們在教育上就不能不極力推廣教育的機會到健全的農民階級裡去。」個人方面，「我的意見是要多多接近自然，……這完全靠我們各個人自覺的修養」。他甚至提出了一個異想天開的辦法：「獎勵階級間的通婚」。主張打破知識份子和農民的界限，打破江浙人和北方人的界限，實行「儘量的通婚」，來改善我們的民族，使「將來的青年男女一定可以兼有士民和農民的特長，體力和智力得到均平的發展。」他也懇切地要求女同學畢業後嫁給農民做妻子，要江浙人找北方女性作對象，引得同學們哄堂大笑。趙家璧課餘曾直率地問他：「你提出的辦法眞能改造我們的國家民族嗎？」徐志摩自己也承認：「這也僅僅是我的『理想國』而已。」（趙家璧：〈徐志摩

和《志摩全集》〉）

徐志摩一九二八年回國後，仍在上海光華大學執教。光華是一所民間集資創辦的學校，辦學形式較爲自由，學生中既有國民黨員，也有共產黨員，而且他們之間常常會發生一些摩擦。國民黨當局爲了控制該校，在一九三〇年冬指使特務學生楊樹春帶頭「鬧學潮」，嚴重影響了學校正常的教學秩序。校長不能容忍他的搗亂，臨時由七位教職員組成的校務執行委員（徐志摩爲執委會委員之一）決定將他開除出校。

一九三一／救助丁玲

徐志摩這一時期複雜的政治態度，還表現在救丁玲這一正義舉動上。一九三一年一月十七日，左翼作家胡也頻在上海參加中共江蘇省委負責人何夢熊主持召開的會議。國民黨當局立即派軍警逮捕了江蘇省委全體成員以及包括胡也頻在內的數名左翼作家。胡也頻被關押在上海龍華監獄，他買通一個管教的老頭，送給沈從文一張便條，希望沈從文與胡適聯繫，保他出去。沈從文立即與丁玲等人商量營救辦法，覺得應請胡適、徐志摩寫信給當時的中央研究院院長蔡元培，由蔡元培出面，設法放人。

沈從文是深受徐志摩賞識的青年作家，跟徐志摩有較深的交誼。五年前，徐志摩編《晨報副刊》時，沈從文曾受到過他的知遇，作品多次由徐志摩決定錄用；以後在上海，徐志摩又約沈從文長期爲《新月》月刊寫稿。所以沈從文是徐家的常客，來去隨便，熟不拘禮。徐志摩這一問，沈從文便將胡也頻被員警逮捕的消息說了，並說他不久前參加了中國共產黨，定是凶多吉少，請求徐志摩設法營救。

徐志摩聽後，頓時沈思默想。片刻後，他終於拿起了筆，寫了兩封信交給沈從文。一封是給蔡元培的，一封是給吳經熊的，兩人均是與徐志摩相熟的政府要人，懇請他們設法向有關方面交涉釋放胡也頻。最後，他還叫沈從文去找胡適幫助。

可是，黨內同志、黨外朋友、社會人士的援助營救，沒有人能軟化當局鎮壓共產黨人的狠心，胡也頻最終還是被國民黨殺害了。消息傳來，徐志摩臉色鐵青，話都說不出來。沈從文還告訴他，胡也頻的伴侶丁玲女士剛剛分娩不久，身體尚未復原，遭此不幸，精神刺激不說，處境也很危險。徐志摩並不認識丁玲，但讀過她的小說《莎菲女士的日記》，有很深的印象，認爲她是一位很大膽的有才華的女作家。於是，他向中華書局推薦了丁玲的一篇文稿，給她預支了稿酬。另外，他又向好朋友邵洵美借一筆款交給沈從文。隨後，沈從文便與丁玲假扮成夫妻模樣，帶著胡也頻的遺孤，秘密離開了上海。

這件事，在徐志摩心中掀起的波瀾久久不能平息。他想起在漆黑的深夜被殘酷殺害的青年朋友，想起沈從文對友人的熱誠和不惜冒性命危險的救助，他抑制不住創作的欲望，他開始寫作小說〈璫女士〉。他把他的愛與敬、同情和悲憤傾注在女主角——一個細心、機警、坦誠、有才氣、膽大驚人的青年女性身上，誰都看得出來，她便是青年女作家丁玲。

一九二九／「生活逼成了一條甬道」

很可能是在一九二八年和一九二九年之間，徐志摩最後一次與同輩女作家冰心見面。據事後冰心寫信給梁實秋說，當時，徐志摩幾乎是聲淚俱下地對著冰心說了這樣一句話：「我的心肝五臟都壞了，要到你那裡聖潔的地方去懺悔。」（趙遐秋：《徐志摩傳》）

確實，這時候，徐志摩多年追求的「愛、自由、美」，已經徹底幻滅了。他和陸小曼之間的愛情，已經降低到最低點，就連想與妻子並肩漫步，外出就餐，同看電影等夫婦間的正常生活都成了徐志摩的奢望。

當年那麼狂熱相愛，以驚人的勇氣，衝破重重阻力，終結良緣，可如今妻子連丈夫的生日都忘得一乾二淨了，夫婦雖在一起生活，實已形同陌路；問題還在於，妻子無情，丈夫卻還滿懷期望與深情，一句淡淡的貌似輕鬆的「你說可笑不？」該是包含了徐志摩多少辛酸與失落啊！

徐志摩為自己的命運悲哀，一九二九年七月，寫下詩作〈活該〉：

提什麼以往？——
骷髏的磷光！
……

愛是癡，恨也是傻；
誰點得清恆河的沙？
不論你夢有多麼圓，
周圍是黑暗沒有邊。
比是消散了的詩意，
趁早掩埋你的舊憶。
這苦臉也不用裝，
到頭來總是個忘！
得！我就再親你一口：
熱熱的！去，再不許停留。

徐志摩一直希望陸小曼能在文學美術方面有所成就。後來，陸小曼卻一心只想當演員，徐志摩瞧不起當時上海的演藝界，勸阻陸小曼說：「上海可不得了，這班所謂明星，簡直是『火腿』的變相，哪裡還是乾淨的職業，眉眉，你想上銀幕的意思趁早打消了罷！我看你還是往文學美術方面，耐心的做去。」得不到丈夫的支持，陸小曼只好放棄了當演員的夢想（致陸小曼信）。

陸小曼在北平時，就由凌叔華介紹師從陳半丁學過花鳥畫，到上海定居後，又拜賀天健爲師研習山水。一九二八年徐志摩在歐遊途中，就寫信叮囑陸小曼要養成純正的愛好和趣味，要她認眞學畫和讀些正書，希望她改變靡亂的生活習慣，培養性靈和情操。那時，陸小曼學畫，雖還處在初學階段，她也並不很用功，但她師從的陳、賀兩位先生都是國畫名家，加上她悟性甚高，其藝術眼光自然不低。她的作品，自有其獨特的風格，在煙雲林水之間，處處顯露出一種淸淡飄逸的情致，意境悠遠。

一九三一年四月，徐志摩在老家硤石收到陸小曼的一封信，她表示自己要在繪畫方面做出些成績，並有辦畫展的意思。

一九三一年夏間徐志摩北上時，隨身攜帶了陸小曼的幾幅畫，其中有一幅臨摹新作山水長卷，打算給朋友看看，聽取他們的讚賞鼓勵之辭，藉以鞭策陸小曼鍥而不捨地努力進取。

金岳霖、麗琳（美國女孩，時爲哲學家金岳霖的朋友）看後，張大了眼，誇陸小曼是眞聰明，這當然是溢美之辭，因爲兩人並不內行。一代才女凌叔華看後，說原卷太差，建議陸小曼該看看好些的作品。言下之意，原卷都不怎麼樣，臨摹的還會好嗎？徐志摩又來到了美學家、書畫理論家鄧以蟄家。鄧以蟄仔細看後，出於朋友之誼，也連聲稱讚，還受徐志摩之託，親自將畫裱好，並題跋語。

鄧以蟄將裱好的畫送還之後，徐志摩準備請朋友們題詞，以激勵陸小曼奮進。他給陸小曼寫信說，「你的畫已經裱好，很神氣的一大卷。方才在公園，王夢白、楊仲子諸法家見我挾著卷子，問是什麼精品？我先請老鄉題，此外你要誰題，可點品，適之，要否？」胡適是徐志摩夫婦的老朋友，又是大名人，陸小曼自然不會說不要。徐志摩又將畫拿去給胡適看。胡適知道小曼又開始作畫了，爲徐志摩感到高興。

胡適的題詞正如淩叔華說的話一樣，直言不諱地表達了自己的批評意見。這位實驗主義者強調的是要走寫實主義的路子，大有「搜盡奇峰打草稿」，「功到自然成」的味道。不過一句「功力可不小」，雖有不相信陸小曼有如此功力的味道，實際是對陸小曼繪畫功底的誇獎。更重要的恐怕還是胡適題詩的言外之意。

豈知楊杏佛看了胡適的題詩卻有不同看法。他認爲，古人作畫，不求形似，只求胸襟與感情的寄託，陸小曼的畫也是一樣，只是寄情於山水之間而已。於是他也拿起毛筆即興題詩一首，和胡適唱了個反調。

接下來，陸小曼的老師賀天健也題了一首絕句，針對胡適的觀點，爲弟子辯護。後來，還有梁鼎銘、陳蝶野等名家也題了詞。梁、陳二人對小曼的畫都持肯定態度，並鼓勵小曼不要自滿，精益求精。

不管朋友們怎樣題辭評價，徐志摩都爲陸小曼感到高興：「現在好在你已在畫一門尋得門徑，我何嘗不願你竿頭日進。你能成名，不論哪一項都是我的榮耀，即如此次我帶了你的卷子到處給人看，有人誇，我心裡就喜。」（致陸小曼信）

一九三一年十一月十九日，徐志摩登機北上，還帶著這副長卷。飛機失事，機毀人亡，而這幅畫卻神奇地完好無損。後來，這幅佈滿名家題跋，足以流芳百世的山水畫卷一直由陸小曼珍藏在身邊，成爲她時時感悟徐志摩摯愛自己的溫馨回憶，也成爲她在徐志摩愛的召喚下試圖振作的生動見證。一九六五年陸小曼臨終前，才託陳從周（徐志摩的表妹夫）保管。陳從周又加上題記，送到浙江博物館保存。

自從一九三一年四月，他童年的愛和夢、歡樂與依戀，隨著母親的逝世而消失後，他對家庭的感情，也因父親的蠻橫態度而徹底冷卻。那時唯一使他牽腸掛肚、放心不下的只有小曼了。一九三一年的上半年，他已在上海與北平之間來回奔波八次了，除了一次是遭母喪，其餘幾次都是給陸小曼送去每月的薪水，並勸她與自己北上團聚。徐志摩的理由十分充分，無論是從小曼養病、學畫、演戲、夫婦團聚、獨立門戶、節省開銷等各方面來看，陸小曼都應該北上才是理想的選擇。「你們想必又在忙唱，唱是也得到北京來的，……北京是演戲的地方，上海不行的。」「想想我們少年夫妻分離兩地，實在是不對。但上海絕不是我們住的地方。我始終希望你能搬來共同享些閒福。北京眞是太美了，你何必沾戀上海呢？」

看到陳西瀅與凌叔華、梁思成與林徽因等朋友們個個夫妻團圓，常年相伴，而自家卻南北分離，自己又寄人籬下，生性高傲的徐志摩備感淒涼：爲了讓妻子北上，徐志摩還曾苦苦哀求甚至不惜與妻子討價還價：「況且北京實在是好地方。你實在過於執一不化，就算你這一次遷就，到北方來遊玩一趟，不合意時盡可回去。難道這點面子都沒有了嗎？」

然而，陸小曼總閃爍其詞，找出種種理由來推拖：父母親習慣上海的生活，不願北上，北上對自己的病不利，自己也喜歡上了上海的生活，不想因北遷而折騰等等。其實，這關鍵還在於陸小曼此時在上海忙於客串演戲，戲友也多，同時，鴉片煙癮大，又有朋友翁瑞午陪自己抽，這些都是北京沒有的。此外，陸小曼也許還有一層心思：這位當年的京城交際花，因棄夫與徐志摩熱戀，在北京備受了親友們的恥笑、指責和辱罵，北京，實在是一個令她傷心膽寒的地方。何必硬要回京呢？

令徐志摩頗感傷心的是，自己那麼深深地愛著妻子，而沈迷於上海熱鬧生活的妻子對自己卻沒有放在心上，他們夫婦間的關係更趨緊張和冷漠。他每次回到家裡，陸小曼都對他冷淡之至，毫無歡迎之意，「老是那樣坐著躺著不起身」。

忙碌之中的陸小曼甚至連丈夫的衣服也忘記置辦了，在一九三一年六月氣溫頗高的北平，身為堂堂北大教授的徐志摩卻「只有一件白大褂」，而「此地做又無錢」，他很不滿地給妻子寫信說：「你自己老爺的衣服，勞駕得照管一下。我又無人可商量的。」想到陸小曼對自己不關心，在外生病的徐志摩不禁怨氣沖天：「老爺是一隻牛，他的唯一的用處是做工賺錢，……太太，你忍心字兒都不肯寄一個來？」其實，徐志摩脾氣很好，一向很少動氣發火，但因妻子的冷漠，他的怨恨憤懣之情也難免溢於言表。

陸小曼對徐志摩的批評，自然是反唇相稽，毫不退讓。特別是當她風聞徐志摩在北京與林徽因重敘舊誼時，嫉妒之心頓生。她似乎明白了徐志摩離開上海的真正原因，便含沙射影地揭他的傷疤，以示回敬，說林徽因病中有徐志摩看護，兩人一定非常愉快。

一提起林徽因，徐志摩似乎膽怯了許多，連忙不迭地申辯：「……至於梁家，我確是夢想不到有此一著；況且此次相見與上次迴不相同，半亦因爲外有浮言，格外謹愼，相見不過三次，絕無愉快可言。」

對徐志摩來說，最讓他頭痛不已、寢食難安的是經濟的窘迫。爲了維持上海的排場，滿足陸小曼的消費欲望，徐志摩在北大、女師大每週各上八小時的課，每月五百八十元的收入，這在當時是一個不小的數目。徐志摩勒緊褲帶，自己只留下一點點可憐的零用錢，其餘全部滙寄上海。但在陸小曼浩大的開支面前，這幾個錢又怎夠花？沒錢只好借。所以，一九三一年的徐志摩經常負債，借錢、還錢，弄得他焦頭爛額，也顏面掃地。在六月十四日給陸小曼的信中他這樣悲哀地寫道：「唯一希冀即是少債，債是一件degrading and humiliating thing（意爲「使人難堪和丟臉的事情」）。眉，你得知道有時竟連最好朋友都會因此傷到感情的，我怕極了的。」徐志摩不厭其煩地與陸小曼討論家庭帳目的家書中，可以更清楚地看到一代浪漫詩人生活中極度窘迫的另一面。

……我們帳上欠多少？你再告訴我，已開出節帳，到那天為止，共多少？連同本月的房錢一共若干？還有少蝶那筆錢也得算上，如此連家用到十月底，尚須歸清多少，我得有個數。帳再來設法彌補。你知道我一連三月，共須扣去三百元。

……你愛我，在這窘迫時能替我省，我真感謝。我但求立得直，以後即要借錢也沒有路了，千萬小心。……

到十月二十九日，徐志摩生前的最後二十天，他還在信裡爲錢發愁：「你送興業五百元是哪一天？請即告我。因爲我連二十以前共送六百元付帳，銀行二十三來信，尚欠四百元，連本月房租共欠五百有餘。如果你那五百元是在二十三以後，那便還好，否則我又該著急得不了了！……明日我叫圖南匯給你二百元家用（十一月份），但千萬不可到手就寬，我們的窮運還沒有到底；自己再不小心，更不堪設想；我如有不花錢的飛機坐，立即回去，不管生意成否。」

這裡說的生意，是指徐志摩爲他的族叔蔣百里賣房子、新月社同人孫大雨賣地皮的事，徐志摩忘了理想，顧不得性靈，顧不得銅臭氣味污染了詩人高貴的桂冠，甘願做中間人，四處兜售，尋找買主，做成一筆買賣，則可以得一筆款子，來補貼家裡用項，以解燃眉之急。可憐的詩人！若不是爲滿足陸小曼過度奢侈的生活要求，他怎麼會去幹這樣的事?!

其實，早在徐志摩第三次出國途中，他就從親朋那裡弄到一些古玩文物，出國變賣，用現在的話說叫走私文物。徐志摩這樣一位浪漫詩人，不是生活所迫，不是被經濟壓力擠得透不過氣來，走投無路，斷然不會如此。當然這裡的「生活」不是一般意義上的生活，按當時社會的標準，僅憑徐志摩在大學任職的薪水，足夠他們的生活過上中上等生活。

即使在當時，私自販賣文物也是違法的。所以一路上徐志摩頗費了一番精神，其間有這樣一段插曲：「船上的風景也好，我也無心看，因爲到岸就得檢驗行李過難關。八時半到西雅圖，還好，大約是金問泗的電報，領館裡派人來接，也多虧了他，出了些小費，行李居然安然過去。現在無妨了，只求得到主兒賣得掉，否則原貨帶回，也夠掃興的不是？」挾帶私物的擔憂，與詩歌中的哀怨已經完全不是一回事了。

徐志摩最後一次飛回上海，就是爲了蔣百里房地產的事，而回去的路費卻又讓他傷透了腦筋：「至於我回去的問題，我哪天都可以走；我也極想回去看看你。但問題在這筆旅費怎樣報銷，誰替我匯鈔，我是窮得寸步難移；再要開窟窿，簡直不了，你是知道的。」

總之，在徐志摩生命的最後一年，呈現在他面前的生活是一片灰暗：母親病逝，父子反目，夫妻兩地分居的寂寞，妻子對他感情的冷淡；負債累累的焦慮，寄人籬下的自卑……種種煩惱，重重枷鎖，令生活中的徐志摩不堪重負，簡直處於精神崩潰的地步。雪萊的〈西風歌〉中所唱：「我倒在生命的荊棘叢中，我流著血！」眞可以說是徐志摩最後一年生活的最確切的寫照。

在胡適家裡，徐志摩白天恍恍惚惚，常常一個人呆呆地出神；晚上又早早地把自己關在屋子裡枯坐。胡適夫婦十分同情他的處境，擔心他長此下去，會被毀掉，又力勸他與陸小曼離婚。但徐志摩沒有採納這一建議，他對胡適夫婦說：「我不能這麼辦，陸小曼本是因我而離婚的，我這麼一來，她就毀了，完事了。所以不管大家意見如何，我不能只顧自己而丟了她……」（趙家璧：〈徐志摩和《志摩全集》〉）

此外，徐志摩平時還竭力掩飾他跟陸小曼之間的不和諧。當上海有些報紙報導他和陸小曼失和時，他卻說：「關於我和小曼失和的消息，想必是我獨身北去所引起的一種懸測，這也難怪。再說我們也不知犯了什麼煞運，自從結褵來，不時得挨受完全無稽的離奇的謠諑？事實是我們不但從來未『失和』，並且連貴報所謂『齷齪』都從來沒有知道過……」（致錢芥塵信）當初徐志摩傾全力與陸小曼結婚，與全社會對抗，早已把話說絕了，他怎能再演一場離婚案呢？

正如胡適所說，徐志摩冒了絕大的危險，費了無數的麻煩，犧牲了一切平凡的安逸，犧牲了家庭的親誼和人間的名譽，去追求、去試驗一個夢想之神聖境界，而終於免不了慘酷的失敗，他的失敗是一個單純的理想主義者的失敗。徐志摩的〈生活〉一詩是他自己承認生活失敗的最好證明：

陰沈，黑暗，毒蛇似的蜿蜒，
生活逼成了一條甬道：
一度陷入，你只可向前，
手捫索著冷壁的黏潮。

在妖魔的臟腑內掙扎，
頭頂不見一線的天光，
這魂魄，在恐怖的壓迫下，
除了消滅更有什麼願望？

一九三一年底，經過無數次勸說後，陸小曼終於勉強答應北上，重新開始新生活。其間夫妻的關係也一度緩和，生活似乎即將爲詩人開闢一個美好的未來，徐志摩的臉上又多了些笑容。然而，一場遽然來臨的空中橫禍，將詩人一生中的美夢都粉碎得徹徹底底、乾乾淨淨了。

9 「人人的朋友」

「吾愛吾師」梁啟超

徐志摩詩文並佳的成就外，其「極難得可愛的人格」也給人留下了較深的印象。他這可愛的人格，甚至比他做爲詩人、散文家更具魅力。這人格魅力的最動人之處即在於：他純潔天眞、誠摯溫柔、瀟灑寬容的氣質和心靈；對人一團熱情、一團關愛和藹眞率的態度和舉止。有如「春風的和煦，陽光的滿照」，給人的印象「永遠是溫暖的顏色，永遠是美的花樣，永遠是可愛」（胡適：〈追悼志摩〉），不由得你不對他「一見傾心」而成爲他的朋友。因此，他「同時可做祖父孫三代人的朋友」，他成了朋友中間「一片最可愛的雲彩」、不可少的「連索」，朋友們公認的「一位最可交的朋友」，「人人的朋友」。

在他所交的國內朋友中，有長一輩的，如一代宗師梁啓超，軍事理論家蔣百里，

「戀愛大家」林長民，社會名流蔡元培、章士釗等；有在文學上互相唱和的同輩好友胡適、陳西瀅、郁達夫等；有政界學界名流張君勱，教育部長蔣夢麟，次長郭有守等；有誼兼師友的沈從文、趙家璧、何家槐等；有談文說藝的紅粉知己凌叔華、韓湘眉等。

志摩這「極難得的可愛的人格」的形成，自然離不開徐家家風對他的影響。爲擴大商賈世家的家聲，父親徐申如在從商之餘，攀附上層社會，結交權貴，與「狀元實業家張謇」、「浙江梁啓超湯壽潛」等交往，無形中也薰陶了徐志摩喜好交遊的性情。另外，徐家相對開明輕鬆的家庭環境，慈愛賢淑的祖母、母親對他的影響，使他自小就養成了平和寬容、熱情活潑的性格，這是他能贏得廣泛朋友的眞正原因。

在中學時代就爲學界泰斗梁啓超的學識與文采所傾倒的徐志摩，於一九一八年六月正式拜入梁啓超門下，成爲這位在中國近代史上一度叱吒風雲的一代宗師的新弟子。梁啓超一直對弟子徐志摩頗爲器重，如建議他出國深造，弟子留學歸來又安排他任北京松坡圖書館英文秘書，去南開暑期學校講課，以講學社名義接待印度詩哲泰戈爾等，都體現了一代宗師對弟子的關愛與提攜。

一九二八年十一月上旬，徐志摩第三次歐遊回國後不久，就聽說遠在北京的恩師病重的消息。做爲「梁任公先生最愛護的學生」（胡適語），徐志摩憂心如焚。十二月十一日晚十一時，他匆匆趕到北京，第二天一早就赴北京協和醫院探望。因梁啓超的病情嚴重，醫院嚴禁見客，徐志摩只好在門縫裡張望了兩次。一次看見梁啓超躺著，恩師的模樣已讓病魔折磨得難看極了，半邊臉只見瘦黑而焦的皮包著骨頭，「完全脫了形了」

（致陸小曼信），徐志摩禁不住流下了眼淚。第二次他看見梁啓超和梁思成說話，多少可見梁啓超的神采，心裡才略感寬慰。

徐志摩在京期間，幾乎天天前往醫院探望老師。後來見梁啓超的病情尚未進一步惡化，已能和家人談話，徐志摩就離京返滬了。他萬萬也沒有想到的是，自己返回上海還沒有幾天，恩師就在協和醫院遽爾仙去了，時間是一九二九年一月十九日。這一年，這位風雲一時的思想、學術大師才五十七歲。第二天，他就趕緊給剛到北京的胡適寫信，商量著處理恩師後事與遺著的出版事宜。

接著，徐志摩又趕去和梁實秋等商談《新月》出任公先生專號的事；他又給陳西瀅和聞一多寫信，約請他們爲專號撰寫紀念文章……。徐志摩爲了紀念梁啓超，促成《新月》辦紀念專號，並竭盡全力出版梁啓超的遺稿，宣揚他的學問和人格，可謂出於一片至誠。

與泰戈爾的忘年之誼

自拜師於梁啓超門下起，徐志摩喜交名流的習氣就已形成。在留學英倫的兩年時間裡，他穿梭於名流學者之間，結交了不少外國朋友。如對他自信、好辯的精神氣質及反叛現實的人生觀產生深刻影響的羅素，慈祥溫藹、引導他邁入文藝之門的狄更生、威爾斯等等，他們或爲師長，或成了忘年之交，或親如兄弟，都留下了永恆的情誼。

泰戈爾是徐志摩心中崇拜的偶像之一，在一九二四年泰戈爾訪華一年之後，徐志摩在給泰戈爾的信中對泰戈爾的中國之行作了高度的評價：「您在中國的訪問為時頗短，但留給那邊朋友們的憶念卻毫無疑問是永遠常新的！而令人更感到安慰的，是您在中國建立了關係，遠遠超過了個人之間的點滴友誼，這個關係就是兩國的靈魂匯合成為一個整體。您所留下在中國的記憶，至終會在種族覺醒中成為一個不斷發展的因素。」這與其說是一種客觀評價，還不如說是徐志摩個人感受的表達。

泰戈爾也珍惜與志摩心心相通的友誼，訪華期間，他為徐志摩取了一個印度名字「素思瑪」（Susima），徐志摩後來就用這名字給泰戈爾寫信，還親暱地對泰戈爾以「老戈爹」相稱。泰戈爾回國後，還把由徐志摩翻譯的在華演講辭，輯錄為《在華談話錄》（*Talks in China*），卷首有梁啓超的序言，扉頁上寫著：「感謝我友徐志摩的介紹，得與偉大的中國人民相見，謹以此書為獻。」

一九二九年三月十九日，徐志摩恩師梁啓超剛逝世不久，泰戈爾又專程來徐志摩家做客。重溫詩翁那「高超和諧的人格」，這給正被痛苦和悲哀佔滿心胸的徐志摩帶來了幾許歡愉。

一九二九年三月，徐志摩接到泰戈爾來信，說他去美國、日本講學，順便也打算專程到上海看望徐志摩和未見過面的陸小曼。在這之前，泰戈爾知道徐志摩和陸小曼為婚姻抗爭的情況，非常贊成，勸他們繼續為戀愛而奮鬥，不要氣餒。他們結婚之後，老詩人一直來信，說要來看看陸小曼。他又說，這次只是做為一個朋友的私人訪問，靜悄悄地在家住幾天，不要像上次來華那樣讓大家都知道，到處去演講。雖然泰戈爾這麼講，徐志摩卻大動腦筋，竭力回憶自己去印度時該民族的起居飲食、生活習慣細節，陸小曼一點一點地記在本子上。當時他們已經搬遷到福煦路六一三號，他們精心準備，將他們家的三樓佈置成一個印度式臥室，裡邊一切都模仿印度的風格，古樸而又神奇。

忙了好些天，他們總算把泰戈爾盼來了。那一天，船到碼頭，徐志摩看到，泰戈爾這次眞是簡單得很，只帶了一位秘書叫 Chanda，是一位年輕小伙子。泰戈爾一見陸小曼，拉著她的手看了又看，睿智而慈祥的雙眼中充滿了欣愉和寬慰。

因爲那間印度式房間只可住一個人，徐志摩和陸小曼把 Chanda 安排在旅館住後，便喜孜孜地帶泰戈爾回他們爲老人準備的臥室，想讓老人對他們精心築構的傑作大出意料、喜出望外。哪知泰戈爾對著這間印度式的臥房大失所望，大搖披滿白髮的頭。然而，當老詩人看到徐志摩夫婦的臥室時卻讚歎不已，當仁不讓地說：「我愛這間饒有東方風味、古色古香的房間，讓我睡在這一間吧！」（陸小曼：〈泰戈爾在我家作客〉）

泰戈爾和藹、慈愛地撫摩著徐志摩和陸小曼的頭，管他倆叫「我的孩子」，一對大眼睛在長長披拂著的白髮下顯得分外晶亮。三人用英語暢快地交談著，直到深夜，不知疲倦，不覺時光的流逝。

第二天，泰戈爾帶著徐志摩和陸小曼去一位印度朋友家赴晚宴，整個屋子裡全是印度人。老人將徐志摩和陸小曼介紹給自己的鄉親們，說這是他的兒子和媳婦。徐志摩看出，泰戈爾在他同胞的心中有著至高無上的聲望，他們把他當作慈父和導師，看作印度的光榮。因此，印度人也用他們最隆重的儀式和最親切的態度歡迎和接待徐志摩和陸小曼。

兩天的時間在親愛、和睦的氣氛中過去了。泰戈爾要啓程了，他緊緊拉著徐志摩夫婦的手許諾說：「我回國時還會到你們家來住兩天，我捨不得就這樣匆匆地和你們分別。」陸小曼拉著老詩人的大手，依依難捨。在這兩天裡，她和志摩的全副精神都融化在泰戈爾一個人身上，她感受到了友誼的暖意。她甚至覺得，那是他們婚後最快活的幾天。

這一年秋天的一個下午，泰戈爾從美國、日本講學回印度時，又路過上海。午前，徐志摩接到泰戈爾的電報，回印度的船大約午後五時左右靠岸。徐志摩拉著郁達夫一道去大賚公司的輪船碼頭迎見老詩人。

泰戈爾曾寫信告訴徐志摩，他在日本、美國受了一部分新人排斥，心裡十分鬱悶，又因爲年老，路上生了一場重病。徐志摩對郁達夫說這幾句話的時候，雙眼呆看著遠處，臉色變得青灰，聲音也特別低。郁達夫感到，這種悲哀，似乎不僅僅是爲泰戈爾，也從徐志摩的生命深處浮現出來。

船來了，泰戈爾失去了上次來時那種興高采烈的情緒。他仍住在徐志摩家，但說話很少了，常常默默無言地坐著、沈思著，彷彿世界在他眼裡變得陌生了。徐志摩、陸小曼不敢打擾他，只是靜靜地照顧他。臨別時，徐志摩拿出自己的紀念册，請老詩人題辭留念。

徐志摩的這本紀念册是一本二十開大小、由各種不同顏色的北平精製彩箋裝訂成非常講究的册頁。明明色彩繽紛，徐志摩卻將它題名爲《一本沒有顏色的書》。泰戈爾一張一張地翻閱，每翻到一頁，徐志摩就給他翻譯或解釋。

上面有胡適的小詩：有邵洵美畫的茶壺茶杯，並題打油詩：「一個茶壺，一個茶杯；一個志摩，一個小曼。」有楊杏佛畫的陸小曼頭像，並題〈菩薩蠻〉一闋；還有陳西瀅手錄徐志摩的一首短詩，顧頡剛題的七絕一首，張振宇作的「小曼志摩出洋有期圖」，楊清磐作的「紅豆圖」，江小鶼作的「翠竹蜻蜓圖」，聞一多作的「倚欄佳人圖」並題李義山七律〈碧城〉一首，還有章士釗題〈飛機詩〉，俞平伯填〈南柯子〉詞。

泰戈爾坐到徐志摩那張紅木大書桌前，拿起桌上的中國毛筆，在這本精緻的紀念册上畫了一幅水墨畫的自畫像，筆意粗獷，近看像是一位老人的大半身坐像，遠看又似一座小山。接著他用秀麗的鋼筆字在畫幅右上角寫了一首富有哲理意味的英文小詩：「小山盼望變成一隻小鳥，擺脫它那沈默的重擔。」泰戈爾又在另一頁上用孟加拉文寫了一首詩（趙家璧：〈徐志摩和泰戈爾〉）：

路上耽擱櫻花謝了，好景白白過去了。
但你不要感到不快，（櫻花）在這裡出現。

寫完後，泰戈爾鄭重其事地合起紀念册，沈默片刻，緩緩地脫下身上那件紫紅色絲織印度長袍，贈給徐志摩夫婦爲紀念。徐志摩知道，印度人將自己穿過的衣服送給別人，是表示向最親愛的人贈送最珍貴的禮物。陸小曼生前將這件袍子交她姪女陸宗麟保管。「十年動亂」中，陸宗麟家屢遭搜查，但因爲她已略加改製，才得以保存下來。

臨別，徐志摩和老人相約，一九三一年，他要專程到印度去爲泰戈爾的七十大壽祝賀。可惜，泰戈爾壽辰時，徐志摩早已雲遊藍天之外，未能如願。

紅粉知己凌叔華

五四時期是一個思想解放、移風易俗的時代，一些新派人物尤其是沐浴了歐風美雨的高級知識份子之間，很注重異性間的社交。徐志摩與凌叔華、韓湘眉等的交往就屬於這種情況。當時他們的交往並沒有任何逾越界線的表示，也與各自的生活伴侶相安無事。如徐志摩生前曾說，他與凌叔華是「唯一有益的眞朋友」，陳西瀅晚年在回憶新月社的文章中還說「叔華也是志摩的朋友」。

凌叔華，原名瑞棠（唐），祖籍廣東番禺縣，一九〇〇年三月二十五日生於北京一個官宦之家，一九二〇年入燕京大學預科學習，後轉入外語系。出身名門的凌叔華，才華出衆，詩文書畫，無一不通。一九二四年由在燕大執教的周作人推薦，開始在《晨報副刊》上發表署名「瑞唐」的小說、散文，在文壇嶄露頭角。另外，她人長得清秀、端莊，言談舉止自是一派大家閨秀的風範。一九二四年夏季，凌叔華大學畢業後，被聘爲故宮博物院審查書畫的專門委員，從事古書畫的整理工作。一九二七年，與徐志摩好友陳西瀅結婚。陳西瀅，原名陳源，字通伯。早年在英國留學時，便與徐志摩相識相知。回國後執教於北京大學，其間與徐志摩更是過從甚密。一起參加新月社的集會，一同出入各種場合，一起寫文章，兩人的文風又很相近，以至於不知內情的人，以為是同一個人的兩個筆名。

徐志摩與凌叔華的初識，得追溯到一九二四年泰戈爾訪華時。當時凌叔華以燕京大學學生代表前去歡迎泰戈爾，而徐志摩的摯友、北京大學西洋文學系主任兼教授陳西瀅，也去參加了歡迎儀式。凌叔華得以同時認識了相隨在泰戈爾身邊的徐志摩，和後來成為她丈夫的陳西瀅。那時，雖然泰戈爾對徐志摩說過凌叔華比林徽因「有過之而無不及」，但徐志摩仍心繫於與他同時參加接待工作的林徽因，並不怎麼留意凌叔華。

一九二四年七月，林徽因已隨梁思成赴美留學去了。人去樓空，徐志摩的失落與空虛可想而知。再次失去林徽因後，他那顆孤寂的心隱約在尋找新的寄託。在與陸小曼相戀前的一段日子裡，他與凌叔華開始通信。對一個異性知己傾吐心中惆悵，這對於苦悶之中的徐志摩來說，眞是一種莫大的安慰。

一九三五年，凌叔華經過刪節處理，在她自己主編的《武漢日報・現代文藝》上，發表了徐志摩於一九二四年秋冬之季寫給她的一部分信。徐志摩在信裡向凌叔華表達希望她成為他「理想的通信員」的願望，凌叔華很快就答應了。徐志摩寫信表示感激：「不想你竟是這樣純粹的善慈心腸，你肯答應做我的『通訊員』。用你恬靜的諧趣或幽默來溫潤我居處的枯索，我唯有泥首！」隨後，徐志摩對凌叔華的「誠懇、眞摯而有俠性」大加讚美，並說自己是一個「感情的人」，碰到什麼有所感觸的事，難得不盡情的傾瀉，自己曾經記過日記，但每次都不能持久。最滿意、最理想的出路是找一個「眞能體會、眞能容忍，而且眞能融化的朋友」。而這樣的朋友實在是很難得的，男子缺乏自然的承受性，女子卻又不超出她們的習慣性與防禦性。總之，朋友間通信與談話，雖拘束少，但衝突的機會也多，自己一直都不很滿意。徐志摩的這番話，自然是希望與凌叔華的關係超過一般的朋友關係。

可惜，凌叔華給徐志摩的信，在文革期間都被陸小曼的姪女陸宗麟銷毀了。陳從周見過陸小曼保存的凌叔華致徐志摩的信：「係用仿古詩箋來寫，箋上畫著簾外雙燕，書法是那麼透逸，且僅文字美而已。」（陳從周：〈記徐志摩〉）這些信讓徐志摩興奮不已：「回京後第一次『修道』，正寫這裡你的信來了，前半封叫我點頭暗說善哉善哉，下半封叫我開口盡笑自語著捉掐捉掐！ㄨㄨ，你眞是個妙人，眞傻，妙得傻，傻得妙——眞淘氣……」（凌叔華的信）凌叔華的信彷彿投來的一顆石子，在徐志摩心中激起了層層的波，本打算「修道」的他，即刻又變得春心蕩漾。

徐志摩把給凌叔華寫信當作一種情感的自由抒發，而兩人在書信交往中也能心心相通。凌叔華與徐志摩通信的同時，也與徐志摩的好友陳西瀅通信，陳西瀅也一直在其周圍大獻殷勤。所以，在與陳西瀅、徐志摩交往之初，凌叔華的選擇尚未明確，徐和陳最終誰會成爲情人，誰是朋友，還是一個未知數。

不久，陸小曼在徐志摩的視野裡出現。明艷、嫵媚、多情的陸小曼，與「人淡如菊」的凌叔華風格迴異。而在浪漫主義者徐志摩的情感理想中，愛情應該浪漫熱烈，生生死死，如火如荼。凌叔華恰如一湖靜水，幾縷白雲，能讓人沈靜，卻不能使人激動。對於徐志摩，她確實更適合當紅粉知己，而不適合成爲耳鬢廝磨、如膠似漆的情人。

徐志摩與陸小曼開始熱戀後，仍一如既往地與凌叔華通信，且對凌叔華仍然表現出容易讓人誤會的親近與信任。首先，他的處女詩集《志摩的詩》初版扉頁上的題辭「獻給爸爸」，是出自於凌叔華的手筆；一九二五年三月去歐洲前，他還將一只存放涉及他與林徽因、陸小曼關係的日記和文稿的箱子交予凌叔華保管。並對凌叔華戲言，若自己出國發生意外，讓凌以此爲材料，作傳記小說，大有託付後事之意。爲什麼徐志摩在與陸小曼熱戀後還對凌叔華如此信任呢？原來他是把凌叔華當成了「唯一有益的眞朋友」（致陸小曼信）。

徐志摩是純眞率性之人，胸無城府，他與凌叔華的親密關係，不僅從沒有在陸小曼面前有半點隱瞞，還一再在陸小曼面前提到凌叔華，希望她們能成爲好朋友。他在給陸小曼的信中第一次提到凌叔華，是在一九二五年三月十日離京去歐洲的那個早晨寫的信裡：「最後一句話：只有S是唯一有益的眞朋友」。情人間生離死別之際，最後的叮囑竟涉及到另一位女性，徐志摩對凌叔華的信任可想而知。

徐志摩在一九二五年旅歐途中寫給陸小曼的信裡，也有兩次直呼其名地提到了凌叔華。

徐志摩出國沒幾天（三月十四日），凌叔華曾專程拜訪陸小曼，兩人還有過一次長談：「下午S來談話，兩人不知不覺說到晚上十一點才走，大家有相見恨晚的感想，痛快得很。」（《小曼日記》）在三月十七日，陸小曼回憶起凌叔華說過的一些話，由此發出了一些感想：「S說當初他們都不大認識我的，以為不是她們一類的，現在才知道我。」在此之前，凌叔華平常交往的人都是些文人雅士，或紳士淑女，在他們眼中，陸小曼不過是一朵交際花，自然不是她們的同類。而凌叔華此後對陸小曼的理解，也不是隨口的應酬之語。這次深談後沒幾天，她請陸小曼吃過一次飯，宴席上，小曼無意中說了一句：「這個禮拜為什麼過得這樣慢」，被在場的人取笑了一番，「還是S看我可憐救了我的」（《小曼日記》）。也是這個時候，她還介紹陸小曼師從名畫家陳半丁學畫。徐志摩去世後，凌叔華還特意寫信胡適，請胡適關照陸小曼。在信中她既表示了對當時小曼繼續過沈淪生活的不滿，希望小曼能在朋友的批評中重新生活，又對小曼表示了一定的同情與理解。

在這次與陸小曼深談後的第二天，即三月十六日，凌叔華寫了一篇小說〈吃茶〉，將五四時期剛剛開放的男女交往描寫得細膩入微。

徐志摩心地純真，無所顧忌，猶如一團春風，在北京社交圈中到處獻殷勤，特別能討人喜歡，很像小說中剛剛留學歸來的男子。雖然徐志摩並非把每個人都當作愛的幻影，但他的這一舉動也難免會引起人的誤解，除冰心外，當時上層知識界的名女人沒有不喜歡他的（桑龍：〈冰心眼中的徐志摩〉）如果陸小曼不出現，徐志摩有可能像陳西瀅一樣去追求凌叔華。如此種種，凌叔華本人在拜訪陸小曼兩天後寫這篇小說，恐怕不會與她在此之前同徐志摩的交往，以及當時她知道徐陸戀情後內心的某種失落無關吧？

可以說，凌叔華一直是徐志摩心中的理想女性。他歐遊回來後，爲激勵陸小曼從家庭的困境中掙脫出來，狠心立志做些事業，他將凌叔華當成陸小曼努力的一個樣板，並借凌叔華之口規勸陸小曼：「S來信有這句話——我覺得自己無助的可憐，但是一看小曼我覺得自己運氣比她高多了。如果我精神上來，多少可以做些事業，她卻難上難，一不狠心立志，險得很。歲月蹉跎，如何能保守健康精神與身體，志摩，你們都是她的至近朋友，怎不代她設想設想？使她蹉跎下去，眞是可惜，我是巾幗，到底不好參與家事。」（《愛眉小札》）在這裡，凌叔華將自己與陸小曼作了比較，徐志摩將此比較告訴陸小曼，是希望她能像凌叔華那樣，立志奮發。

一九二五年，徐志摩編《晨報副刊》時，沒有文字稿件和題頭圖案去求凌叔華，得了小說及圖案，又在附識中一謝再謝。可見，徐志摩對這位「凌女士」的倚重非同一般。

當初，徐志摩追求陸小曼，把她當作「愛與美」的化身，投入了極大的熱情。可他的夢想與現實之間的差別太大了。葉公超晚年曾經回憶：「志摩跟我提到過陸小曼和陳通伯的太太凌叔華，他說『陸小曼有句話我不敢說，這個女人是很奇怪的女人，實際是和凌叔華同樣的人，不過彼此不承認是同樣的女人。』」（葉公超：〈新月拾舊——憶徐志摩二三事〉）這也說明徐志摩在潛意識裡將陸小曼與凌叔華進行了比較。至於說陸小曼實際上是和凌叔華同樣的人，只是他的一廂情願而已。

一九四七年凌叔華隨同丈夫陳西瀅出國，於一九九〇年五月二十二日在英國去世。在一九八〇年代，旅居英國的凌叔華與大陸徐志摩研究者取得聯繫，在通信中，她有意無意流露了自己與徐志摩當年的特殊關係，並用兄妹一般的手足情來解釋自己當年與徐志摩之間不尋常的情感。在致陳從周的兩封信裡，她都說了這層意思。一封說「志摩同我的感情，眞是如同手足之親」（凌叔華：〈談徐志摩遺文——致陳從周信〉）。另外一封說「志摩與我一直情同手足，他的事情向來不瞞人，尤其對我，他的私事也如兄妹一般坦白相告。我是生長在大家庭的人，對於這種情感，也司空見慣了。」（趙家璧：〈徐志摩和《志摩全集》〉）凌叔華在同時期致友人信中也如此說。其實她當時要與陳西瀅結婚，並不妨礙她與徐志摩的繼續交往，也不能保證她內心深處沒有對徐志摩動過感情。看來，出生於大家閨秀的凌叔華已感覺到有些人的看法觸及了她內心深處的某些隱秘，她只好一再澄清。但不管怎樣解釋，徐志摩當年與她的關係是非比尋常的。

徐志摩對凌叔華的情感，主要是因爲一九二四年林徽因赴美留學之後，他心靈一度十分孤寂空虛，而被凌叔華清秀、端莊、溫文爾雅的大家閨秀氣質深深吸引，另外也出於他對凌叔華文學才華的欣賞。一九二四年初，凌叔華在文壇上已初露鋒芒。一九二五年，她又先後發表了〈酒後〉、〈繡枕〉等一鳴驚人、使之成爲「閨秀派」代表作家的作品。

一九二五年九月底，徐志摩在《晨報副刊》首期上發表凌叔華的小說〈中秋晚〉之後，又刊登了她的小說〈茶會之後〉和〈說有這麼一回事〉。一九二八年徐志摩在上海主編《新月》雜誌，凌叔華隨陳西瀅先去日本，後到武漢。這期間徐凌聯繫不曾中斷，凌叔華交給徐志摩相繼發表在《新月》上的小說有〈瘋了的女人〉、〈小劉〉、〈小蛤蟆〉、〈小哥兒倆〉、〈送車〉、〈楊媽〉、〈搬家〉、〈鳳凰〉。這些經徐志摩之手發表的小說遍及了凌叔華的四部小說集。

出於對凌叔華本人的信任及對她才貌的欣賞，徐志摩曾爲凌叔華的第一部小說集《花之寺》寫了一篇序文，爲別人的著作寫序，這在徐志摩人生中是第一次也是最後一次。只是不知什麼原因，當一九二八年一月凌叔華的《花之寺》由新月書店正式出版時，徐志摩的這篇序文未被收入，後來這篇序文也沒有收入徐志摩的各種文集。但在徐志摩主持編輯的《新月》第一卷第四號及第十號上，留下了注稱「節錄徐志摩本書序文」的《花之寺》廣告詞片段。徐志摩認爲，優秀的小說應該成品，有格；應該「分著哲學的尊嚴，藝術的奧妙」，而凌叔華《花之寺》中的作品已經達到了這一理想的標準。所以，他不惜用詩一樣的語言，讚美凌叔華的小說有「最恬靜最耐尋味的幽默」，有「七弦琴的餘韻」，有「素蘭在黃昏人靜時微透的清芬」。肯定、推崇之意溢於言表。

凌叔華做爲中國當代閨秀派代表作家，因其小說的成就和風格而常常被稱爲「中國的曼殊斐兒」，這不能說不是受了徐志摩竭力介紹並翻譯曼殊斐兒的影響。晚年的凌叔華在給陳從周的信中說：「我對文藝的心得，大半都是由他的培植」（凌叔華：〈談徐志摩遺文〉）。可見，在凌叔華的記憶裡，對其文學事業產生重要影響的是徐志摩，而不是與她朝夕相處的丈夫文藝評論家陳西瀅，這眞是一件耐人尋味的事。

徐志摩是怎樣影響凌叔華的文學創作的呢？凌叔華自己說她原存有徐志摩給她的信共七、八十封，而且多半是談論文藝的，只可惜這些信後來去向不明。可以肯定的是，憑著徐志摩對凌叔華不同尋常的信任和對其才華的欣賞，在他們經常談文論藝時，徐志摩不會不把自己對曼殊斐兒的傾心，和對其作品無以復加的情感轉移到凌叔華及其小說上。陳西瀅也與徐志摩合作翻譯過曼殊斐兒的作品，曼殊斐兒是由凌叔華最親近的兩個人介紹過來的，她的創作風格與曼殊斐兒相似是一種巧合恐怕說不過去。凌叔華自一九二五年初發表成名作〈酒後〉開始，她的一系列小說都展示出了一種與曼殊斐兒心理寫實十分相似的風格，而這正是一九二四年徐志摩與陳西瀅合譯的《曼殊斐兒》出版之後。

陸小曼原名眉，小曼是徐志摩給她取的名。小曼者，小曼殊斐兒也，寄予了他們夫婦共同在文學的領地裡有一番建樹的希望。但在徐志摩的周圍，像曼殊斐兒那樣既美麗又富才情的女性不是陸小曼，也不是林徽因，而是他「唯一有益的眞朋友」凌叔華。憑著詩人的敏銳，徐志摩漸漸感受到凌叔華才是他生命中最接近曼殊斐兒的女性。也正因爲凌叔華與曼殊斐兒的相似，徐志摩十分信任地將自己收藏日記書信的八寶箱託付給她，還爲她作了那篇遺失的序文，並在序文中那樣稱讚她的小說，徐志摩甚至把自己唯一的一本小說集《輪盤》「敬獻給我的好友通伯（陳西瀅）和叔華」（《輪盤・序》）。

正是徐志摩對凌叔華特殊的信任及對其文藝的培植，使得她在徐志摩意外離世後分

外傷心。她的紀念文章〈志摩眞的不回來了嗎?〉可謂聲情並茂,十分感人:

我真不相信你永遠不回來了,志摩!我們這群人沒有了你這樣一個人,我們怎樣過這日子?……在三年前的夏夜,志摩,想你還記得吧,我同通伯忽然接到你要過東京一晤的電報,第二天一睜開眼我就說夢見志摩來了。通伯說真的嗎?我也夢見他來呢。說著我們就去接早車,心下卻以為或者要等一整天,誰知人一到車站,你便在迎面來的車裡探出頭來招手了,這事說來像是帶神秘性,或是巧得不可信;可是我們安知不是宇宙間有一種力!

一九八三年有心人將凌叔華曾經刊登在《武漢日報・現代文藝》上的徐志摩遺札重新發表,並寄給凌叔華一份。雖過數十年,老人重讀故人當年眞切而富情感的書信時,仍然十分激動,「徐志摩詩文實在寫得太好,……很少人能達到這種地步」。老人寫完這些話後,兩眼發亮,久久地沈湎於對過去的回憶之中。

學生們的「船塢」

徐志摩曾在北京大學、上海光華大學、南京中央大學等校教過書。他在終日的忙碌中,在自己生活境遇的坎坷中,以內心最大的熱誠、腦中最大的睿智、嘴裡最恰當最有表現力的言辭,把自己採集花粉用心血釀成的蜜去吐哺給年輕的朋友,看到他們受到滋養，漸漸成熟，他感到了無窮的樂趣、滿足和享受。當時還在南京中央大學法律系念書的陳夢家曾這樣形容自己的老師：「我們全是大海上飄浮無定的幾隻破帆，在蟒綠的海濤間，四下都是險惡，志摩是一座島，是我們的船塢。」（陳夢家：〈紀念志摩〉）

誠懇溫柔、熱心助人、被學生視爲「我們的船塢」的徐志摩，他那廣博的知識、精闢的見解、認眞負責的態度，對學生是一種難得的福音，給學生留下了深刻的印象。他的學生趙家璧就有深切的感受。一九二七年初冬，趙家璧還在光華大學附中讀書時，他寫了幾篇關於但丁、王爾德一類「不像樣」的文章，發表在學校刊物上。徐志摩讀後頗感興趣，便請費疏洪先生喚他到教員休息室去。哪知趙家璧惴惴不安，不知有什麼大禍將要臨頭，他自問並沒有開罪於大學教員，他們怎麼會來叫自己去呢？趙家璧進了休息室，徐志摩便做自我介紹，說明叫他來的用意是向他介紹一些好書。趙家璧頓時從驚怕轉爲喜悅。徐志摩第一本向他介紹的書是劉易士（Lewis）的《歌德傳》，並且闡述了學文學的門徑，還以自己的經驗，向趙家璧悉心介紹讀書的方法。一個名詩人，竟有這樣提攜後進的古道熱腸，自然令意外的毛頭小子趙家璧激動不已（趙家璧：〈寫給飛去了的志摩〉）。

一九二八年，趙家璧進光華大學後，他喜歡聽徐志摩的課，凡是徐志摩開的課，他能選的都選了。他覺得自己最受益的是徐志摩開的「英美散文」課。關於文字運用方面參入聲韻和格調，及整篇的文字組織與意義之含蓄等等，給他一種藝術美感的訓練。徐志摩在課堂上雖沒有正式的討論過作文之法，然而他這樣按韻念下去，在學生們的靈感上，已賜予了相當的訓練。

實際上，徐志摩的課也受到普遍歡迎，學生們都喜歡聽這位渾身充滿著蓬勃生氣、沒有教授架子的詩人講課。無論在光華大學，還是在中央大學，只要當天有徐志摩的課，本系和外系的學生都會蜂擁而來，把大課堂擠得滿滿的。面對著一群男女青年睜大的、流露著仰慕而專注神情的眼睛，徐志摩的心感動了，激奮了；他忘記了這是課堂，沈浸到詩的境界裡去了。他眼睛朝著窗外，或者對著天花板，天馬行空，花雨亂墜、時而用流利的英語脫口誦吟他最欣賞的英國名詩，時而用帶浙江口音的普通話翻譯著，闡發著；這是一種直抒胸臆、心靈與心靈交流的授課形式，每個學生的心靈漸漸打開了……

徐志摩上課的方式也是別具一格的。當天氣從嚴寒脫身到初春時，由幾位同學的請求並經過徐志摩滿懷的同意，他們從局促昏黑的課室裡，遷到廣大的校園去上課。每天早上，學生們在校門口等候徐志摩的汽車來，他們一同漫步走過籬笆，爬越小泥山，跨過小溪，在樹林裡的一排排石凳上依次坐下。頂上有滿天的綠葉，小鳥兒啁啾地唱著歌，徐志摩靠著那棵古槐樹幹，開始上課了：或背誦詩章詩句，或闡發詩作的意義意境，或發表各種感慨……有一天，徐志摩講著講著，忽然舉起了右手，指著碧藍的天空、風動的樹林，高聲對學生說：「讓我們有一天，大家變做了鷂鷹，一起到偉大的天空，去度我們自由輕快的生涯吧，這空氣的牢籠是不夠人們翺翔的。」團團圍坐的一群青年學生，都為徐志摩那神采飛揚的情緒所吸引，他們也覺得自己的靈魂眞的像跟了徐志摩一起「和一群大鵬要日行十萬八千里」（趙家璧：〈寫給飛去了的志摩〉）。

一九二八年的一天早上，徐志摩「滿臉堆著愉快的色彩」走進上海光華大學的課堂，把隱藏在他長袍袖底的煙蒂偷偷地吸完最後一口，向門角一丟，然後用愉快的聲音對著滿座的學生說：「你們猜猜，我要講些什麼給你們聽？啊，我昨天的愉快，是生平第一次！你們以爲我昨夜是搭夜車來的嗎？啊，不是，我是從南京飛回來的！我在歐洲時，也曾坐過一回飛機，從巴黎飛到倫敦，結果因爲天氣惡劣，在機上頭暈，吐了一路，在昏沈中，只見英吉利海峽是滿海的白霧而已。這次中國航空公司送我一張票……啊，你們沒有坐過飛機的人，怎麼能體會到我當時的歡喜！我只覺得我不再是一個地球上的人，我跟著暑天晚上掛在藍天空裡閃亮的星星一樣，在天空中遊弋，再也不信自己是一個皮肉做成的凡人了。我從窗口向地上望，多麼渺小的地球，多麼渺小的人類呵！人生的悲歡離合，一切的鬥爭和生存，眞是夠不上我們注意的。我從白雲裡鑽出，一忽兒又躲進黑雲裡。這座飛機，帶著我的靈魂飛過高山，飛越大湖，飛在鬧市上，飛在叢林間。我當時的希望，就望這樣飛出了這空氣的牢籠，飛到整個的宇宙裡去。我幻想我能在下一刻兒飛在天王星與地王星的中間，用我輕視的目光，眺望著這一座人們以爲了不得大的地球……只可惜它沒有帶我出這空氣的範圍，今天我還是到這裡來，給你們相對的坐著上課了。」（趙家璧：〈寫給飛去了的志摩〉）嚮往自由自在、脫離塵世的凌空飄得之境，對這時的徐志摩來說，已不僅僅是出自詩人氣質的一種詩意幻想，而實在是他心境的深刻反映。

另一學生何家槐曾深情地回憶了老師徐志摩對他學習上和生活上無微不至的關懷與指點。何家槐家中貧寒，無錢醫治沙眼，十分痛苦。徐志摩得知，竟比何家槐本人還著急，不但自己掏錢讓何去住院開刀，還一連四次反覆叮囑何家槐，如覺得三等病房不乾淨，一定要住二等，「錢不夠儘管打電話給他」。一次，年輕不懂事的何家槐在徐志摩不在時，翻看了徐志摩的一些私人信件。徐志摩得知，「很嚴正地責問」了這種違法行爲，當他見到何家槐難堪後，又很溫柔地說：「不過我是不要緊的，你千萬不要介意。」他也常對何家槐說：「下次客氣話不准再說了，況且我並沒有幫你什麼忙。只要你誠誠心心把我當一個老阿哥看，我就快活……」出於感激，一九三一年夏，何家槐從家鄉帶了二、三十個鮮梨送給老師。徐志摩卻死活不肯全受，他說：「我只要十個嘗嘗味就行，你得帶幾隻回去自己吃吃。」當何家槐誠懇而執拗地要全部留下時，他大聲笑了：「那末你也非得帶回去四隻。」不容分說，硬把四個梨塞到何家槐手中，「那又活潑，又天眞，又洪亮的笑聲」永遠印在了這位日後成爲著名作家的學生心中。「志摩先生待人，眞是再溫柔再誠心不過的。」（何家槐：〈懷志摩先生〉）這是何家槐對徐志摩的熱忱發自肺腑的樸實評價。

徐志摩愛護文學青年，提攜後進，還體現在他的編輯工作中。著名作家沈從文就深有體會。沈從文從一九二五年在北平《晨報副刊》投稿起，到長期撰稿上海《新月》月刊，以至最後被介紹到青島大學教國文，都是徐志摩的推薦。一九三〇年到一九三一年，徐志摩任中華書局編輯期間，主編了一套《新文藝叢書》，又爲大東書局主編了

《新文學叢書》，兩套叢書收入了大量初出茅廬的文壇新秀的創作和譯作，如胡也頻、丁玲、王實味、陳白塵、陳學昭等。兩套叢書都是由他和受他提攜的青年作家沈從文共同審稿編定的，在當時影響不小。徐志摩爲人的熱心坦白、寬容瀟灑等「人生美麗的放光處」，在日後也成爲了名作家的沈從文的工作生活中，成爲了一個永久牢靠的支柱：「志摩先生對我工作的鼓勵和讚賞所產生的深刻影響，再無一個別的師友能夠代替。」（沈從文：〈友情〉）

這一時期，徐志摩儘管良朋如雲，成天忙忙碌碌，但偶爾獨處時，他常常感到一種孤獨，一種不是任何人間樂事所能排遣解除的孤獨。只有和學生、青年朋友們在一起的和諧對話時刻，徐志摩才是興奮的、幸福的。

10 志摩之死

一九三一／最後一別

滿心抑鬱的徐志摩，只有在幾個知心朋友面前才可以傾吐一番。一九三一年六月的一個夏夜，北平中山公園沒有月照，高朗的夜空滿天的星斗。枝葉蓊鬱的老柏樹底下，水池邊的長椅上，徐志摩與當時在青島大學任教的楊振聲斜靠而坐，周圍靜悄悄地，偶爾，躍出水面的池魚激起嘩嘩水聲，更增添了周圍的寂靜。他們談到星星的幽隱，談到池魚的荒唐，談到古城上樓閣的黑輪，談到池子裡掩映的燈影，談到夏夜的溫柔與不羈，談到愛情的曲折與飄忽……

夜半已過，長時間暢快地談話之後，沈默同樣珍貴。神秘的夏夜裡忽然遠遠地傳來了一陣幽幽的音樂之聲。「聽，那故宮的鬼樂！准是地下的三千女魂，耐不住寂寞，想起生前種種才一起歌舞。」徐志摩說。那音樂真像是故宮方向來的。他們尋著音樂聲往東走，經過一段幽涼的長路，到了來今雨軒。也不見有跳舞的音樂。「這音樂眞來得古怪！」徐志摩側著耳朵若有所思地說。他們出了公園的前門，順著天安門繼續東走，高大的城根下，只有他們兩個人的身影。楊振聲回憶說，他們最後又談到了徐志摩個人的事情，「如紫藤的糾繆，如綠楊的牽惹。如野風的渺茫，如花霧的迷離。我窺見了他靈感的波濤，多情的掙扎！」（楊振聲：〈與志摩最後的一別〉）

沒想到這竟是楊振聲與徐志摩的最後一別。

一九三一年的十一月上旬，陸小曼接連十幾次電報催促徐志摩南返，因爲蔣百里賣地產的事已有眉目，亟需做中人的徐志摩回去處理。徐志摩很快南歸，他去向陳西瀅和凌叔華辭行。陳西瀅出去了，只有凌叔華在家。談話之間，凌叔華拿出了徐志摩在一九二九年寫的一篇遊記文章，那是當年他們在北平組織「快雪會」時，同許多朋友一起上西山賞雪回來，徐志摩的乘興之作，後來凌叔華將這篇遊記工整地抄寫在她的筆記本上，抄完之後，還隨手戲謔地寫上了一句：「志摩先生千古」（方令孺：〈志摩是人人的朋友〉）。兩年後徐志摩隨手翻到這一頁，他盯著這幾個字看了許久，「表情十分複雜」（陳從周：《徐志摩年譜》）。凌叔華也暗自吃驚，竟忘了兩年前自己還寫過這麼一句話。不知爲什麼，凌叔華望著徐志摩遠去的背影，她心裡一陣惆悵，一陣難受，「志摩，我祈禱你平安……」

十一日，徐志摩搭乘張學良的專機飛抵南京，在張歆海、韓湘眉夫婦處小作停留後，於十三日回到上海家中。本來，經過徐志摩數月的反覆勸說，陸小曼已勉強同意北上，近些日子夫妻關係有所緩和，夫妻重逢，該別有一番親熱才是。不料，夫婦一見面就大吵一架。徐志摩見陸小曼還在呑雲吐霧，又苦口婆心地勸她戒掉鴉片。陸小曼聽了很不高興，當她得知徐志摩這次又是冒險坐「要命不要錢」的飛機歸來時，她竟大發雷霆，隨手把煙槍往徐志摩的臉上擲去。志摩連忙躲開，幸未擊中，金絲眼鏡掉在地上，玻璃碎了……關係又緊張了！（王映霞：〈我與陸小曼〉）

徐志摩不忍撕破臉大吵，只好忍氣出走，探舊訪故以消氣解愁。十四日上午，他來到劉海粟家，欣賞他自海外歸來後的新作。當天中午，徐志摩在羅隆基家午餐後出來，又不想回家，只好再一次來到劉海粟家，兩人一直閒聊到晚上。這樣過了幾天，徐志摩看到陸小曼還是那樣沒有好面孔，便決定返回北京。十七日，即徐志摩離開上海的前夜，他又上陳定山家串門，與陳談起了自己的家事，又聽到了一些關於陸小曼與翁瑞午之間的傳聞。當徐志摩告訴陳定山他與陸小曼吵架的事後，陳定山問他爲什麼不離婚。徐志摩說：「瑞午不是好人，我要保護她。」徐志摩這話不假。早在一九二五年十月，他與陸小曼結婚之前，他在給劉海粟的信中就表示過自己對陸小曼這份眞摯之情：「小曼身世可憐，此後重新做人，似亦不無希望，天無絕人之路，於此驗爽。承囑將護，敢不加勉！」當晚，徐志摩就在陳家過夜，還執意要陳定山爲他燒了一口鴉片，說要嘗嘗它到底是什麼滋味。他實在無法理解上海的生活爲什麼對陸小曼有這樣的魔力，無法理解陸小曼爲何始終丟不掉那害人的煙槍，她爲什麼就不能體會自己的良苦用心？（劉心皇：〈徐志摩與陸小曼〉）

十八日，一腔怨憤的徐志摩一大早就乘車離滬到了南京，當晚住朋友何競武家中。晚上六時半，他去找楊杏佛，不料主人已出門。他想反正還是要去張歆海家，便提筆給楊杏佛留下一張便條：「才到奉謁，未晤爲悵，頃去湘眉處，明早飛北京，慮不獲見。北平聞頗恐慌，急於去看看，杏佛兄安好　志摩」（《新文學史料》一九八二年第二期）。徐志摩去張歆海家，不料主人也出門了。他跟看家的僕人說，晚上九時半左右再來，便又一個人躑躅在街上……他很想去看一個朋友——賽珍珠，這位一九三八年的諾貝爾文學獎得主，當時正和夫婿約翰·布克在南京金陵大學教書。猶豫再三後，徐志摩還是去拜訪了，並送她一本剛出版的詩集《猛虎集》。

九時半，徐志摩準時來到張歆海家，主人還未回家。他只好到客廳等候，獨自一人坐在那裡，靜靜地烘火、抽煙、喝茶、吃糖果。他似乎執意要與老朋友見面，等得特別有耐心。我們無法知道他靜坐的當時想些什麼，但可以肯定他的心情一定很沈重。韓湘眉在後來的悼文中說：「在你那獨坐的當兒，你想些什麼？那時曾否從另一世界有消息傳來？志摩，你曾否聽見輕鬆的、遙遠的聲音呼喚你……」

不久，楊杏佛依約先來。十時多，張歆海、韓湘眉夫婦也回來了。屋子裡頓時有了生氣，大家隨意聊天，談人生，談戀愛，也談徐志摩和陸小曼的事，氣氛活躍。在老朋友中間，徐志摩也忘記了苦痛，又恢復了他以往的熱情、嘮叨、風趣、頑皮的本性，像螺旋似地在大家周圍轉來轉去。因爲屋裡熱，徐志摩將長袍脫去，掛在衣架上。韓湘眉注意到平時衣冠楚楚的徐志摩竟穿了一條又短又小的西裝褲，腰間還破了一個窟窿，沒用背帶，卻繫著一條布帶，她掩嘴而笑了。大家也跟著笑起來。徐志摩還自我解嘲地解釋說是臨行倉卒中，不管好歹抓起來穿上的。又引來席間一陣大笑。

當說起第二天的行程時，徐志摩告訴大家，他本來還想搭乘張學良的專機返京，到南京後才知張學良因故延遲了行期。他也曾準備過幾天再走，但明晚林徽因要在協和禮堂舉行關於中國建築藝術的講演，便想改乘明日的火車進京。他又從報上得知，京津地區正處於戒嚴狀態，列車進京頗不方便。所以，最後還是決定明天隨郵政飛機飛往北京。在中國航空公司做財務主任的朋友保君健送給他的免費機票已經很久沒用了。

說笑間，韓湘眉似乎有所感，問說：「Suppose Something Happens Tomorrow? 志摩！（明天出事怎樣？）」

徐志摩頑皮地笑著說：「你怕我死嗎？」

韓湘眉神情認眞了，「志摩！正經話，總是當心點的好。司機是中國人，還是外國人？」

「不知道，沒有關係，I always want to fly.（我總是要飛的）。」徐志摩顯得無所謂地回答。

韓湘眉也以爲那幾天天氣晴朗，宜於飛行。但半晌，她又問：「你這次乘飛機，小曼說什麼沒有？」

「小曼說，我若坐飛機死了，她作 Merry Widow（風流寡婦）。」志摩還是笑著說。

楊杏佛立即插了一句，「All widows are merry.（凡是寡婦皆風流）！」話音一落，舉座皆笑。

酣談間不覺已到了深夜。楊杏佛起身告辭，徐志摩因擔心趕不上明天一大早的飛機，要趕到離機場較近的何競武家住，便說：「一同去吧！」臨行前，徐志摩還是像往常一樣從容。他轉過身，像兄長極溫柔地輕吻了韓湘眉的左頰。張歆海、韓湘眉要送他們到大門口，徐志摩卻堅決要主人留步。「志摩！到了北京，即刻來信，免得我們掛心。」

「不出這星期就給你們寫信！」

可愛的徐志摩走了，可誰也沒想到這竟是他們的永訣。（韓湘眉：〈志摩最後的一夜〉）

一九三一・十一・十九／「飛出這圈子」

一九三一年十一月十九日早晨，行色匆匆的徐志摩登上了中國航空公司的「濟南號」郵政班機，踏上了令家人和朋友們都爲之牽掛的北返航程。「濟南號」是一架司汀遜式三百五十四馬力的小型運輸機，每天來往於京（南京）平（北平）線上。該機的駕駛員是王貫一，副駕駛員是梁璧堂。上午八時，「濟南號」從南京機場起飛。十時十分降落在徐州機場。徐志摩下機散步，突然他頭痛得厲害。他在機場給陸小曼投了一封短信，說自己頭痛不想走了，準備返滬（陳從周：《徐志摩年譜》）。但十點二十分，飛機加油，裝郵件後，他還是登機北飛了。

陽光朗照下的濟南號機身和雙翼泛著銀光。它已經休息好了，積聚了力量，恢復了精力，正振奮雙翅，直衝雲霄，望著機窗外纖塵不染的藍天，詩人的心境也開朗起來。他在南京，給林徽因拍了電報，要她下午派車去機場接他。飛機離京城越來越近了……

飛機飛到濟南上空時，前方忽遇一片大霧，飛機一下子不辨方向，立即減慢速度，在能見度極低的空中吃力地、艱難地飛行著……

徐志摩在散文〈想飛〉中描繪：「同時天上那一點子黑的已經迫近在我的頭頂，形成了一架鳥形的機器，忽的機沿一側，一球光直往下注，硼的一聲炸響——炸碎了我在飛行中的幻想，青天裡平添了幾堆破碎的浮雲。」

詩人的藝術想像不幸而言中。在這一時刻——被雨簾霧障裹住的「鳥形機器」已暈頭轉向……突然，「轟」的一聲震天巨響，飛機頭與濟南城郊的開山（又叫白馬山）山頂觸撞，緊接著機身著火！三尺。離山頂只有三尺！

一團火雲，燃燒著，翻滾著，向下墜落，迸射成一陣火雨，照亮了霧濛濛、混沌沌的天地……

十二點三十五分，三具遺骸以及徐志摩的皮箱、陸小曼的那幅山水長卷，靜靜地躺在泰山北麓濟南南郊二十五里白馬山山腳下的碎石亂草叢中。場面慘不忍睹：機身全被焚毀，僅餘空架；三具屍體血肉焦黑，難以辨認；郵件焚後，郵票灰彷彿可見……後來，人們知道遇難的三個人還有一個悲劇性的巧合：那就是乘客徐志摩三十六歲，司機王貫一三十六歲，司機梁璧堂三十六歲。

首先發現飛機遇難現場的是一名津浦路路警。他報告當地站長後，站長立即通知中國航空公司濟南辦事處，再由辦事處電告公司。公司於二十日晨接電後，即派美籍飛行師安利生乘飛機飛北京，再轉津浦車趕往出事地點，調查眞相，以便辦理善後。

二十日，北平《晨報》刊發了如下消息：「京平北上機肇禍，昨在濟南墜落！機身全焚，乘客司機均燒死，天雨霧大誤觸開山。」

胡適看到《晨報》的消息，大叫起來，「糟了，志摩遇難了！」他趕緊打電話告訴林徽因，林徽因也看了報紙，她也十分害怕，相信是徐志摩遇難了。上午十時半，胡適去中國航空公司，請他們發電去問南京公司，又轉一電報給山東省教育廳長何思源。十二點，回電證實是徐志摩。北京的朋友們絕望了！紛紛聚集於胡適家中，因爲徐志摩一直寄居在胡適家中。胡適在日記裡記下了當時的情形：「下午，思成徽因夫婦來，奚若來，陳雪屛、孫大雨來，錢端升來，慰慈來，孟和來，孟眞來，皆相對淒惋。奚若慟哭失聲。打電話來問的人更無數。」（胡適：〈徐志摩遇難〉）

而在青島大學校長楊振聲家的客廳裡，楊振聲、梁實秋、趙太侔、沈從文坐著，誰也不說話。突如其來的噩耗，過於意外的打擊，深痛的哀傷，使他們一個個都像化石，臉上的表情凝固了。桌上放著兩份電報。一封是何思源發來的：「志摩乘飛機在開山失事，速示其滬寓地址。」另一封是北平急電：「志摩乘飛機於濟南時遭遇難。奚若、龍蓀（金岳霖）、思成等擬乘車於二十二日早可到濟南，於齊魯大學朱經農先生處會齊。」

沈從文站起來，「今晚我搭車去濟南。我隨時向你們報告情況。」（陳從周：〈記

徐志摩〉）

在濟南，張奚若、金岳霖、梁思成從北平趕來了。張慰慈、郭有守從南京趕來了。張嘉鑄（張幼儀的八弟）領著一身孝服的阿歡（徐積鍇）從上海趕來了。沈從文從青島趕來了。大家會集在齊魯大學校長朱經農處，得知徐志摩的遺體，已由濟南中國銀行受張幼儀的四哥張嘉璈委託料理後事的陳先生負責，從遇難處運到濟南，裝殮以後，暫停城中一座荒廢的小廟——福緣庵裡。

天下著雨，起先靡靡細密，漸落漸大，衆人到達小廟時，附近地面已全是泥漿。大家誰沒有撐傘，一行人默默地在雨下泥漿中一步一步走向小廟。原來小廟是個賣窯器的店鋪，院子裡全是大小成堆的罐罐罈罈，遺體停放在入門左邊一側。棺木裡靜靜地躺著的徐志摩已換上了從濟南買到的一套上等壽衣：青緞紅頂球瓜皮小帽，淺藍色綢子長袍，外罩黑紗馬褂，腳上一雙粉底黑色雲頭如意壽字鞋（沈從文：〈友情〉）。

梁思成將一只用碧綠的鐵樹葉作主體、附上一些白花的希臘雕刻式的花圈，輕輕地放在徐志摩遺體前；這是林徽因和他通宵拭淚做成的。當晚十點，郭有守、張嘉鑄、張慰慈同徐積鍇扶柩南下上海。梁思成撿了一塊飛機殘骸的木條，隨其他幾位朋友北返回京。

徐志摩生前在〈再別康橋〉那首傳世名作中，瀟灑地寫道：「悄悄的我走了，正如我悄悄的來；我揮一揮衣袖，不帶走一片雲彩。」但他不是悄悄地走了，而是「在那淋漓的大雨裡、在那迷濛的大霧裡，一個猛烈的大震動，三百匹馬力的飛機碰在一座終古不動的山上，我們的朋友額上受了一下致命的撞傷，大概立即失去了知覺。半空中起了一團大火，像天上隕了一顆大星似的直掉下去。」（胡適：〈追悼志摩〉）而詩人的魂靈則已飛向藍天外，去逍遙「雲遊」了。

徐志摩這一去，實在太倉促了，留給親朋好友的只是不盡的餘哀與遺憾。他們隱隱地記起些許預兆。徐志摩在創作長詩〈愛的靈感〉期間，寫著寫著，一九三〇年的十二月十九日，他致信梁實秋，竟說：「奇怪，白朗寧夫人的鬼似乎在我的腕裡轉！」詩中竟有這麼幾節：

脫離了這世界，縹緲的，
不知到了哪兒，彷彿有
一朵蓮花似的雲擁著我，
（她臉上浮著蓮花似的笑）
擁著到遠極了的地方去……
唉，我真不希罕再回來，
人說解脫，那許就是吧！
……

現在我
真真可以死了，我要你

這樣抱著我直到我去，
直到我的眼再不睜開，
直到我飛，飛，飛去太空，
散成沙，散成光，散成風，
啊苦痛，但苦痛是短的，
是暫時的；快樂是長的，
愛是不死的：
我，我要睡……

徐志摩對自己的歸宿像是早有預感，竟有如此生動形象的描述。詩人生前一直做著「飛」、「雲遊」、「想飛」的絢爛美夢，結果眞在猝然中雲遊藍天外，一代詩魂一去不返。難道冥冥之中眞有上天有意安排？

許地山回憶說，徐志摩這次南下之前，他在北京前門擁擠的人群裡見到過徐志摩和梁思成夫婦。徐志摩對許地山說：「地山，我就要回南了呢。」「什麼時候再回到北平來？」許地山問。徐志摩帶著悠然的態度回答說：「那倒說不上。也許永遠不再回來了。」（鄭振鐸：〈悼志摩〉）

韓湘眉也回憶到：「平時你往北平，我每次請你致意朋友，這番竟一字不提，也算奇怪。我們握著手話別，我說：『杏佛還來，志摩是不常來的了！』據杏佛說我那夜說此話時，連『常』字也掉了。他也並不以爲奇怪，我記不淸了。志摩！難道我的下意識知道那是我們末次的聚會麼？我旣問起飛機，爲何不追究下去？我第二天爲何不起早去送你？那天有霧也許可以把你勸回。從此我要天天問這永沒有回答的問句了！」

徐志摩罹難前的種種徵兆，被他的親友們哀婉地談論著，也被幾代讀者們歎息不已。難道，這飄忽即逝的細節果眞預兆了徐志摩飛來橫禍？

父親的悲歎

當張幼儀將徐志摩罹難的噩耗告訴公公徐申如時，六十歲的徐申如老淚縱橫，淒然歎道：「完了！」這兩個字中，該是包含了父子間幾多複雜的感情啊！

就在這年四月二十三日，風雨同舟數十年的妻子病故，這已夠年至花甲的老人悲痛了！短短的七個月後，風華正茂的兒子又死於非命！接連而來的沈重打擊使老人痛不欲生。剛剛跨入花甲之年，就有兩個親人相繼而去，莫非是命中註定？白髮人送黑髮人，哀莫大於此！徐申如含淚忍悲爲兒子寫下一幅輓聯（陳從周：《徐志摩年譜》）：

考史詩所載，沈湘捉月，文人橫死，各有傷心；爾本超然，豈期邂逅罡風，亦遭慘劫！

自襁褓以來，求學從師，夫婦保持，最憐獨子；母今逝矣，忍使淒涼老父，重賦招魂？

老人回憶兒子短暫的一生，兒子就沒有安穩過、閒逸過，總是忙忙碌碌，爲的卻是詩書文字，雖並非他所期望的那種聲名，總算蜚聲中外。在徐申如看來，詩文終究不是安身立命之途，要不是有他的產業經營爲後盾，兒子不知早已落魄於何地了。

老人對於兒子的人生選擇，與其說是失望與反感，不如說更多是疑惑不解。在徐申如十三年的餘生中，他常常呆呆地坐著，回憶兒子生龍活虎而又任性不羈的短短一生。徐志摩爲什麼放棄父親所期望的實業之途，又改變自己最初的政治家之夢，而去走文學之路？爲什麼不顧親友師長的反對而斷然與張幼儀離異，離婚後兩人又了無怨恨，還常有書信往來？對美貌女子的鍾情本是人之常情，也許兒子是天生的情種，但他爲什麼又如此頂眞到癡呆，竟置家庭、名譽和前程於度外，也不顧及對他人的傷害？

「爾本超然」，這位精明能幹的民族資本家似乎有些理解了兒子跟他府上的前輩們走岔道而棄商從文的心思。十三年後，已逾古稀之齡的徐申如也撒手西去，兒媳張幼儀將他與亡妻、愛子，同葬於硤石東山萬石窩。

哀歌悼詩魂

徐志摩魂飛九宵！噩耗傳來，猝不及防的陸小曼萬分悲痛，愕然、木然，繼而摧肝裂膽地號啕大哭一夜，直到眼淚流盡……徐志摩的靈柩運到上海萬國殯儀館，在那裡設大殮。徐志摩靈柩旁邊哭倒了兩個人：一個陸小曼，一個張幼儀。一身黑色喪服的陸小曼，撫棺哀慟，昏厥數次。在對徐志摩的深深追思之中，她給亡夫的輓聯是（本節輓聯輓詩均見陳從周：《徐志摩年譜》）：

多少前塵成噩夢，五載哀歡，匆匆永訣，天道復奚論，欲死未能因母老；
萬千別恨向誰言，一身愁病，緲緲離魂，人間應不久，遺文編就答君心。

噩夢初醒，別恨萬千，回首五載哀歡，再看自己一身愁病，陸小曼哀惋淒絕，裂人肺腑，要不是老母親還需要贍養，她眞想與她「最親愛的志摩」一道魂遊藍天。

徐志摩罹難，張幼儀——既是徐志摩的髮妻、義妹，又是他們兒子阿歡的母親——最深切地感受到了一種道義上、感情上的責任。悲痛欲絕地寫下輓聯：

萬里快鵬飛，獨憾翳雲遂失路，
一朝驚鶴化，我憐弱息去招魂。

當時，有人提出傳統的壽衣不合徐志摩的生前習性，應當重殮遺體，把他的壽衣換成西裝。這時已在上海發展事業的前妻張幼儀極力反對：「他的身體怎麼可能再承受更多的折磨？」在張幼儀的堅持下，遺體未被驚動（張邦梅：《小腳與西服》）。

當時去萬國殯儀館弔喪的人很多，尤其是學校裡的青年，排著隊來瞻仰這位中國的拜倫。隨後，又設奠於上海靜安寺，上海文藝界聚會哀悼。

十二月六日中午，北平舉行追悼會，會場設在馬神廟北京大學二院大禮堂；會堂由林徽因親手佈置。鮮花叢下，玻璃盒內放著梁思成從開山腳下拾撿回來的一塊殘機木條。到會二百餘人，胡適報告史跡，丁再致答辭。林徽因全身縞素，是被人半扶半抬進會場的。翌年初春，徐志摩靈柩歸葬於故土東山萬石窩。墳墓是用厚實石塊鑲成的巨大石槨，碑石暫缺，按徐申如的安排，等凌叔華手書碑文。

治喪中，除徐申如、陸小曼、張幼儀外，徐志摩的其他親友，也都送來了花圈和輓聯。徐志摩家鄉硤石西山腰的梅壇也設了祭壇。海內名士，一時雲集；花圈和輓聯把一座蒼翠的西山都染白了。悼詞輓聯凝結著親人、朋友的哀念和痛惜，化成了一聲聲呼喚，被風吹上了雲際。志摩呵，你可聽到了嗎？

社會賢達、名流的輓聯，如蔡元培的是：

談話是詩，舉動是詩，畢生行徑都是詩，詩的意味滲透了，隨遇自有樂土；
乘船可死，驅車可死，斗室生臥也可死，死於飛機偶然者，不必視為畏途。

同窗好友，文壇知音郁達夫長歌當哭，題贈輓聯兩副：

新詩傳宇宙，竟爾乘風歸去，同學同庚，老友如君先宿草；

華表托精靈，何當化鶴重來，一生一死，深閨有婦賦招魂。

兩卷新詩，廿年舊友，相逢同是天涯，只為佳人難再得；
一聲河滿，九點齊煙，化鶴重歸華表，應愁高處不勝寒。

好友張歆海、韓湘眉夫婦，李唯建、黃廬隱夫婦的輓詩輓聯催人淚下。學生陳夢家對老師頌揚備至：

泰山其頹乎？志摩魂飛九宵而何曾頹。
梁木其壞乎？志摩譽播萬邦而何曾壞。
哲人其萎乎？志摩精神不死而何曾萎。

此外，還有徐志摩生前其他朋友的哀辭輓聯：

天縱奇才死亦奇，雲車風馬想威儀。卅年哀樂春婆夢，留與人間一卷詩。白門衰柳鎖斜煙，黑水寒鞶動九邊。料得神州無死所，故飛吟蜕入寥天。新月娟娟筆一枝，是清非薄不凡姿。光華十里聯秋駕，哭到交情意已私。（黃炎培）

歸神於九宵之間，直看噫籟成詩，更憶招花微笑貌。
北來無三日不見，已諾為余編劇，誰憐推枕失聲時。（梅蘭芳）

《新月》、《詩刊》、《現代》、《小說月報》都出了志摩紀念專號，一篇篇悼文誄詞回憶著、描述著、哀念著。徐志摩，人與詩，再一次如開山前化作飛天的光雨，遍灑人間……

胡適的〈追悼志摩〉說：「志摩走了，我們這個世界裡被他帶走了不少的雲彩。他在我們這些朋友之中，眞是一片最可愛的雲彩，永遠是溫暖的顏色，永遠是美的花樣，永遠是可愛，……他的為人整個的只是一團同情心，只是一團愛。……眞是一片春光，一團火焰，一腔熱情。」

周作人的〈志摩紀念〉說：「他有他的主張，有他的派路，或者也許有他的小毛病，但是他的態度和說話總是和藹直率，令人覺得可親近，凡是見過志摩幾面的人，差不多都受到這種感化，引起一種好感，就是有些小毛病小缺點也好像臉上某處的一顆小黑痣，也是造成好感的一小小部分，只令人微笑點頭，並沒有嫌憎之感。……這個年頭兒，別的什麼都可以有，只是誠實卻早已找不到，便是爪哇國恐也不會有了罷，志摩卻還保守著他天眞爛漫的誠實，可以說是世所稀有的奇人了。」

郁達夫的〈志摩在回憶裡〉說：「他的善於座談，敏於交際，長於吟詩的種種美德，自然而然地使他成了一個社交的中心。當時的文人學者，達官麗姝，以及中學時候的倒楣同學，不論長幼，不分貴賤，都在他的客座上可以看得到。不管你是如何心神不快的時候，只要經他用了他那種濁中帶清的洪亮聲音，『喂，老ㄨ，今天怎麼樣？什麼什麼怎麼樣了？』的一問，你就自然會把一切的心事丟開，被他的那種快樂的光耀同化了過去。」

方令孺的〈志摩是人人的朋友〉說：「我常想，像他那樣有無限無邊的寫作力，是因爲他有一個不衰老的心，輕和的性格，同火熱的情感。從自己心裡燒出的生命，來照耀到別人的生命，在這種情態下吐出來的詩歌，才能感到靈活眞誠。讀志摩的詩，像對這壁爐裡的柴火，看他閃出夭矯上升的火焰，不像那些用電光照出的假火炭。讀他的文章，使人想到佛經上所載的伽陵頻伽共命之鳥，有彩色的羽毛，有和悅的聲音，聽的人沒有不被他感動。現在再聽不到他新穎的歌聲！可是，不消滅的是他的心。藏在文字裡，永遠傳給後人！」

志摩這位「揮一揮衣袖，不帶走一片雲彩」的翩翩詩人、散文家、天眞浪漫而熱情忠厚的「大孩子」，沒想到自己身後竟有這麼一番感慨、深情與熱淚織就的追懷紀念。

「八寶箱」之謎

「八寶箱」是徐志摩存放日記、書信以及其他手稿的箱子。「八寶」兩字頗爲費解，有人認爲其眞名應該是百寶箱，取「珍貴」之意。因爲硤石方言中「八」與「百」同音，只是陸小曼等人聽徐志摩口頭說說，誤把「百寶」當「八寶」。一九二五年徐志摩避走歐陸，覺得帶著箱子滿歐洲跑不方便，而陸小曼自身難保，且箱內有些東西「不宜小曼看」（凌叔華致胡適信）。徐志摩對凌叔華有著非同尋常的信任，便將「八寶箱」託付給她代爲保管。同年七月底徐志摩從歐洲歸來後，沒有將寄存在凌叔華處的八寶箱取回。之後，他與陸小曼結婚，有了自己的家，並搬到上海去住，仍然沒有將箱子拿回。徐志摩去世之後，幾位朋友爲他留下的那只「八寶箱」鬧得不可開交，引出了一段錯綜複雜、饒有趣味的故事，且牽涉到了徐志摩生前的許多重要朋友。（本節凌叔華與胡適間信件均引自《胡適來往書信選》；林徽因致胡適信均引自《林徽因文集．文學卷》）

一九三一年十二月十日凌叔華給胡適信中寫道：「我去日本時，他也不要，後來我去武昌交與之琳，才物歸原主。」爲此，趙家璧寫信問過卞之琳。卞之琳回信說：「凌叔華致胡適信，說曾把徐『文字因緣箱』交與我，是她記錯了，我從未聞此事，不知道她究竟交給了誰。」（趙家璧：〈徐志摩和《志摩全集》〉）凌叔華一九二八年隨陳西瀅離開北京去武漢大學時，卞之琳還在上海讀中學，直到一九三一年初徐志摩到北大兼課時卞之琳才認識他。在凌叔華離京之前，她怎麼會將如此重要的八寶箱交給根本還沒見過徐志摩且還在念中學的卞之琳呢？

一九二八年與徐志摩及凌叔華交往甚密的人中叫什麼琳的，只有在徐陸書信中出現過多次的金岳霖的女友麗琳（Lilian Tailor）。一九二八年十二月十三日，徐志摩第二次歐遊回來後不久，去北京看望病中的梁啓超，他給陸小曼寫信說：「老金、麗琳、瞿菊農，都來站接我：故舊重逢，喜可知也。老金他們已遷入叔華的私產那所小洋屋，和她娘分住兩廂，中間公用一個客廳。」這裡提到的小洋屋是林長民林徽因父女從歐洲回來曾住過一段時間的「雪池」。一九二七年林徽因去美國，凌叔華家買下了這所房子。凌叔華到武漢去後，只留下凌家老太太一人，金岳霖和麗琳便搬了進來。這樣凌叔華離京前，要將徐志摩的八寶箱託人轉交，麗琳是最好的人選。因爲麗琳就住在凌家，箱子不要抱出大門就可交託；徐志摩若來京，一定會到凌家找老金和麗琳。

這次徐志摩在凌家住了一晚，第二天即十二月十三日便去看望梁啓超，見到了林徽因、梁思成。一九三二年元旦，正是林徽因與凌叔華爲徐志摩的日記鬧得不可開交之時，林徽因寫信給胡適：「此箱偏偏又是當日志摩曾寄存她（凌叔華）處的一個箱子，曾被她私開過的，此句話志摩曾親語我。他自叔華老太太處取回箱子時，亦大喊：『我鎖的，如何開了，這是我最要緊的文件箱，如何無鎖，怪事——』又『太奇怪，許多東西不見了 missing』，旁有思成、Lilian Tailor 及我三人。」

看來，徐志摩一九二八年底北上時，曾在凌老太太家取回箱子，當時在場的有麗琳及林徽因夫婦。那這之後八寶箱放在哪兒了？徐志摩是隨身帶著還是寄於某處？但凌叔華在晚年致趙家璧、陳從周的信中，明確地說是志摩去世後，胡適從她那兒要去了箱子。如果這是事實，那徐志摩是何時將一度取回的箱子再次交給凌叔華的呢？

凌叔華一九三一年十二月十日致信胡適：「今年夏天從文答應給他寫小說，所以他把他天堂地獄的『案件』帶來與他看，我也聽他提過（從前他去歐時已給我看過，解說甚詳，也叫我萬一他不回來爲他寫小說），不意人未見也就永遠不能見了。他的箱內藏著什麼我本知道，這次他又告訴了我的。」顯然，沈從文有意以徐志摩爲原型寫小說，徐志摩便將八寶箱內的東西給沈從文看過。凌叔華這封信還有：「十餘天前從文有信來……現在從文信上又提到『志摩說過叔華是最適宜料理案件的人。』」看來，沈從文寫信給凌叔華正是爲了八寶箱的事，可能當時徐志摩只給沈從文看了一下文稿，然後又將箱子寄放在凌叔華處了，並告訴她箱內藏的是什麼，這樣才會有凌叔華信中「這次他又告訴了我的」一句。徐志摩去世後沈從文記起這件事，便寫信向凌叔華詢問「八寶箱」。可此時凌叔華已把箱子給了胡適，胡適又給了林徽因。

徐志摩死後，凌叔華交與胡適的箱子，雖然還是一九二五年徐志摩託付給她的那只，裡面的東西就不盡相同了。因爲徐志摩取走過一段時間，他可能拿出了一些東西，也可能放進了一些新東西。凌叔華和林徽因都說箱中有陸小曼的兩冊日記，而這兩冊日記肯定不是一九二五年三月十日徐志摩離京赴歐之前放進去的。因爲陸小曼聽了徐志摩的話才開始寫日記，《小曼日記》第一篇寫於一九二五年三月十一日。

故事發展到這一階段，有些重要情節十分確切：徐志摩一九二五年出國前曾將一只箱子交給凌叔華；這只箱子於一九二八年凌叔華去武漢時留在北京，並由友人轉交給徐志摩；一九三一年夏天，徐志摩又將這箱子給凌叔華看過，可能又在她那裡放過一段時間；徐志摩死後，箱子到了胡適手中，並由他交給了林徽因。可林徽因在整理箱內遺稿時，得到一個消息：凌叔華處還有徐志摩的日記，其中涉及到她與徐志摩在英國時的事。風波陡起，故事進入高潮。

林徽因從胡適那裡拿到八寶箱，是一九三一年十一月二十八日星期六晨。胡適把這箱子給她，因爲徐志摩剛死不久，林徽因就跟他談過「康橋日記」和「雪池日記」。（康橋日記記錄了徐志摩與她初識時期的一些事情，雪池日記記錄了一九二三年徐志摩回國後常常到林徽因的住處雪池去找林時的一段情感）林徽因還說，雪池日記被陸小曼燒掉了，而徐志摩曾有意將康橋時期的日記給她收藏。林徽因開口要「康橋日記」，胡適則把整個箱子給她，要她幫著看看，編個目錄，以便日後出版。

林徽因拿著箱子回家後，一一做了清點：「由您處拿到一堆日記簿（有滿的一本，有幾行的數本，皆中文，有小曼的兩本，一大一小，後交凌叔華由您收回），有兩本英文日記，即所謂 Cambridge 日記者一本，乃從 July 31，一九二一起。次本從 Dec 2nd（同年）起始，至回國止者，又有一小本英文爲志摩一九二五年在義大利寫的。此外幾包晨副原稿，兩包晨副零張雜紙，空本子小相片，兩把扇面，零零星星紙片，住址本。」徐林是一九二一年一月初識，徐志摩是一九二二年八月啓程回國的。顯然，一九二一年初至同年七月這一段日記沒有。不知這部分日記落於何處，林徽因有些不放心了。正在這時，她從張奚若處得到一個消息：凌叔華處還有一本或兩本徐志摩的康橋日記，曾給葉公超看過。

林徽因更不放心了，她很想要凌叔華手上那部分有關自己的康橋日記，十二月七日便將八寶箱拿出來給凌叔華看，說胡適將箱子給她，讓她編個目錄。林徽因向凌叔華提出要看她手上那本康橋日記。凌叔華當時「神色極不高興」。因爲徐志摩的書信都是很美的散文，凌叔華想由自己編輯「志摩信札」出版，而自己手上已有許多徐志摩的信，她想再收集一些就可以了。她曾去找過林徽因，要她拿出徐志摩的信，林徽因當然不會給她，找些理由推拖了。林徽因沒有拿出信件在先，現在又藉助胡適以名正言順的遺稿整理人身分找她要日記，凌叔華當然不樂意。但她還是勉強答應讓林徽因後天（十二月九日）到她家去取。

十二月九日星期三上午十一點半，林徽因如約到了凌叔華家。凌叔華不在，留了一封信云：「昨日遍找志摩日記不得，後撿自己當年日記，乃知志摩交我乃三本：兩小，一大，小者即在君處箱內，閱完放入的。大的一本（滿寫的）未閱完，想來在字畫箱內（因友人物多，加意保全），因三四年中四方奔走，家中書物皆堆疊成山，甚少機緣重爲整理，日間得閒當細檢一下，必可找出來閱。此兩日內，人事煩擾，大約須此星期底才有空翻尋也。」林徽因當然看出這是在有意推拖，她也留下字條說迫切想讀到日記中有關自己的部分，希望凌叔華能體諒。

十二月十日，凌叔華給胡適寫了封一再說八寶箱給林徽因不妥的信：「昨日起，知道說也太遲了，不過我想還是說了舒服些。」昨日正是九日，林徽因志在必得取日記而未得。凌叔華既然說「木已成舟」，說也太遲，爲什麼還要說？她很可能是要試探一下胡適的態度。胡適的回答肯定偏向林徽因。凌叔華沒有得到胡適的支持，手上的日記又給人看過，不拿出來怕是說不過去。十二月十四日，凌叔華便將徐志摩的日記送到林徽因家，恰好她不在家，她也留了個字條。

林徽因得到這本日記，仔細一讀，發現與自己手上的日記還是銜接不上，中間缺了一段。這本日記自一九二〇年十一月十七日始，以「計畫很糟」一句終，「正巧斷在剛要遇到我的前一兩日」。林徽因礙於面子不好與凌叔華當面理論，又去求助於胡適。胡適十二月二十八日致信凌叔華：「昨始知你送在徽因處的志摩日記只有半冊，我想你一定是把那一冊半留下作傳記或小說材料了。但我細想，這個辦法不很好。」接下來他列舉了四條理由，並提出了解決的辦法，最後，他還寫道：「請你給我一個回信。倘能把日記交來人帶回，那就更好了。」胡適的話說得委婉有力，處處都想到了，不好回絕，凌叔華也不願得罪他。

一九三二年一月二十二日胡適收到了凌叔華送來的日記。他在當天的日記裡寫道：「今天日記到了我手中，我匆匆讀了，才知道此中果有文章。」（轉引自韓石山：〈此中果有文章〉）在日記中胡適還黏貼了凌叔華的一封信：

適之：外本璧還，包紙及繩仍舊樣，望查收。此事希望能如一朵烏雲飛過清溪，彼此不留影子才好。否則怎樣對得起那個愛和諧的長眠人！你說我記憶不好，我也承認，不過不是這一次。這一次明明是一個像平常毫不用準備的人，說出話，行出事，也如平常一樣，卻不知旁人是有心立意的觀察指摘。這有備與未備分別大得很呢。算了，只當我今年流年不利吧了。我永遠未想到北京的風是這樣刺臉，土是這樣迷眼。你不留神，就許害一場病。這樣也好，省得依戀北京。即　問你們大家好　即日事情到此，應該告一段落了，但胡適的這篇日記中又有這樣的話：「我查此半冊日記的後副似有截去的四葉。我眞有點生氣了。勉強忍了下去，寫信去討這脫葉，不知有否……這位小姐到今天還不認錯。」眞是一波未平一波又起，給林徽因的日記只有一半，剩下給胡適的這一半又截去四「葉」，凌叔華的所做所爲讓胡適也很不滿。胡適日記此後再沒有關於此事情的記載，凌叔華會交出那四頁日記嗎？胡適將這半冊日記交給林徽因了嗎？我們無從知曉了，一場鬧得沸沸揚揚的「八寶箱事件」就這樣沒有結局地結束了。

林徽因拿到八寶箱後，致信胡適，談到了自己的處理辦法：「甚想在最近期間能夠一晤談，將志摩幾本日記事總括籌個辦法。……據我意見看來，此幾本日記，英文原文並不算好，年輕得利害，將來與他『整傳』大有補助處固甚多，單印出來在英文文學史上價值並不太多（至少在我看到那兩本中文字比他後來的作品書札差得很遠），並且關係人個個都活著，也極不便，一時只是收儲保存問題。……『傳』不『傳』的，我相信志摩的可愛的人格永遠會在人們記憶裡發亮的，暫時也沒有趕緊的必要。」林徽因說得很明白，當前徐志摩的日記不宜出版，只須「收儲保管」。

趙家璧在〈徐志摩和《志摩全集》〉裡說：「但據陳從周說，後由林徽因保管。」卞之琳說：「我一九八二年爲一卷本《徐志摩選集》寫序，僅聽說林徽因當年爭到的一部分而言，說過物隨人非（她於一九五五年病逝），確知在『文化大革命』時期終於消失了，倒並不是出於紅衛兵的打、砸、搶。這是我當時特向金岳霖探聽到的下落。」（卞之琳：〈徐志摩的八寶箱：一筆糊塗帳〉）雖然是口口相傳，兩人的說法大體是不錯的，林徽因沒有將那些日記還給胡適，而是留下自己保存了。至於最後下落，從「物隨人非」一詞看，卞之琳可能是說林徽因死後，林的某位家人將其銷毀了。

在這場「爭奪」八寶箱的事件中，雙方都有自己的理由和苦衷。對於林徽因而言，徐志摩生前曾對她說過，要將康橋日記給她收藏；再說徐志摩的康橋日記中涉及了她的私生活，她不願讓這份日記落入別人手中是可以理解的。對於凌叔華而言，徐志摩曾囑咐她保管，並且她也需要這些資料來寫傳記。由於林徽因得到了胡適的支持，凌叔華節節敗退，不得已一件一件地交出徐志摩的手稿。在她極不情願地做這些事時，她想到了陸小曼這位未亡人才是徐志摩遺稿的合法繼承人。她向胡適表示，希望將這些日記交給陸小曼。凌叔華晚年寫信給趙家璧說：「我託公超轉告胡，要交與陸小曼，不意他沒照我話做，這是我想不到的。」（趙家璧：〈徐志摩全集序〉）她對陳從周說：「即寫信胡適派人來取，且叮囑要交小曼。」（趙家璧：〈徐志摩和《志摩全集》〉）

凌叔華在徐志摩生前即見過《小曼日記》，後又從林徽因那裡取來，看過後再交給胡適。她晚年回憶：「小曼只收回她的兩部日記（她未同志摩結婚前的日記，已印出來了！但許多人還以為另有日記。）」這裡說印出來的日記就是收集在《愛眉小札》裡的《小曼日記》，該日記始記於一九二五年三月十一日，終於同年七月十一日，正是徐陸結婚前的日記。但其中未見罵林徽因的話。或許陸小曼只是公開了其中一部分？

特別是關於我們現在看到的《小曼日記》的來源，陸小曼卻有自己的說法：「其實關於這本日記也有些天意在裡邊。說也奇怪，這兩本日記本來是隨時隨刻他都帶在身旁的，每次出門，都是先把它們放在小提包裡帶了走，唯有這一次他匆促間把它忘掉了。」（《愛眉小札・序》）按照陸小曼的說法，《小曼日記》並非胡適或北方某位友人轉交來的。如果陸小曼的話可信，那麼胡適手中的兩本《小曼日記》又到哪裡去了呢？如果凌叔華的話可信，陸小曼又有什麼理由撒謊呢？這是有關「八寶箱」中文稿來龍去脈的一個疑點。

陸小曼身在上海，她並不清楚北京發生的一切，但她知道徐志摩有只裝日記的八寶箱。一九三六年，她與趙家璧合作編輯《志摩全集》時，她曾向胡適提到了徐志摩留在北京的日記和書信。趙家璧回憶說：「十月中，我知道他（胡適）到上海，就在北四川路味雅酒樓宴請他，並請陸小曼作陪。席間，小曼就向胡適談了她和我已把《志摩全集》初稿編訂就緒，要求他把志摩給他的信及給北方朋友的信由他收集後早日寄滬，也談到留在別人手中的幾本日記的事……我看出胡適當時對小曼的請求不置可否，似乎毫無興趣。」在紀念徐志摩五十誕辰的日子裡，陸小曼在編輯出版的《志摩日記》序中，還念念不忘別人手中的遺稿：「其他日記倒還有幾本，可惜不在我處，別人不肯拿出來，我也沒辦法，不然倒可以比這幾本精彩得多。」（趙家璧：〈徐志摩和《志摩全集》〉）

陸小曼這一腔怨氣是衝著凌叔華發的，因為趙家璧在〈徐志摩全集序〉裡有記：

「……他們二人還各人寫過幾本日記，當時小曼曾告訴我，保留在凌叔華手中。她當時曾去信要求借來編入全集，卻連一封信也不覆。」趙家璧之後才知道北京發生過幾本日記的爭奪戰，陸小曼至死都不知道那只「八寶箱」早就落到林徽因手上了。

爲了「八寶箱」一事，凌叔華與胡適、林徽因也鬧出了許多不快。不過凌叔華很快便與胡適試圖和解了。她一九三三年一月三十一日致胡適信中，在對待徐志摩的事上，她處處讓著胡適，體現了她主動講和的姿態。但在這件事中她是失敗者，林徽因佔了上風，是勝利者，所以她對林徽因始終耿耿於懷。她晚年在信中談到「八寶箱」時，她還是抑不住對林徽因的不滿。我們只知道林徽因在胡適面前發洩了一通對凌叔華的怒火，事情結束後，未見她舊事重提。一九三六年，她編輯的《大公報文藝叢刊・小說選》上還選了一篇凌叔華的小說〈無聊〉，算是摒棄前嫌了。

11 悠悠未了情

陸小曼：遺文編就答君心

一九三一年十一月十九日，白馬山那一聲炸響，使陸小曼從紙醉金迷中驚醒過來，失去親人後的悲痛、悔恨、淒苦一起湧上心頭。千般思念、萬般遺恨，融進一篇篇感人肺腑的悼亡文章中。

在徐志摩遇難一個多月後，陸小曼在《新月》月刊第四卷第一期的「志摩紀念號」上，發表了眞誠、感人的〈哭摩〉一文。一陣陣哀痛的哭摩聲中，也飽含著陸小曼內疚、痛悔，和難以言表的自我怨恨。志摩沖天而去的亡魂，喚回了小曼愛的感覺、愛的深情：「蒼天給我這一霹靂直打得我滿身痲木得哭都哭不出，渾身只是一陣陣的痲木。幾日的昏沈直到今天才醒過來知道你是眞的與我永別了。」

在揪心悔恨之中，小曼寫道：「摩，你爲我荒廢了你的詩意，失卻了你的文興，受著一般人的笑罵，我也只是在旁默然自恨，再沒有法子使你像以前的歡笑。誰知你不顧一切的還是成天的安慰我，叫我不要因爲生些病就看得前途只是黑暗，有你永遠在我身邊不要再怕一切無謂的閒論。」小曼不禁癡癡地怨著死去的親人，要是志摩聽自己的話，不坐飛機該多好啊！「摩，不是我到今天還在怨你，你愛我，你不該輕身，我爲你坐飛機，吵鬧了不知幾次，你還是忘了我的一切的叮嚀，瞞著我獨自地飛上天去了。」

自己在婚後沒有給志摩帶來歡樂，而志摩卻始終如一的愛著她，小曼深深自責：「我只是對你滿心的歉意，因爲我們理想中的生活全被我的病魔來打破，連累著你成天也過那愁悶的日子。可是二年來我從來未見你有一些怨恨，也不見你因此對我稍有冷淡之意。……我只怨我眞是無以對你，這，我只好報之於將來了。」

徐志摩的橫死，給陸小曼山崩地裂般的震動，深深的悔恨、慚愧、自責，給了疾病纏身的陸小曼無窮的勇氣和力量，高傲的小曼決心從沈淪中奮起，與病魔決鬥，用一個全心的自我來報答志摩生前對自己的深情與厚望。

在〈哭摩〉一文的結尾，陸小曼對徐志摩亡靈的那聲聲哀喚，催人淚下，久久難以揮去：

> 我的愛，你叫我怎樣忍受沒有你在我身邊的孤單。你那幽默的靈魂為什麼這些日子也不給我一些聲響？……盼你在人靜時給我一些聲響，叫我知道你的靈魂是常常環繞著我，也好叫我在茫茫前途感覺到一點生趣，……摩！大大！

求你顯一顯靈吧，你難道忍心真的從此不再同我說一句話了麼？不要這樣的苛酷了吧！你看，我這孤單的人影從此怎樣的去撞這艱難的世界？難道你看了不心痛麼？你一向愛我的心還存在麼？你為什麼不響？大！你真的不響了麼？」

陣陣哭摩之後，深深內疚、自責之餘，她不顧社會輿論的種種指責，認定自己餘生的目標就是整理徐志摩的遺作，爲他編輯全集，以表達自己對亡夫刻骨銘心的思念。正如她飽含血淚寫成的輓聯中所表達的那樣：「遺文編就答君心」。

然而，編輯出版徐志摩遺文就像他與徐志摩的愛情一樣，種種原因，經歷了許多的坎坷與挫折。

徐志摩死後不久，徐志摩的學生、良友編輯趙家璧爲出版徐不久前交給他的講演稿〈秋〉，來找陸小曼提供一張詩人照片。陸小曼對趙說自己手邊有徐的遺稿、日記和書信，希望他能幫助整理出版。這與趙家璧的想法不謀而合。她還表達了將來要把徐志摩的所有作品合成全集出版的願望，這與趙家璧的想法不謀而合。趙家璧於一九三五年五月底完成《中國新文學大系》的編輯工作後，爲編輯出版徐志摩全集事情，專門去北平徵求徐生前好友沈從文、冰心、周作人、鄭振鐸、茅盾等人的意見，他們一致表示贊成。於是，趙家璧和陸小曼開始收集整理徐已出版的著作和散見各處的文章，並寫信給徐的友人徵集書信。哪知書信的徵集十分困難，胡適、凌叔華等人都有自己編輯書信集的願望；其他一些朋友一直對陸小曼本人有意見，都不想將信交給她處理。結果只徵得劉海粟等人提供的三十四封書信。不過，陸小曼與趙家璧還是信心十足地計畫從一九三六年開始陸續出版十卷本的《志摩全集》。

到一九三五年十月，陸小曼和趙家璧已將《志摩全集》的初稿編訂就緒。一天，趙家璧宴請來上海辦事的胡適，並邀陸小曼作陪。席間陸小曼向胡適談到了他們編輯徐全集的情況，並請胡適將徐志摩給他的信及北方友人處的信代爲收集早日寄到上海，還提到了留在別人手中的幾本日記，最後她還邀請胡適爲全集作序。胡適那時已將凌叔華處的「八寶箱」交給了林徽因，但林留下了那兩本日記並無歸還或公開之意。按說徐志摩書信與日記合法繼承人陸小曼此刻提出要求，又是爲出版全集，胡適沒有理由不拿出來，然而他當時對此不置可否。

一九三九／《愛眉小札》

宴會四天後，陸小曼約趙家璧去她家，婉轉地告訴趙，她已將《志摩全集》交商務出版，因爲她現在急需現款，而胡適讓商務印書館預支了一大筆版稅。趙家璧一時措手不及，良友出版社與版權人只有口頭約定，並沒有簽定合同預付現款，他只好將辛辛苦苦收集整理的全部稿件交了出來。無疑，那天宴會後胡適單獨約見了陸小曼。趙家璧去上海新亞飯店找胡適評理，胡適笑咪咪地勸他不必生氣，又將自己的《南遊雜憶》交給良友出版，算是補償。陸小曼更是過意不去，留下了《愛眉小札》（徐志摩一九二五年八月和九月在北京和上海兩地的日記）交良友出版，因爲篇幅太少，又選一九二五年徐志摩歐遊期間致陸小曼的信，以及陸小曼日記，合爲一册，一九三六年由良友出版。陸小曼爲這本《愛眉小札》寫了序文：「今天是志摩四十歲的紀念日子，雖然什麼朋友親戚都不見一個，但是我們兩個人合寫的日記卻已送了最後的校樣來了。」接著她深情回憶了自己與徐志摩的戀愛經過，表達了她對徐志摩的無限懷念，並對最後一年沒有能「全家再搬回北平重新造起一座樂園」表示了無窮悔恨。

《志摩全集》交商務不久就排版了，並與陸小曼協商校對事宜。一九三七年上海「八·一三」之戰爆發，商務印書館隨後遷走，《志摩全集》的出版計畫也從此擱淺。直等到抗戰勝利，商務遷回上海後，陸小曼才從出版社一個熟人那裡得知，抗戰期間，商務忙著出版抗日刊物，顧不到出版徐志摩的著作。現商務雖已遷回，但在戰亂之中卻把徐志摩的稿子弄丟了。陸小曼聞此失望至極，但不甘心一腔心血付諸東流。經多方打聽，最後找到了當時商務的經理、徐志摩的生前好友朱經農。朱經農還算盡力，不久便給陸小曼寫信說，徐志摩的稿子還在香港，一定設法在短時期內找回來，希望她能耐心等待。知道了徐志摩稿子沒有遺失的消息，陸小曼才放心了。可是一等再等就到了一九四九年，陸小曼絕望了，「恐怕從此以後，這世界不會再有他的作品出現了。」（陸小曼：〈遺文編就答君心〉）

一九四七／《志摩日記》

就在陸小曼尋找文稿的同時，趙家璧從良友轉到晨光出版公司主持編輯工作。一九四七年的一天他去看望陸小曼，陸小曼對自己以前將《全集》中途轉交商務一事流下了悔恨的淚水。趙家璧問陸小曼手上是否還有徐志摩的其他日記或遺稿，可與《愛眉小札》重新彙編一册，列入《晨光文學叢書》。陸小曼翻箱倒櫃又找出了兩本篇幅不長的志摩日記，這就是一九二三年的《西湖記》，一九二六年至一九二七年的《眉軒瑣語》。趙家璧將這兩册日記與一九二五年出版的《愛眉小札》合在一起，又加上一本題有友人詩畫的紀念册《一本沒有顏色的書》，題名為《志摩日記》，於一九四七年列為「晨光文學叢書」之一出版。

在《志摩日記》序文裡，陸小曼第一次談到了十年前她與趙家璧編《志摩全集》而未得出版一事，表達了自己的悔恨之意：「十年前當我同家璧一起收集他的文稿準備編印《全集》時，有一次我在夢中好像見到他，他便叫我不要太高興，《全集》絕不是像你想像般容易出版的，不等九年十年絕不會實現。我醒後，真不信他的話，我屈指算來，《全集》一定會在幾個月內出書，誰知後來固然受到了意想不到的打擊。一年一年的過去，到今年整整的十年了，他倒五十了，《全集》還是沒有影兒，叫我說什麼？怪誰？怨誰？」在這篇序文的結尾，已徹底戒掉了鴉片的陸小曼還躊躇滿志地談到，她將重新編輯徐志摩的詩文：「此後，我要把他兩次出國時寫給我的信，好好整理一下，把英文的譯成中文，編成一部小說式的書信集，大約不久可以出版。其他小說、散文、詩等等，我也將為他整理編輯，一本一本的給他出版，我覺得我不能再遲延、再等待了。……我預備慢慢的拿出志摩的東西出齊了，然後寫一本我們兩人的傳記，只要我能夠完成上述的志願，那我一切都滿意了。」可惜的是這些計畫都沒有下文，英文信交給趙家璧後也在文革中消失了。

一九八三／《志摩全集》在香港出版

正當陸小曼對尋找《志摩全集》文稿不再寄予任何希望時，一九五四年她意外收到了當時已設在北京的商務印書館來信，說原稿已找到，因不合時代性，暫時不能出版，合同取消，稿子送還。儘管《志摩全集》仍是出版無期，但找到了樣稿，陸小曼已經感到無比欣慰了，她相信《志摩全集》總有出版的那一天。一九五七年在「百花齊放、百家爭鳴」方針的號召下，人民文學出版社委託卞之琳編《徐志摩詩選》，卞之琳寫信給陸小曼談到了這個計畫，並請她提供徐志摩的照片和手跡。陸小曼得到這個消息，當即寫下〈遺文編就答君心——記《志摩全集》編排經過〉一文，表達了自己的異常興奮之情：「今天我得到了詩選出版的消息！不但使我狂喜，志摩的靈魂一定更感快慰，從此他可以安心的長眠於地下了。詩集能出版，慢慢的散文、小說等，一定也可以一本本的出版了。」

然而，她寫的這篇對新社會充滿感激之情的〈遺文編就答君心〉還來不及發表，反右運動就開始了。自然，出版《徐志摩詩選》的計畫也被取消。一九六五年陸小曼彌留之際，仍不忘《志摩全集》出版的事。她囑咐姪女陸宗麟，將《志摩全集》的清樣、紙型及其他遺物交給徐志摩的表妹夫陳從周（徐申如是陳從周妻子的舅舅）保管。陸小曼這回託對人了。一九四九年曾自費編輯出版《徐志摩年譜》五百本分贈給親友的陳從周，接受這批遺物後，考慮到交國家保管勝於個人珍藏，於一九六六年三月，文革發動前的三個月將《志摩全集》清樣全部捐獻給了北京圖書館。一九八三年商務印書館香港分館將《志摩全集》舊編合類，用原紙型翻成膠版印刷出版了五卷本《徐志摩全集》，這部陸小曼生前夢牽魂繞的書稿終於在她逝世近二十年後得以問世。

用心學畫慰亡靈

陸小曼致力於出版徐志摩遺稿的同時，另一個精神寄託是繪畫。陸小曼拜過名畫家陳半丁、賀天健爲師，又得到過老朋友劉海粟的指點，起點不可謂不高。根據一九二五年三月十一日的《小曼日記》所寫：「今天足足忙了一天，早晨做了一篇法文，出去買了畫具，飯後陳先生來教了半天，說我一定能進步得快，倒也是有趣。」可見陸小曼至少在一九二五年三月就開始正式學國畫了。徐志摩生前對她演戲的愛好並不滿意，多次規勸她「趕緊認眞學畫和讀些正書」，並帶著陸小曼的山水長卷要名家題字以鼓勵她堅持習畫。陸小曼本人也對徐志摩表示過專心學畫、舉辦個人畫展的意願。只可惜那時她只把學畫當成風雅之事，憑一時興趣偶爾塗上幾筆，並沒有眞下功夫，她的畫室裡收藏的多是沒有畫完的畫。

徐志摩死後，陸小曼果然沒有再登台演戲。她牢記志摩生前希望她認眞學畫的願望，再拜名師，刻苦用功，將主要精力放在了水墨丹青上，成績不俗，解放後，她還順理成章地擔任了上海國畫院畫師。這總算可以告慰亡靈了。

據惲茹辛的《民國書畫家叢傳》所述，徐志摩死後，陸小曼主要是「從賀天健學畫，汪星伯學詩。因天分甚高，故進境頗速。所作山水，透逸如其人，惟不多作，得者益珍之……」賀天健（一八九〇—一九七七），江蘇無錫人，客居上海。他從事實景寫生，能寓古法於現實風景之中，水乳交融，為山水畫創一新天地，被譽為「海上派」中有創新精神的名家。一九三二年，已經名滿大江南北的賀天健，正式收二十九歲的陸小曼為徒。陸小曼隨賀天健學畫，走嚴謹一路，自然比較用心，其成就也斐然可觀，早已超過一般女太太學畫消遣的層次。俞劍華的《中國美術家人名辭典》說陸小曼：「二十餘歲時，從賀天健學山水。抗戰初期，開過一次畫展。山水畫，畫風近清代『四王』中王鑑一路，格調上有幽雅淡遠之趣。」俞劍華對陸小曼學畫的時間說得不太準確，但他對陸小曼畫風與特點的概括是頗為精到的。繪畫之外，陸小曼的字也不俗，筆姿挺秀，勁健有力，英氣宛然。五四時代在詩文書畫方面，能與陸小曼抗衡而進入畫史的女性，大約只有凌叔華一人了。

徐志摩「飛升」後，陸小曼原本虛弱的身體越發惡化了。她終日疾病纏身，煙癮也越來越大，她也就更離不開翁瑞午了。翁瑞午對她倒是一番眞情，他站在陸小曼病榻前處處留心體貼，頻頻遞茶遞水，並變賣了家中所收藏的一切古董書畫來供她度日，有時也做點黑市生意，供給她的醫藥飲食及芙蓉稅。細想，若無翁瑞午，陸小曼一個人是無法生活下去的。女作家蘇雪林曾在翁瑞午家裡見到過臥病在床的陸小曼。那時陸小曼頭髮蓬亂，一臉病容，顯得十分憔悴；一口牙齒全部脫落，沒有另鑲一副，牙齦也是黑黑的（蘇雪林：〈我所認識的徐志摩和陸小曼〉）。

一九四七年陸小曼才徹底戒掉了鴉片，身體也漸漸恢復了健康。到一九五七年徐志摩生前好友韓湘眉由美國回國探親，在上海錦江飯店約見陸小曼時，簡直不敢相認。陸小曼完全變成了另外一個人，再也看不到她原來一身是病、萎靡不振的樣子了，也不是早一段時間的嫵媚多情、光艷照人的樣子，看到的只是一個樸實、健康的普通知識女性形象。

正因為這樣，陸小曼在整理徐志摩遺稿的同時，才有精力翻譯泰戈爾的小說，從事寫作；也才能擔任上海國畫院畫師，並堅持不懈地進行美術創作，得以與文藝界有了往來。她除寫紀念徐志摩的文章外，還為趙清閣主編的女作家作品選《無題集》，寫過短篇小說〈皇家飯店〉；也創作了許多受到中外人士稱讚的山水畫，如她參加上海國畫院與上海美協的活動，為成都杜甫草堂舉行的「杜甫生平」畫過四幅紀念畫。這些活動，給她的晚年生活增添了諸多亮麗的色彩。

一九五〇年代，陸小曼參加上海美協舉辦的一次畫展。也就是在這個展覽會上，她的畫引起當時上海市市長陳毅的注意。與陸小曼生前友情甚篤的趙清閣回憶說：「陳老總瞇著眼睛一面觀賞畫，一面帶點驚詫的神情，自言自語著：『這畫很好嘛！她的丈夫是不是徐志摩？』」（趙家璧：〈徐志摩和《志摩全集》〉）這位共和國的開國元勳，一九二六年曾與當時名重一時的大詩人徐志摩展開過一次公開辯論。一九二六年初，陳毅將其在列寧學會的講演稿投寄《晨報副刊》，徐志摩在一九二六年一月二十一日的《晨報副刊》上發表引用了陳毅演講稿兩段話的〈列寧忌日——談革命〉一文。二月四日，陳毅在《京報副刊》上發表〈答志摩先生〉。如今陳毅見到陸小曼的畫自然想起了這件事情。陪同參觀的人見市長關心陸小曼，便立即將陸小曼的生活和工作近況向市長作了彙報。不久，陸小曼就得到了政府的關懷與照顧。一九五六年她開始任上海文史館館員，一九五九年又以畫師身分擔任上海市人民政府參事室參事，直到她一九六五年四月一日病逝於上海華東醫院（終年六十三歲）。多愁多病、意志消沈的陸小曼終於發揮了她的一技之長，安度了晚年。

在一般人看來，陸小曼是風流才女、交際花，愛慕虛榮，貪圖物質享受，會花錢，只懂得玩樂，對徐志摩不體貼。又說如果沒有她徐志摩是不會死的。還有，她頂著徐志摩夫人的名義卻與翁瑞午公開同居，繼續扮演著悲劇的角色，實屬可鄙。陸家曾爲此鳴不平。

陸小曼胞弟陸效冰的夫人程綺如的說法可代表陸家，她認爲，陸小曼以前很聽母親的話，但經不起徐志摩的引誘，因爲他不停地鼓勵小曼和母親奮鬥到底，更催促小曼與丈夫離婚。若不是徐志摩的介入，拚命追求，不說陸小曼會有一個風光的人生，也不至於有晚年的淒苦生活。徐志摩是才子，是詩人，人死了，一切都可以原諒，即使引誘有夫之婦，也可以因爲「單純信仰」裡包含著的「愛」、「自由」、「美」而被寬容，而被引誘的陸小曼則罪孽深重！因爲詩人是爲她而死，十字架還是要她去背，可見他們仍

然是以男人的意志爲中心去評論事情的，這樣是不公允的。（劉心皇：〈徐志摩和陸小曼〉）

在丈夫罹難後，雖說得到公公徐申如給她由胡適等三人簽字證明的生活費筆據，但她從沒有去拿過生活費，幾乎與徐家斷絕了關係。畢竟，徐家對她的冷淡給她留下太多的創傷，生性高傲的她是不會平白享受徐家家產的。而陸家家道中落，親戚也均無力助她，在動盪不安的年代裡，一個疾病纏身的弱女子，只有靠眞誠待她的翁瑞午生活。是否可說，她與翁瑞午同居而不婚也是生活所迫。

徐志摩死後，陸小曼雖然更離不開翁瑞午了，但她對徐志摩仍一往情深。她一直居住上海，沒有再嫁。除盡力收集整理徐志摩的遺稿、爲他編印全集和苦心學繪畫外，她素服終生，不再去娛樂場所玩樂；在她的臥室裡，懸掛著徐志摩的大幅遺像，她每隔幾天就上一束鮮花，她曾對郁達夫第二任妻子王映霞說：「艷美的鮮花是志摩的象徵，他是永遠不會凋謝的。」她永遠不讓鮮花有枯萎的一天，還將白居易的《長恨歌》中的「天長地久有時盡，此恨綿綿無盡期」用正楷寫下來，放在書桌玻璃台板下，以排遣自己不盡的痛悔和哀思。一九三三年的清明，陸小曼還獨自一人去硤石給徐志摩上墳，沿途風物，無一不觸目傷懷。歸來後，她作詩一首贈給徐志摩的伯父徐蓉初先生（陳從周：《徐志摩年譜》）：

腸斷人琴感未消，此心久已寄雲嶠；

年來更識荒寒味，寫到湖山總寂寥。

此後，她還想再去硤石爲志摩掃墓，只因身體太差未能成行。陸小曼臨終前還希望陳從周能幫她葬到徐志摩墓旁。

可見，備感「荒寒」與「寂寥」的陸小曼，在內心深處從未背離，也從未捨棄徐志摩妻子這一身分。

除開一度的腐化墮落，陸小曼與現代中國的其他才女相比毫不遜色，除通國畫外，她還寫得一手動人秀麗的散文。如《小曼日記》、〈哭摩〉、〈雲遊序〉、〈愛眉小札•序〉、〈志摩日記序〉、〈遺文編就答君心〉、〈泰戈爾在我家作客——兼憶志摩〉，都是不可多得的散文精品，寫得豐富細膩，情眞意切，感人肺腑，令人感到那是發自心底的自然流露。如《小曼日記》中描寫她在北京西山大覺寺休養時當地景色一段，那清麗唯美的文字，與當時著名女作家的作品相比毫不遜色，甚至可以說，在一九二五年前後，除了冰心，還很少有人能達到那樣的水準。

讀了《小曼日記》後，蘇雪林在《中國二三十年代作家》中將陸小曼與冰心、馮沅君、廬隱、謝冰瑩等著名女作家並稱，還說：「論小曼的文章，是沒有什麼舊文學的根底，不過也因此不爲傳統格律所拘束，陳腔濫調所腐化，獨抒胸臆，自成一格，可稱之爲『淸才』。」（蘇雪林：〈幾位女作家的作品〉）另外，陸小曼也能寫劇本、小說。除與徐志摩合作完成劇本《卞昆岡》外，她還寫過一篇描寫細膩、技巧新穎、富於戲劇意味的短篇小說〈皇家飯店〉。可惜的是，種種原因，她並沒有充分施展自己的才華。

夫婦之間的是是非非、恩恩怨怨，不是他人能周知其詳的。陸小曼在〈遺文編就答君心〉裡的一段話，値得我們細細品味：「這是時代和環境所造成的，我同他遭受了同樣的命運。我們的理想快樂生活也只是在婚後實現了一個很短的時期，其間的因素，他從來不談，我也從來不說，只有我們二人相互了解，其餘是沒有人能明白的。」

當我們今天能奉讀到厚厚的《徐志摩全集》時，不能不感謝陸小曼在其中的努力，不能不感受到陸小曼的深深懺悔和對徐志摩的一片深情，尤其毫無保留地公開那些記載她與徐志摩恩恩怨怨的書信與日記，不惜讓大家從中了解到徐志摩對她曾經有過的埋怨與不滿，使我們今天能更貼近詩人的心靈世界，這可見出陸小曼的眞誠與勇氣！

張幼儀：「說不定我最愛他」

張幼儀是徐志摩的結髮妻子，離婚後，力爭上游，在歐洲學得了幾門外語和不少財經知識，辦事也獨立精明能幹，但這一切都不重要，因爲她的離婚給張家蒙上了一道無法抹去的陰影。那位爲張幼儀選定夫婿的四哥張嘉璈還寫信告訴她，爲了留住張家的顏面，她在離婚後五年內都不能和男人同進同出，以免別人以爲徐志摩和她離婚的原因是張幼儀不守婦道。

張幼儀也十分剛強，徐志摩在世時，她以驚人的忍耐力孤獨地生活，侍奉公婆，撫養幼子，正如徐志摩所說的，她不是徐志摩的太太了，可還是徐家的媳婦。爲充實自己，她還積極投身於社會活動。一九二七年，她在上海東吳大學教德文，並創辦了雲裳服裝公司，自始至終以冷靜和智慧主其事，臉上絕沒有悲觀消沈的情緒，所以，公司生意頗佳。

這期間，她心底始終存著「浪子回頭」的幻想，這也是張幼儀在傳統的氛圍中能堅強並風光地活下去的一個重要原因。徐志摩罹難，擊碎了她內心深處的最後一絲希望。悲痛欲絕之後，張幼儀「空幃寂處，心如止水」，孑然一身，一如既往地侍奉公公，教養徐家獨苗徐積鍇，並全力管理徐家產業。一九四四年公公徐申如病歿，是她一手料理入土，一九四六年春天她與兒子徐積鍇歸葬徐申如於徐志摩墓旁。徐志摩的墓碑因一直等凌叔華書寫碑文而懸著，也是張幼儀請當地大書法家張宗祥大筆揮寫「詩人徐志摩之墓」。直等到兒子徐積鍇從上海交通大學畢業，又入美國哥倫比亞大學研究院，學成立業定居美國後，她才無牽無掛。

用徐志摩的話來說，張幼儀是一個「有志氣有膽量的女子」，一九二八年至一九三七年，她在四哥張嘉璈（當時中國銀行總裁）的幫助下，創辦了上海第一家女子商業儲蓄銀行，自任董事長和總經理。在此期間，她堅持每天分秒不差地趕到銀行上班，充分發揮了辦事幹練、井然有序的作風，以及在留學期間學到的金融知識，將銀行辦得有聲有色。一九三七年她在硤石策劃籌建中小學各一所，只可惜即將完工的校舍在抗戰中毀於炮火。一九四六年她還成了以二哥張君勱爲領袖的民主社會黨成員，並以民社黨中執委身分執掌民社黨的財政大權。一九四九年，她因是支持國民黨的中執委，離開大陸移居香港。

張幼儀晚年在回憶自己不幸婚姻的同時，也稱自己當年離婚後的變化是「滄海桑田」、「脫胎換骨」。她說：「徐志摩過去把我們夫妻倆比擬成小腳和西服，起先我被搞得糊裡糊塗，因爲我根本沒有裹小腳嘛。可是，在法國鄉下的那幾個月，我才發覺，我的行爲有很多方面都表現得和纏過腳沒兩樣。我在硤石的時候，我從不敢辜負公婆對我的期望，也從沒有懷疑過古老的中國習俗和傳統。……我要爲離婚而感謝徐志摩。若不是離婚，我可能永遠都沒辦法找到我自己，也沒辦法成長。他使我得到解脫，變成另外一個人。」（張邦梅：《小腳與西服》）

張幼儀定居香港後，因遠離了自己的事業，且已娶妻生子的兒子阿歡遠在美國，她備感凄涼。當初自己立下教子成人的願望終於實現了，而自己年過半百，韶華已逝。在這孤獨、寂寞、悵惘籠罩張幼儀的時候，房客蘇記之醫生走進了她的心扉，使她那早已乾涸的愛之泉又潮潤起來。經過一段時間的交往，她決心嫁給這個比自己小三歲的溫和善良醫生。

對於這個重大決定，她分函自己一生中最爲崇拜的兩位兄長張君勱、張嘉璈，向他們徵詢意見。正在美國的二哥張君勱覆信，對妹妹的守節大爲嘉許，對婚事卻不置可否：「兄不才，三十年來，對妹孀居守節，課子青燈，未克稍竭棉薄。今老矣，幸未先塡溝壑，此名教事，兄安敢妄贊一詞？妹慧人，希自決。」（張邦梅：《小腳與西服》）

這位早年遊學東洋歐美、極力呼籲「民主政治」的現代政治活動家，也是現代新儒家的代表人物之一，此時正在美國奮力著述新儒學思想史。儘管信中客氣地要妹妹「自決」，但不希望妹妹再嫁之意顯而易見。至於那位當年爲她發掘徐志摩的四哥張嘉璈，雖也從澳洲寫信來說「讓我考慮考慮」，卻再也沒有下文。

張幼儀滿腹酸楚之餘，又提筆給遠在美國定居的兒子阿歡（徐積鍇）寫信徵求意見：「阿歡吾兒……爾在美國，我在香港，相隔萬里，晨昏誰奉？母擬出嫁，兒意云何？」（劉心皇：〈徐志摩與陸小曼〉）

阿歡得母書，欣然飛書答母表示贊同。孤獨冷清三十餘年的母親如今終身有靠，與父親一樣有著慈愛天性的兒子怎麼能不替母親感到由衷高興呢！兒子的理解令張幼儀無比欣慰。

一九五四年八月，張幼儀與第二任丈夫蘇記之在日本東京銀座大街一家大飯店舉行了一場盛大隆重的婚禮，對她的再婚表示贊同的八弟張嘉鑄及夫人參加婚典。本來，張幼儀想秘密地舉行自己的再婚，但她是徐志摩的元配夫人，又是政壇名人張君勱、張嘉璈之妹，再加上她總理民社黨財務時沈著幹練、落落大方給人留下的深刻印象，結果她的婚禮當時在香港、台灣和東京等地被傳爲美談。之後，張幼儀與蘇記之定居香港。

一九六九／梁實秋主編《徐志摩全集》在台灣出版

一九六七年張幼儀帶著蘇記之故地重遊了康橋、柏林。坐在康河河畔，她第一次發現康橋正如徐志摩生前描述的那般美麗。站在沙士頓她與徐志摩曾住過的那間小屋外凝視，她無法相信自己當年住在那裡時是那樣年輕。在柏林，她想辦法站在兩棟樓房的外頭，「奮力尋找」她與次子彼得、德國朋友朵拉一起住過的家，只可惜被柏林牆擋著了……走過這些地方之後，她決定讓自己的孫兒了解徐志摩，並留一些紀念徐志摩的東西給兒孫。於是，她特意請梁實秋把徐志摩的詩文編成一套文集，她本人也給梁實秋提供了徐志摩與她的信件。一九六九年，六輯本的《徐志摩全集》在台灣出版，這是問世最早的一套徐志摩文集。

一九七四年丈夫蘇記之在香港病逝後，張幼儀遷居紐約曼哈頓與孫兒及家人團聚，享受兒孫繞膝的歡樂。晚年的張幼儀特別注意養生之道。她每天早晨七點半起床，先做四十五分鐘體操後再坐下來吃早餐。她經常是喝一碗麥片粥，或是吃一個煮了兩分鐘的蛋。爲保持健康，她還堅持服用維他命和一湯匙加在橘子汁裡的酵母。她最喜歡做的事情就是教社區的老人德文，上有氧體操、鈎針編織等課程。閒時她也看看報，探望親友，或是打麻將。

在這期間，當她見到陳從周編的《徐志摩年譜》後，覺得陳從周費心不少，曾寫信向陳從周表示感謝：「從周弟愛摩之心，勝過兒孫輩……」當得知一九八三年清明節，浙江海寧縣人民政府重修徐志摩之墓於西山白水泉次子德生墓旁時，耄耋之年的幼儀女士欣慰地笑了，「他們父子總算團圓了」（陳從周：〈記徐志摩〉）。「生平殊少歡愉」的張幼儀，在度過了一個幸福歡愉的晚年後，於一九八八年一月二十一日，含笑告別長壽又順遂的一生，享年八十八歲。

張幼儀覺得自己一生做得最有意義的一件事情就是，晚年給姪孫女張邦梅敘述自己的一生。張邦梅是張幼儀八弟張嘉鑄的孫女，畢業於哈佛大學東亞研究系中國文學專業。當她無意中發現姑婆張幼儀竟是徐志摩的前妻後，希望能對此了解得更多些，一九八三年開始和姑婆長談，一直到張幼儀去世前。她把張幼儀的經歷寫成畢業論文，給張幼儀看過，後充實材料，於一九九六年著成《小腳與西服》，讓我們在徐志摩追求林徽因和陸小曼的社會話題之外，聽到了張幼儀與徐志摩家變的聲音。

在與張幼儀的交談中，張邦梅不只一次地問姑婆，她自己有能力經營一家銀行和一間服裝公司，怎麼還對徐家二老和徐志摩這麼百依百順？張幼儀總是平靜地回答：「我想我對徐家二老有一份責任在，因爲他們是我兒子的爺爺奶奶，所以他們也是我的長輩。我就是跟著這些傳統價值觀念長大的，不管我變得多麼西化，都沒辦法揚棄這些觀念。」「我這輩子都在擔心有沒有盡到我的責任，連離婚以後都還在照顧徐志摩的父母，因爲我認爲這麼做是我的責任。我爲徐志摩、他家人，還有他兒子，做了我認爲應該做的事。」

張邦梅在與張幼儀的談話中也曾多次問及張幼儀對徐志摩的感情，曾經飽經風霜的張幼儀對此做了一個很有意思的回答：「你總是問我，我愛不愛徐志摩。你曉得，我沒辦法回答這問題。我對這個問題很迷惑，因爲每個人總是告訴我，我爲徐志摩做了這麼多事，我一定是愛他的。可是，我沒有辦法說什麼叫愛，我這輩子從沒有跟什麼人說過『我愛你』。如果照顧徐志摩和他家人叫作愛的話，那我大概愛他吧。在他一生當中遇到的幾個女人裡面，說不定我最愛他。」

林徽因：此情可待成追憶

一九三一年十一月十九日，是中國第一代女建築家林徽因在北京協和小禮堂作關於中國古典建築藝術講座的日子，但也是曾以西方浪漫詩人式熱情追求過自己的詩人徐志摩猝然永訣的日子。假如不是為了出席當晚這次學術報告會，徐志摩不會急於坐飛機趕回北京，但他對自己心愛的女子從不爽約，竟義無反顧地撲向了永恆的死亡懷抱。

林徽因派出的車子趕到南苑機場，久等不至詩人的身影，直到二十日才知飛機失事。噩耗傳來，不久前還在西山療養肺病的林徽因眼前一片昏黑，胸口如錐心般疼痛。她因病不能隨朋友們南下料理後事，便託丈夫梁思成帶去親手用鐵樹枝紮成的小花圈。尊重並理解妻子感情的梁思成，特地從開山腳下撿回一塊飛機殘骸。這未燃盡的一段殘骸，也該羈留著詩人鏤刻在她心靈深處的低迴婉轉情意吧？為寄託自己永久的哀思，林徽因將它長懸於自己臥室的牆頭。

但善良真誠、熱情奔放、襟懷坦蕩、與自己相知相得的摯友徐志摩，畢竟以奇特的方式將他的萬種風情交給萬里長空後，一去不復返了，只留下了這片燒焦的雲彩。在〈悼志摩〉一文中林徽因哀痛地追問：「世事盡有定數？世事儘是偶然？」但她又肯定「我們中間沒有絕對信命運之說的」，只有特別地追憶自己和徐志摩的最後一面：

他離平的前一晚我仍見到，……我和他同由一個茶會出來，在總布胡同口分手。……晚上我有約會出去了，回來時很晚，聽差說他又來過，適遇我們夫婦剛走，他自己坐了一會兒，喝了一壺茶，在桌上寫了些字便走了。我到桌上一看：──「定明早六時飛行，此去存亡未卜……」我怔住了，心中一陣不痛快，卻忙給他一個電話。

「你放心，」他說，「很穩當的，我還要留著生命看更偉大的事蹟呢，哪能便死？……」（《林徽因文集．文學卷》）

徐志摩臨行前語出不祥，居然成讖！在林徽因看來，彷彿是詩人留給自己遠比別人更為愴痛的哀傷！

同年十二月初，痛失摯友的林徽因在一片悼念聲中寫下〈悼志摩〉一文，追憶了徐志摩與她當年在倫敦的一段戀情。當然，她還是十分理智的。她把那時的自己界定為比徐志摩年輕許多的「一個小朋友」角色後，再坦然地向人們敘說了徐志摩「極難得的可愛性格」、「最動人的特點」。「志摩的最動人的特點，是他那不可信的純淨的天真，對他的理想的愚誠，對藝術欣賞的認真，體會情感的切實，全是難能可貴到極點。」我們相信這種十年後的評價裡一定包含了十年前她對徐志摩的印象。她還說「凡認得他的人不論深淺對他全有特殊的感情，也是極自然的結果。」在這個大前提下，林徽因把自己當年對徐志摩「最動人的特點」的欣賞說成了所有認得徐志摩的人的一種「極自然的結果。」這肯定了徐志摩當年對自己的吸引。然後，她以「我個人的悲緒不禁又來擾亂我對他生前許多清晰的回憶，朋友們原諒」很有分寸地急時煞住了自己記憶的閘門，結束了文章前半部分對徐志摩的追憶。

此情可待成追憶。在以後的歲月中，林徽因不斷地回首她與徐志摩的過去。

一九三四年十一月十九日，林徽因和梁思成去南方考察路過徐志摩故鄉硤石。硤石是她從未到過的地方，但卻是她生命旅程中的一個閃光點。停車的幾分鐘裡，她下了車，在昏沈的夜色裡，獨自站在車門外。她的目光在尋找詩人生前曾對她興奮地描述過多次的東山萬石窩，也在尋找那張早已緊閉雙目，靜默地長眠在這泥土裡的清秀聰穎的面孔。「凝望著幽暗的站台，默默地回憶許多不相連續的過往殘片，直到生和死間居然幻成一片模糊，人生和火車似的蜿蜒一串疑問在蒼茫間奔馳。我想起了你的：火車擒住軌，在黑夜裡奔，過山，過水，過……」（林徽因：〈紀念志摩去世四週年〉）這位情感豐富，風華蓋世的才女再也忍不住內心鬱積與哀慟了，滾滾熱淚湧出了她那雙凝望遠山的秀目，落滿了她的衣襟：「如果那時候我的眼淚曾不自主的溢出睫外，我知道你定會原諒我的。」

一九三五年十一月十九日，是徐志摩的第四個祭日，林徽因寫了〈紀念志摩去世四週年〉一文，回憶了去年這個日子她由浙南考察路過徐志摩故鄉時自己百感交集的悼念之情。在這篇文章裡，林徽因說從徐志摩的第二個祭日開始，她就「用香花感傷地圍上」徐志摩的遺照，「抑住嗓子底下歎息和悲哽，朋友和朋友無聊地對望著，完成一種紀念的形式」。如今已四個年頭了，塵埃落定，人事已遠，最初的一片對死者的哀傷之聲也早已消逝，在自己對待徐志摩的特殊情感上，林徽因有了一種不再受現實中人事牽扯的條件。於是，在這公開發表的悼文中，她以「獨白」的形式、親切的語調與死者的亡靈「對話」。文章的開頭「今天是你走脫這世界的四週年！朋友，我們這次拿什麼紀念你？」就定下了這敘述的基調。看來，她獻給徐志摩的不僅僅是一篇悼文，更是自己靈魂的哭歌：

……可是誰也不能否認，你仍立在我們煙濤渺茫的背景裡，間接地是一種力量，尤其是在文藝創造的努力和信仰方面。間接地你任憑自然的音韻、顏色，不時的風輕月白，人的無定律的一切情感，悠斷悠續的仍然在我們中間繼續著生，仍然於我們共同交織著這生的糾紛，繼續著生的理想。你並不離我們太遠。你的身影永遠掛在這裡那裡，同你生前一樣的飄忽，愛在人家不經意時莅止，帶來勇氣的笑聲也總是那麼嘹亮，還有，還有經過你熱情或焦心苦吟的那些詩，一首一首仍串著許多人的心旋轉。

身爲建築學家的林徽因，多才多藝，她在詩、文學和藝術上的才華足可與其時著名的大詩人、作家相媲美，可惜的是她的存世作品也很少，幾十首詩、幾篇散文、三個短篇和半齣話劇合在一起不過十萬字。她的文藝細胞當然首先來自她的書香世家，然而，她作品的風格、文學審美觀，乃至詩的格律，都明顯帶有徐志摩的風格。林徽因的兒子梁從誡也曾說過：「從她（林徽因）早期作品的風格和文筆中，可以看到徐志摩的某種影響，直到晚年，這種影響也還依稀有著痕跡。」（梁從誡：〈倏忽人間四月天〉）到目前爲止發現的林徽因的最早作品，是她發表於一九三一年的詩〈那一晚〉，此詩正是徐志摩一生中第三次出現在她身邊時，她對往事的回憶之作。可以說，直接把林徽因領入現代文學之門的，應該是她前半生最親密的朋友徐志摩。

所以，在〈悼志摩〉和〈紀念志摩去世四週年〉中，林徽因念念不忘徐志摩是個詩人，反覆強調徐志摩的詩歌藝術成就和他對中國現代詩歌藝術發展所作的貢獻。這不只是在簡單重複當時人們公認的看法，林徽因還有屬於她自己內心的隱痛。一九三一年八月徐志摩在獻給林徽因的詩集《猛虎集》裡，用「奇異的風」、「奇異的月」隱喻了他對林的愛情，而正是這愛情使他的「生命受了一種偉大力量的震撼」，喚醒了他沈睡的詩情。這等於向林徽因傾訴了十年前他開始寫詩的秘密。三個月後，不幸發生了，爲了參加她學術報告會的詩人永遠地走了，這番傾訴彷彿成了詩人臨終前對她的靈魂告白，林徽因能忘得了嗎？「你走後大家就提議，要爲你設立一個『志摩獎金』，來繼續你鼓勵人家努力詩文的素志，勉勵象徵你那種對於文藝創造擁護的熱心，使不及認得你的青年人永遠對你保存著親熱。如果這事你不覺得太寒傖不夠熱氣，我希望你原諒你這些朋友們的苦心，在冥冥之中笑著給我們勇氣來做這一些蠢誠的事吧。」

從此，林徽因的生命裡多了一份承諾，這承諾燭照著她生命的每一分鐘。一九三六年已是徐志摩去世的第五個年頭了，林徽因卻對詩人曾對她說過的話記憶猶新，她在發表於這年八月三十日《大公報・文藝副刊》上的一篇文章裡，暗用了徐志摩的話：「我們僅聽到詩人自己說一陣奇異的風吹過，或是一片澄清的月色，一個驚訝，一次心靈的振盪，便開始他寫詩的嘗試，迷於意境、文字、音樂的搏鬥……奇異的風和月所指的當然是外界的一種偶然現象，同時卻也是指它們是內心活動的一種導火線。詩人說話沒有不打比喻的。」是啊！林徽因怎麼能忘記徐志摩這句與她有著密切關係的話呢？

詩歌是林徽因心靈的建築。一九三六年她發表了寫於一九三二年夏天的詩作〈別丟掉〉（《林徽因文集・文學卷》），表露了她坦誠的心聲：

別丟掉
這一把過往的熱情，
現在流水似的，
輕輕
在幽冷的山泉底，
在黑夜，在松林，
歎息似的渺茫，
你仍要保存著那真！
一樣是月明，

一樣是隔山燈火，
滿天的星，
只使人不見，
夢似的掛起，
你問黑夜要回
那一句話——你仍得相信
山谷中留著
有那回音！

「這一把過往的熱情」顯得「歎息似的渺茫」，彷佛是爲了告慰詩人在天之靈，她終於說出了徐志摩生前期望已久的那句話，「山谷中留著，有那回音」。「回音」是「徽音」的諧音，何況林徽因原名就是「徽音」。一九三〇年代初，上海有一位男作家林微音，與她名字一字之差，並且兩人經常在同一刊物上發表作品，常常弄錯，於是遠在北平的她就改成「林徽因」。「山谷中有那回音」，林徽因是在說自己對徐志摩的感情並未消失，可這句話來得太遲了。

一九四七年徐積鍇離開中國赴美讀書之時，正在病中的林徽因請求其母親張幼儀把他帶到醫院裡，她想在徐志摩的唯一骨肉遠行前見他一面。這裡面有沒有林徽因想透過風華正茂、酷似其父的徐積鍇，睹其永恆戀人最後一面的生死告別之意？只有長天知道，永夜的悲風知道。

不管怎麼說，林徽因一直繫念著、深藏著對徐志摩的愛，但這並不損害她氣質高雅、至情至性這一完美動人的形象，她仍是二十世紀中國知識女性的傑出代表和光輝典範。她沒有徐志摩那種不顧一切的浪漫性情，一直都是用中國傳統的標準要求著自己，愛著那個愛她、待她極好的丈夫梁思成。在那個動亂的歲月裡，她與丈夫一起，踏遍大半個中國，考察研究中國的古典建築；同時，想到了那在冥冥中也許仍在聆聽她、眺望她、給她以激勵的詩魂，一首首充盈著美的詩歌、一篇篇散文相繼問世，鞏固了她在現代文壇上的地位。難怪後來有人說，如果當初林徽因與徐志摩結合，那麼只有詩人的林徽因，而林徽因與梁思成結合，她既是詩人的林徽因，又是建築家的林徽因。

一九四九年解放後，林徽因參與共和國國徽和天安門人民英雄紀念碑的設計；一九五一年，她抱病與同事深入工廠調查研究，設計了一批具有民族風格的新穎圖案，挽救了瀕於停業的傳統景泰藍工藝；在中國大地上留下了她最美麗的才思與指紋。遺憾的是，林徽因這位多藝多情的一代才女、詩人、建築家、教授，沒有能看到她為之付出生命最後一息的人民英雄紀念碑完成，便於一九五五年四月一日清晨，在經過了長達十五年與疾病的頑強抗爭之後，帶著那片飛機殘骸與世長辭了……

12 志摩的兒孫

徐志摩與張幼儀共有過兩個兒子，一九一八年出生於硤石老家的長子徐積鍇，和一九二二年出生於德國柏林的次子彼得。彼得於一九二五年夭亡，徐積鍇當了三年長子後，成了獨子。

徐積鍇於一九一八年四月二十二日出生於硤石徐氏老屋，他的出世給徐家帶來了歡樂。爺爺給他取名「積鍇」，意思是「良鐵」，寄託家人希望他剛強、正直、果斷和公平的願望。後來因爲他事事好問的天性，逗得家裡每個人好開心，所以又爲他取乳名「阿歡」。阿歡剛剛出生，奶奶就送給他一個小玩具，用一根象牙刻成的小如意，表達「如君之意」的喜悅。此後，奶奶再也不縫繡花鞋了，改縫娃娃衣。爺爺奶奶還聲明，他們這個獨孫比世界上所有的大財大富加起來還要寶貝，用一百個徐家親戚送的賀儀給他打了把「百家鎖」，用金鏈子掛在他脖子上的，代表的是以一百個親人的祝福，把他的命鎖好，也在告訴大家孫子帶給家人的喜悅。

爺爺奶奶對孫子的期許，與他們對他父親的期望一樣，希望孫子能前途遠大，光宗耀祖。阿歡週歲那天，按慣例舉行儀式，以測知孩子的將來。一家人都很興奮而激動，不安地注視著孩子的眼神與小手。晚年的張幼儀對阿歡那一刻的「表現」記憶猶新：「起先，阿歡盯著整個盤子，他的眼睛幾乎分不清什麼是什麼。然後，他瞪著商人算帳的工具算盤發呆，又瞧了瞧那把裁縫師用的量身尺。最後，目光盯住盤子中的一樣東西，著迷了一會兒，就伸手去抓，那是徐志摩的毛筆。老爺（徐申如）突然興奮地把阿歡騰空舉著蕩來蕩去說：『又一個讀書人！我們家子孫將來要用鐵筆囉！』他引用重要政府文告裡常用的一句話，對老太太誇口說：『鐵筆不改』。」（張邦梅：《小腳與西服》）爺爺的意思是希望阿歡有朝一日能撰寫政府律令，還是那「學而優則仕」的傳統期盼。

徐申如對兒子的期待落空之後，又把興旺徐家的希望寄託到了孫子身上。他們請來徐志摩從前塾師查桐軫的兒子查猛濟教孫子習文。遠在海外的徐志摩當然也關心兒子的成長，每次家書裡都問起兒子積鍇，有時他要求張幼儀跟著剛學會走路的阿歡四處轉，然後寫下兒子說的每句話或做的每件事情寄給他看。知道兒子已開始學畫畫、學寫字後，他要張幼儀將阿歡畫的童畫和他剛學寫的毛筆字寄給他看。

一九二一年張幼儀出國後，阿歡就一直隨著爺爺奶奶生活，直到一九二二年父親徐志摩回國。一九二六年，張幼儀回到硤石，看到皮膚潔白、骨架纖細、酷似他父親的兒子阿歡，她不禁一陣陣心酸。本來她可以給阿歡帶回來一個四歲的弟弟——壯實的彼得，跟阿歡作伴。但弟兄倆永遠不能見面了……她忍淚含悲將次子的骨灰葬於硤石西山白水泉。

阿歡的弟弟彼得，一九二二年二月二十四日出生於德國柏林，那時他父母親正準備離婚。父母兩人正式在離婚文書上簽字後，曾一起去醫院看過剛出生不久的小彼得。張幼儀晚年回憶說：「他（徐志摩）仰慕地看著我們的兒子，始終沒問我要怎麼養他，他要怎麼活下去。我們站在醫院育嬰房的視窗，觀看躺在小床裡的嬰兒，徐志摩熱情地把臉貼在窗玻璃上看得神魂顛倒。」（張邦梅：《小腳與西服》）此後父親徐志摩重回康橋，母親張幼儀與她的德國朋友朵拉一起撫養小彼得。一九二三年春天，彼得滿週歲後不久，他就開始發病，經醫生診斷，小彼得的小腸和皮膚中間有條寄生蟲，醫生建議去瑞士一家醫院就診，但醫藥費十分昂貴，且不保證一定能醫好。隨著日子一天天過去，到一九二三年的秋天，彼得不用力就無法正常呼吸，以致白天晚上都睡不安寧。他漸漸地吃不下肉、麵包，最後連湯也喝不下了，肚子卻越來越大，越來越腫，身體其他部位卻越來越瘦。張幼儀晚年清楚地記得，有一個晚上，彼得一陣陣尖叫，雙手緊抓著肚皮用德語對她說：「媽咪，彼得痛痛。」彼得死於一九二五年三月十九日，距離他三歲生日不到一個月。一週後，他的父親才抵達柏林。但小彼得的遺體已被火化，父親只能面對著一張可愛的遺像、一撮遺灰及兒子生前把玩的玩具，而悔恨不已了。

徐積鍇聽母親講述那從未見過面的彼得弟弟，只能從母親的回憶中來了解可愛的弟弟了。既然徐積鍇成了徐家獨孫，爺爺對他的教育培養就更重視。雖說那時父親徐志摩在中國文壇已小有名氣，爺爺也支持父親從事文學活動，如出資成立聚餐會、新月社，還資助父親出版他的第一本詩集《志摩的詩》，但爺爺還是不希望積鍇跟他父親一樣學文，他希望孫子能學些實用的專業。按爺爺的標準和要求，徐積鍇選擇了自己喜歡的建築專業。他跟父親一樣，天分極高，學習不怎麼用功，倒也順利獲得了上海交通大學土木工程系學士學位，後又留學美國哥倫比亞大學研究院，與父親一樣獲得了該校碩士學位，只是兩人所學專業不同。學習土木工程專業的徐積鍇一生最自豪的事情是，曾參與紐約帝國大廈的建築設計。

一九三九／徐積鍇成婚

一九三九年徐積鍇滿二十一歲，長得越來越俊逸瀟灑，也越來越像他的父親。母親想到該考慮兒子的婚事了。母親想幫兒子找個合乎他性情和品味的媳婦，免得未來的兒媳也像她一樣過著「暗無天日」的生活。母親問他是否有興趣娶誰做太太。徐積鍇對母親說「我只對漂亮姑娘感興趣」。兒子的話讓母親想起了他的父親——只對有才情的姑娘感興趣的徐志摩。縱然如此，母親沒違背兒子的意願，透過自己的朋友給徐積鍇介紹了一位與他年齡相仿的漂亮小姐——張粹文，並為他舉辦了一場有一千位來賓參加的浩大婚禮。張幼儀為了不讓兒媳將來在婚姻上遇到和她一樣的麻煩，讓張粹文學習中國文學課程的同時，也學習英、法、德等國的文學課程，以滿足兒子的審美眼光和知識品味。

徐積鍇夫婦一直很恩愛，可以說母親爲他們安排的婚姻是一帆風順的。他們共有四個孩子，三個女兒、一個兒子，兒子即徐善眞（族譜名爲善曾）。一九四七年徐積鍇全家移民美國後，就一直住在紐約。按《徐氏硤石分支世系圖表》記載，硤石徐家「自四世祖起定有字輩，爲『相學登文世，開宗明義章，積善有餘慶，受祿本天常』二十個字，綿綿相傳，子孫蕃衍，已達十有六世。」徐善眞算是硤石徐氏第十五世孫了。

一九五三年，爲徐家辛苦了半輩子的母親，在香港準備與蘇記之醫師再婚時，曾徵求兒子阿歡的意見。

阿歡得母書，欣然飛書答母表示贊同：

……母孀居守節，逾三十年，生我撫我，鞠我育我，劬勞之恩，昊天罔極。……諸孫長成，全出母訓。當年繞膝，今日留學，繼志述事，毋忝所生，門第中興，此其時矣！……去日苦多，來日苦少，綜母生平，殊少歡愉。母職已盡，母心宜慰，誰慰母氏？誰伴母氏？母如得人，兒請父事。（劉心皇：〈徐志摩與陸小曼〉）

兒子對母親的摯愛、感恩與理解全在這封情眞意切、態度明朗、鏗鏘有力的「與母書」中了。「綜母生平，殊少歡愉」，母親的孤獨冷清，強顏歡笑，母親私下裡的悲淚痛苦，心酸淒涼，母親撫老育幼的種種艱難，做兒子的也許從小就看得太多了。如今母親終身有靠，與父親一樣有著慈愛天性的兒子怎麼能不替母親感到由衷高興呢！徐積鍇移居美國後，從事的是土木工程師的職業，我們從他這封同意母親再婚的書信中，仍可看出他也與父親一樣文采斐然。難怪張幼儀在回憶這件往事時對張邦梅說：「每個讀信的人都說，從那封信看得出來他是徐志摩的兒子。」（張邦梅：《小腳與西服》）

為紀念先父徐志摩，徐積鍇跟母親商量後，決定請父親生前好友梁實秋先生幫助編一套父親的文集。他將父親寫給母親的信件從美國帶到台灣，與梁實秋先生進行面談。一九六九年由梁實秋和蔣復璁編輯的《徐志摩全集》在台灣出版，徐積鍇還為此書寫了一篇約三百字的前言。此套文集最大貢獻在於保存了著作的原貌。所收錄的徐志摩整部著作，不是重新排版，而是將原書影印，另加頁碼統一編排，對原書中的錯訛之處還附有校勘表予以更正。梁實秋在回憶台灣版的《徐志摩全集》編輯經過時說，徐志摩過去的著作都是徐積鍇從美國的圖書館裡找到複印寄往台灣的，出版的地方也是「與幼儀女士和積鍇先生取得同意，遂決定交由傳記文學社負責印行。」（梁實秋：〈編輯經過〉）

一九八三年五月，浙江海寧市政府撥款在硤石西山白水泉重修「文革」期間被毀壞的徐志摩墓。從此，徐志摩得以「展開天倫的懷抱」，與次子彼得一起在白水泉共用永久的安寧。一九八五年，徐積鍇和夫人張粹文女士從紐約回到硤石，終於實現了祭掃父墓的願望。此後，徐積鍇一家曾數次回硤石祭掃先父墳塋，並將硤石乾河街徐氏舊居捐獻給海寧市政府，這就成了今天徐志摩紀念館所在地。

徐積鍇先生今年（二〇〇一）已八十三歲，身體一直很好。然而，他為父親兩冊《府中日記》的遺失一直心存不安。

《府中日記》的來龍去脈

一九八七年初，徐積鍇曾將父親《府中日記》複印件一冊寄給復旦大學教授陳從周先生（徐志摩的表妹夫），並要這位表親將日記轉交給香港商務印書館，收入正在編印中的《徐志摩全集補編》。隨信還附有公函一封（陳從周：〈徐志摩日記的發現〉）：

文物管理局外事處：

日本社會科學家友好訪華團來訪時，副團長齋藤秋男（專修大學教授）交出兩冊中國詩人徐志摩日記手本。

日帝侵華時期，日本辦的偽《浙江日報》記者岡崎國光，隨侵略軍到了浙江富陽（陳從周按為硤石之誤），從徐志摩家抄走了兩本日記，帶回日本送給了中國文學研究會的松枝茂夫（齋藤朋友）。十五年前松枝轉送給齋藤，日記記載了辛亥革命和五四時期的學校生活。

齋藤認為徐雖係胡適新月派文人，但這兩本日記同中國革命兩個重要時期有關係，做為反面教材，也許有參考價值，決心在兩國恢復邦交後送還中國。現將兩本日記轉送給你局處理。

中國人民對外友協秘書處　一九七五・八・十八

公函上說是兩册日記，陳從周只收到一册，寫信詢問，徐積鍇很快補寄。陳從周於一九八七年二月收到另一册日記後寫成〈徐志摩日記的發現〉一文，並介紹了部分日記內容。同年四月四日，陳從周將兩册徐志摩早年日記複印本寄往香港商務印書館。香港方面收到日記後曾有記載：「陳從周教授從上海給香港商務印書館寄來兩個包裹，卻原來是徐志摩日記影印本。附函說是徐志摩在美國的兒子徐積鍇寄給他的。」（關佩貞：〈徐志摩日記失而復得〉）

陳子善先生也曾見過此日記。徐積鍇先生於一九九七年清明節前偕子女來上海，想去看徐志摩在上海的幾處故居，並邀請陳子善同往。據陳子善說，「途中閒聊時，徐積鍇主動跟我提起關於《府中日記》這件事。說是原來寄給了陳從周，後來再問他要，陳從周卻寄錯了，寄了兩個下册給他。徐積鍇對此事有點介意。這個時候，徐積鍇的兒子徐善曾拿出了日記的影印件給我看，當時我想是否冒昧地問他們，可不可以複印一份給我，後來看到徐善曾很快就把日記收了回去，似乎較爲珍視，我也不好開口。」（柴草：〈滬上訪尋與徐志摩有關的人和事〉，轉引自韓石山：《徐志摩傳》）

一九九八年冬，韓石山先生馳函紐約，就《府中日記》一事問過徐積鍇先生。徐先生回信說：「……實不相瞞，來信所謂《府中日記》，從未見過。數年前凡與先父有關資料，均寄陳從周先生處理，故敝處已無任何資料可寄，實深歉仄。」（韓石山：《徐志摩傳》）。韓石山先生不甘心，一九九九年秋附上各種證據，再次函詢日記一事。這次徐積鍇先生回信：「《府中日記》當初寄陳從周先生時，誤寄了兩份一樣的半本，後來他發現即將另外半本寄給他，他也沒有將多餘的半本還我。一九九七年我帶子女四人前往硤石掃墓，同時因我年老，以後不便再去，帶他們看看這個老鄉，並率小兒去看望陳從周先生一次，希望能找到那半本《府中日記》，想不到他已言語支吾，雖由他女兒幫同找尋，亦無結果，只好掃興而歸。」（韓石山：《徐志摩傳》）

韓石山先生認爲，《府中日記》被發現後又神秘地消失，一種可能是眞正遺失，找不見了；另一種可能是《府中日記》非徐志摩所記，所以《徐志摩全集》不收入了，徐家人也不再提了。因爲據看到日記全文的關佩貞先生說，日記後面還附有作者一九一七年漫遊美國的日記和一九一九年五四運動爆發時的記載。而徐志摩出國的時間是一九一八年八月，且一直到一九二二年十月才回國。

不管《府中日記》以後是否能夠出版，但我們總算弄清了日記的來龍去脈，也理解了志摩兒孫對先輩的懷念之情，對先輩一紙一頁的珍惜之情。

13 留予人間一卷詩

畢生行徑都是詩

做爲「人人的朋友」、「一片最可愛的雲彩」，徐志摩的意外之逝，在朋友們的心中引起莫大的震動，大家痛失良友，紛紛撰文紀念，《新月》月刊很快就有「志摩紀念號」，天津《大公報・文學副刊》也專門發表了紀念文字，此外還有不少散見的懷念或評論性的詩文。文章大多懷念志摩待人的滿腔眞誠與熱情，對美好理想的執著追求，更有詩人在新詩發展過程中所取得的矚目成就。蔡元培先生稱徐志摩「畢生行徑都是詩」，的確，徐志摩頗具傳奇性的成長之路，他的文學成就，爲推動現代文學事業所做的種種工作，他對理想的執著追求，對愛情的狂熱與執著的曲折之路，無一不是一首首迴環百折、引人入勝的動人詩篇。

一九三五年出版的《中國新文學大系》，是對中國新文學運動十年來一個頗具權威性的總結，其中朱自清編的《詩集》、周作人編的《散文一集》、茅盾編的《小說一集》和鄭振鐸編的《文學論爭集》都收錄了徐志摩的作品。一人能在四個門類中都佔有地位，整套大系裡只有寥寥幾位，其中大概只有徐志摩已是文在人逝了。人們在讚歎之餘，不免感歎：如此才華橫溢的徐志摩走得實在太早了！

事情也還有不太美妙的一面。徐志摩生前對社會、時代思潮的巨變已深感不解與困惑，在他死後，時代的主旋律和他的理想與追求似乎越來越遠。五四以來，現代中國文學中追求浪漫個人主義和現代主義的主流，到一九二〇年代末漸漸轉為「走上革命之路」，到抗日戰爭爆發時，詩歌和小說創作的傾向都已集中在與現實直接相關、在反映下層人民生活的主題上，而這顯然不是浪漫主義者徐志摩作品的主流。於是，時代的大浪淘沙、潮起潮落，漸漸將徐志摩越拋越遠。事實上，對生前一身是非的徐志摩的爭議，在他剛死不久就展開了。

批評的聲浪

早在離徐志摩去世才一個月的時候，北大德文教授楊丙辰就在公開演講中毫不客氣地與周圍朋友們對徐志摩的緬懷、讚美唱了反調，尖刻地批評徐志摩的詩「精神萎靡不振，氣勢散漫無歸，而意旨晦澀難明」。甚至進而質疑徐志摩是否具備一個大詩人的基本條件。在徐志摩逝世一年後，一九三二年十二月，著名文學家錢基博先生的文學史名著《現代中國文學史》面世，論及徐志摩作品的社會影響很不樂觀。他說，當時一般青年對徐志摩的作品「始讀之而喜，繼而疑」，最後批評徐志摩的文學為「小資產階級文學」，而不是「眞正民衆」的文學，「志摩華靡，何當於民衆。志摩沈溺小己之享樂，漠視民之慘沮」，因此，徐志摩作品中所體現的那種「右傾」的文藝傾向，已經「失熱血青年之望」。領時代潮流、爲一般青年所推重的已是「意趣之轉向勞動階級」的郭沫若、郁達夫等左傾作家。不管青年們的選擇正確與否，在時代的激流中，徐志摩的確是漸漸地被人們淡忘了。

因此在徐志摩逝世四週年的紀念日，林徽因在紀念亡友的文章中頗爲傷感地寫道：「對你的讚美和攻訐由你去世後一兩週間，就紛紛開始了。」「現在你走了，這些事漸漸在人的記憶中模糊下來，你的詩和文章也散漫在各小本集子裡壓在有極新鮮的封皮的新書後面，誰說起你來，不是模模糊糊地承認你是過去中一個勢力，就是拿能夠挑剔看輕你的詩爲本事。」（林徽因：〈紀念志摩去世四週年〉）

不言而喻的是，這種對詩人的挑剔與批評，隨著時代思潮日益激進而越來越明顯。批評多了，人們也對他漸漸失去興趣，乃至於後來徐志摩沒有進入過許許多多進步青年的視野，更談不上對其作品的興趣。至於一九四九年後，衆所周知的原因，在強烈的階級觀念之下，徐志摩及其作品，做爲小資產階級及其情調的代表，理所當然成了批判的對象，其作品多遭否定乃至全盤否定。以致在大陸許多青年那裡，一度完全忘記了這位在新詩發展過程中貢獻良多、取得重大成就的一代詩人。

尤其令人唏嘘痛心的是，不但徐志摩的詩文行事一直受到抑制與批判，九泉之下的徐志摩屍身也不得安寧，在那個瘋狂的年代裡，靜靜躺在故鄉硤石東山萬石窩的徐志摩慘遭洗劫。一九六六年文革開始，一班鄉民聽信誤傳，說是徐志摩墜機死後，頭已沒了，他父親給他做了一個金頭，便想掘墓取金大發橫財，等到徐志摩那年近九十高齡的蔣家姑母來說明情況時，已經晚了。詩人慘遭曝屍虐屍之禍！數年後，墓旁父親徐申如的墓也被搗毀。可以想見，即使不為發財，一個是一身是非的資產階級詩人，所謂「反動文人」；一個是所謂「封建的」、「買辦的」資本家，在那個特殊的年代裡，成為絕好的打擊目標，也是很難逃脫毀墓曝屍之厄運的。

好在文學畢竟是文學，它不是政治，眞正優秀的作品終究不會因政治思潮的影響和意識形態的干擾而磨滅消失其固有的光輝；它也不是流行藝術，「各領風騷數十年」。深刻揭示了人性的內涵，高揚了人性的眞善美，並具有高度技巧和優美文字，能給人以靈魂的淨化和純美的享受的優秀作品，終究不會因時代的變遷而消失，反能歷久彌新，長期被人欣賞，活在人們心中。而「飛去的詩人」徐志摩留給後人的正是這樣一首首韻味無窮、回味不盡的優美詩篇。詩集《志摩的詩》、《翡冷翠的一夜》、《猛虎集》、《雲遊》，散文集《落葉》、《巴黎的鱗爪》、《自剖》、《秋》、《愛眉小札》、《志摩日記》，小說集《輪盤》，劇本《卞昆岡》，譯著《曼殊斐兒小說集》等，無一不是值得回味、琢磨的美好詩篇。

正因如此，一代才女林徽因在紀念徐志摩逝世四週年的文章中，儘管對當時徐志摩所受的冷遇不無傷感，但眼光長遠、深知文學眞諦的她，並不因一時之遭遇而灰心，她深信徐志摩那一批批動人的詩篇一定會長存下去。她也欣慰地看到，在當時革命文學的主流之外，徐志摩的作品仍活在諸多「不相識人的心裡」。她說：「我們的作品會不會長存在下去，也就看它們會不會活在那一些我們從不認識的人，我們作品的讀者，散在各時、各處互相不認識的孤單的人的心裡的，這種事它自己有自己的定律，並不需要我們的關心的，你的詩據我所知道的，它們仍舊在這裡浮沈流落，你的影子也就濃淡參差地繫在那些詩句中，另一端印在許多不相識人的心裡。朋友，你不再過於看輕這種間接的生存，許多熱情的人他們會爲著你的存在，而加增了生的意識的。」（林徽因：〈紀念志摩去世四週年〉）

重回「熱血青年」心中

撥開烏雲見青天！果然，當一切干擾文學本身價值的外在力量排除後，徐志摩的作品因其本身所具有的實質價值，重新在中國大地發出熠熠光輝。各種徐志摩的詩集、文集、全集以及徐志摩傳記紛紛出版，成爲廣大讀者尤其是青年讀者的熱門讀物，近二十年來，一直暢銷不絕。志摩與其詩文重新回到廣大「熱血青年」心中，〈再別康橋〉、〈偶然〉、〈雪花的快樂〉、〈沙揚娜拉〉、〈消息〉、〈海韻〉、《愛眉小札》等諸多詩文名篇，不但在一代一代讀者之中廣爲傳誦，而且許多人還能倒背如流。

在現代詩歌史上，儘管徐志摩的成就並不是最大的，文學界也已經公認，就藝術本身的成熟而言，徐志摩的幾本詩集，與聞一多的《死水》相比，還有一定的差距，但可以斷言的是，廣大青年對徐志摩詩篇與其人的熟悉，要超過任何一位五四以來的新詩詩人，如胡適、郭沫若、臧克家、艾青、陳夢家、李金髮等，當然也包括聞一多。徐志摩的朋友梁實秋在徐志摩逝世五十週年紀念日的紀念文章中提出，文學作品的好壞通常以五十年爲考驗的時期，這種考驗排除政治力量、商業宣傳等任何外在的力量，完全靠作品的實質價值而決定其是否能長久存在的命運。他欣慰地看到：「據我看，徐志摩不僅在新文學史上佔一席位，其作品經過五十年的淘汰考驗，也成了不可否認的傳世之作。」

著名詩人卞之琳從思想感情上概括了徐志摩詩歌引人入勝的原因所在：「他的詩，不論寫愛情也罷，寫景也罷，寫人間疾苦也罷，我感到在五光十色裡，不妨簡單化來說，其中表現的思想感情，就是這三條主線：愛祖國、反封建、講『人道』。」（卞之琳：〈徐志摩詩重讀誌感〉）這就是徐志摩一生追求愛、自由、美的充分體現。

高度濃縮的詩歌藝術，要眞正長久地打動人心，更要有動人心弦的高度藝術內涵與技巧。從詩歌技巧的角度來看，儘管現代白話詩由胡適等人啓其端，但胡適的詩歌淺顯直白，了無意味，五四初期詩人的共同缺陷正如著名學者李歐梵所說：「思想簡單與意象貧乏」（李歐梵：《現代性的追求》）。郭沫若的新詩儘管爲新詩打開了一個新局面，但那過於飽滿高漲的激情，不免令人感覺熱情有餘而韻味不足。只有當徐志摩於一九二二年從歐洲回來後，西方（主要是英國）詩歌形式的嘗試才算眞正開始。徐志摩充分吸收十九世紀以來西方浪漫派詩歌藝術的成就，並根據漢語白話乃至漢語方言本身的特性，創造性地發展出了一種新詩格律的雛形，進一步鞏固和發展了新詩藝術的陣地。尤其是他在詩歌創造中，試用多種西洋詩體，如無韻體（Blank Verse）和駢句韻體，都取得了相當的成功。朱自清在〈論中國詩的出路〉中便稱讚徐志摩是「試用外國詩的音節到中國詩裡最可注意的人」。

總之，徐志摩的詩歌融合東西方格調和情緒，不僅具有明顯的節奏感，還有優美的旋律感，音樂性極強；結構嚴謹、整飾，形式千變萬化，而諸多象徵手法的運用也別具一格，恰到好處，韻味無窮。

徐志摩詩歌藝術中的許多過人之處，也同樣體現在他的散文中。由於徐志摩以詩名世，他的散文多不為注意。其實他的散文也是留給我們的優美詩篇。這是許多人在拜讀〈巴黎的鱗爪〉、〈我所知道的康橋〉及火熱的《愛眉小札》等散文名篇時不難感受到的。徐志摩的不少朋友甚至認為他的散文成就在其詩歌之上。如梁實秋說：「志摩是詩文並佳，我甚至一度認為他的散文在他的詩之上。」（梁實秋：〈談志摩的散文〉）楊振聲也認為，徐志摩的散文「比他的詩還要好」。散文大師周作人也交口稱讚：「散文方面志摩的成就也並不小……志摩可以與冰心女士歸在一派，彷彿是鴨兒梨的樣子，流麗清脆，在白話的基本上加入古文、方言、歐化種種成分，使引車賣漿之徒的話進而成為一種富有表現力的文章。這就是單從文體變遷上講也是很大的一個貢獻了。」（周作人：〈志摩紀念〉）

諸位名家如此推許，真正的奧秘何在呢？真率自然而不容矯飾是徐志摩散文的主要特點；娓娓道來，坦誠眞摯，其苦悶、歡快、激動、徬徨等種種感情，毫無掩飾，盡在文中，親切可近；寫得又如行雲流水一般，信馬由韁，輕鬆自然；而文辭之優美，刻畫之自然細膩，也是他的散文具有長久魅力的所在。總而言之，寫景敘情，細膩瑰奇；自剖心跡，眞率坦誠，〈落葉〉、〈我所知道的康橋〉、〈自剖〉、〈想飛〉、〈北戴河海濱的幻想〉、〈傷雙栝老人〉、〈巴黎的鱗爪〉、〈翡冷翠山居閒話〉等系列文章都是大家熟知的散文名篇。

不容否認，因時代及自身的局限，在徐志摩的詩文中也還有一些消極頹廢的內容，這正是徐志摩在理想與現實衝突中苦悶迷惑的反映；藝術上，在一些作品中也還有過於歐化而出現異調，過於講究詩的整齊形式而損害詩的氣韻等白玉之瑕。

「愛」是他的宗教

細心的讀者不難發現，本書花了較多的筆墨來描述詩人徐志摩的愛情。這是因爲「愛」是他一生的象徵，「愛」是他的宗教，他的上帝。也正是在愛情上，他給時人和後人都留下了太多的是非話題。與髮妻張幼儀離婚，對林徽因的癡情追求，與陸小曼驚天動地的愛，在當時都是驚世駭俗的事情。他一生眞正的愛只有兩次，那就是對林徽因和陸小曼的愛。儘管這兩次熾烈眞誠的愛都以失敗而告終，但可以說，也正是愛，才最終造就了徐志摩這位一代詩人。

徐志摩本與詩無緣，是他留學英倫時對天生麗質、風華絕代的林徽因的追求，才激起潛藏在他靈魂深處的勃發詩情，才使他的人生旅途發生了關鍵性的轉折。詩人在〈《猛虎集》序文〉中含蓄地說出了自己開始從事詩歌創作的原動力：「但生命的把戲是不可思議的！……整十年前我吹著了一陣奇異的風，也許照著了什麼奇異的月色，從此我的思想就傾向於分行的抒寫。一份深刻的憂鬱佔定了我；這憂鬱，我信，竟於漸漸的潛化了我的氣質。」而林徽因在一九三二年給胡適的信中更明白地說：「精神方面看來這樁事（指徐志摩追求林徽因一事）或爲造成志摩爲詩人的原因。」（《林徽因文集・文學卷》）與熱情如火的陸小曼相戀後，徐志摩的詩情又如泉湧，〈雪花的快樂〉、〈我有一個戀愛〉等一首首情艷意濃的詩歌從他筆端流出。儘管後來與陸小曼的婚姻帶給詩人更多是痛苦，但陸小曼也給了詩人諸多前進的動力，在《巴黎的鱗爪》序中，詩人就寫道：「因爲你（陸小曼）給我的是最嚴正的批評，你確有評判的本能，你從不容許我絲毫的『臭美』，你永遠鞭策我向前，你是我的字業上的諍友！」

不管今天我們用怎樣的眼光來打量當年詩人錯綜複雜的情感追求，詩人始終是在眞誠執著地追求著自己理想的浪漫之愛。正如李歐梵所說的那樣：「理想與熱情，對徐志摩來說是愛情的極致」，「他的一生是不斷尋求愛情眞諦的感人例證」，「所有其他各種情感在徐志摩那充滿激情與眞誠的堅定信念面前都黯然失色」（李歐梵：《現代性的追求》）。這種對愛情的眞誠與執著，不也是詩人留給我們的一首感人詩篇嗎？

兄長式的摯友胡適對徐志摩的一生做了精當的概括，他說：「他的人生觀眞是一種『單純信仰』，這裡面只有三個大字：一個是愛，一個是自由，一個是美。他夢想這三個理想的條件能夠會合在一個人生裡，這是他的『單純信仰』。他的一生的歷史，只是他追求這個單純信仰的實現的歷史。」（胡適：〈追悼志摩〉）在當今物質喧囂、紛紛擾擾的世界裡，情感淡漠、價值失落、目標無著的現象日益普遍，重溫徐志摩的詩文及其一生行事，不失爲一滴清涼的心靈淨化劑，一杯濃郁的甘醇美酒。

歷史是公正的。爲紀念這位在中國現代文學史上貢獻重大的文學先賢，一九八三年，當地政府將文革中被毀壞的徐志摩之墓，從硤石東山的萬石窩鄭重遷建於硤石西山白水泉旁。墓碑整修一新，還是張宗祥所書的「詩人徐志摩之墓」。這裡，周圍青山環繞，鬱鬱蔥蔥。俯視硤石，遙望藍天白雲，靜靜躺在這裡的詩人徐志摩，從小酷愛大自然，嚮往大自然，一生也熱情地謳歌大自然，在風暴過去之後，現在終於與大自然融爲一體了。尤其當他在西山白水泉旁的山谷中看到六、七十年後的今天，自己的作品始終暢銷不絕，越來越多的一代代、一批批讀者對自己的作品產生強烈的興趣，從中體味人性的美善，享受藝術的美感，激起理想的追求時，一代詩人徐志摩定當含笑九泉、了無遺憾了。

附錄一

徐志摩家族世系簡表

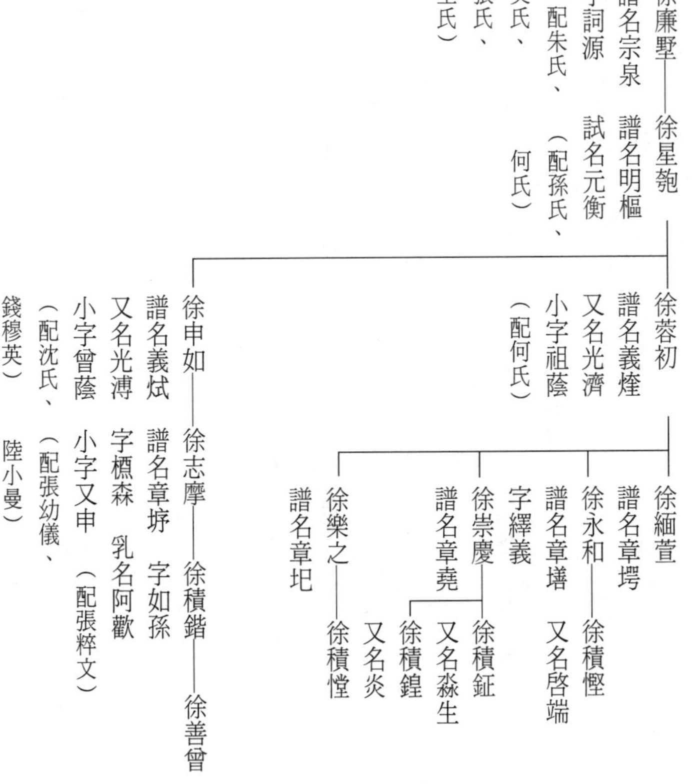

附錄二

徐志摩年表

一八九六年　（光緒二十二年），一歲。舊曆十二月十三日（一八九七年一月十五日）生於浙江省海寧縣硤石鎮保寧坊徐宅。原名章垿，初字槱森，小字又申，後改字志摩，並以字行。筆名有谷、摩、鶴、大兵、心手、仙鶴、刪我、南湖、海谷、黃狗、詩哲、諤諤、雲中鶴、S等。同年，陳西瀅、郁達夫、茅盾、胡愈之、陳虛谷等生。是年，父徐申如二十五歲。母錢慕英二十三歲。志摩爲獨生子，自小爲父母親所溺愛。

一九〇〇年　（光緒二十六年），五歲。啓蒙，入家塾從孫蔭軒讀書。

一九〇一年　（光緒二十七年），六歲。改從查桐軫讀書，係志摩杭州一中學弟查猛濟教授令尊。

一九〇七年　（光緒三十三年），十二歲。舊曆年初，入本地新式學堂——開智學堂，從張樹森讀書。

一九〇九年（宣統元年），十四歲。舊曆年初，以優異成績自開智學堂畢業。

一九一〇年（宣統二年），十五歲。春，經沈鈞儒介紹，入杭州府中學堂（五年制）就讀，同學中有郁達夫、董任堅等。

一九一一年（宣統三年），十六歲。秋，辛亥革命事起，府中停辦，休學在家。

一九一三年（民國二年），十八歲。春，杭州府中學堂改名為浙江省立第一中學重新開辦，學制亦由五年改為四年。徐志摩重新回校就讀，入三年級。七月，處女作〈論小說與社會之關係〉一文載校刊《友聲》創刊號。

一九一四年（民國三年），十九歲。五月，論文〈鐳錠與地球歷史〉載《友聲》第二期。

一九一五年（民國四年），二十歲。六月，自一中畢業。秋，在上海考取國立北京大學預科，編入一部英文丙班肄業。十二月五日（舊曆十月二十九日），回到家鄉與張嘉鈖（幼儀）結婚。夫人張幼儀為名流張君勱、張公權令妹。婚後，就近改入上海滬江大學預科肄業。

一九一六年（民國五年），二十一歲。一月，向北京大學申請退學。九月，再改入天津北洋大學法預科二年級。

一九一七年（民國六年），二十二歲。九月，北洋大學停辦法科，併入北京大學。徐志摩因而改回北京大學就讀，在法本科（四年制）政治學門一年級肄業。在北大肄業時，志摩曾加入「雄辯會——外國語部」、「閱書報社」等學校社團。

一九一八年（民國七年），二十三歲。四月二十二日，長子積鍇生於硤石。六月，由張君勱介紹，拜梁啓超爲師。八月十四日，在上海搭南京號輪船啓程赴美留學。八月三十一日，在太平洋舟中，撰〈啓行赴美文〉，分致諸親友，說明他的抱負。九月，插班入麻州渥斯特之克拉克大學歷史系三年級。

一九一九年（民國八年），二十四歲。九月，自克拉克大學畢業，因成績斐然，獲一等榮譽獎。同月，入紐約哥倫比亞大學經濟系修碩士學位，開始對政治學感興趣。在紐約一年中，與劉叔和朝夕相聚。

一九二〇年（民國九年），二十五歲。九月，以論文《論中國婦女的地位》獲哥大碩士學位。同月，爲想跟從英國大哲羅素學習，徐志摩不惜放棄唾手可得的哥大博士學位，前往英國。抵英時，始知羅素已於四年前遭劍橋大學三一學院除名。十月上旬，與劉叔和同入倫敦大學政治經濟學院深造，從政治學者拉斯基（Harold Laski）學習，擬攻博士學位，後終未果。秋，在倫敦與陳源（西瀅）、林長民及其女兒林徽因相識。不久，經陳西瀅介紹，認識英國著名文史學家威爾斯（H. G. Wells）、魏雷（Arthur Waley）。冬，夫人張幼儀來到倫敦，與志摩相聚。

一九二一年　（民國十年），二十六歲。年初，在倫敦和林長民一起參加了「國際聯盟協會」。會中，認識劍橋大學王家學院的校務委員狄更生（G. L. Dickinson），之後兩人交往密切。經狄更生介紹，轉學劍橋大學做爲可隨意選課聽講的特別生，並與夫人張幼儀移居離劍橋六英里遠名叫沙士頓的鄉下地方。夏，在與林徽因的熱戀下，感受到一種「偉大力量的震撼」，開始了新詩的寫作。十月，與心儀已久的羅素認識，之後經常成爲羅素家座上客。十一月二十三日，作詩〈草上的露珠兒〉，這是已知的徐志摩最早詩作。

一九二二年　（民國十一年），二十七歲。一月三十一日，譯華滋華斯詩〈葛露水〉（Lucy Gray or Solitude），這是已知的徐志摩最早譯詩。二月二十四日，次子德生（彼得）生於柏林。三月，由好友吳經熊、金岳霖二人作證，徐志摩在柏林與張幼儀正式離婚。十日十五日，返抵上海。十一月六日，〈徐志摩張幼儀離婚通告〉載《新浙江報・新朋友》。冬，加入五四以後第一個全國性新文學社團「文學研究會」，會籍號碼九十三號；「文學研究會」主要機關刊物有在上海發行的《小說月報》及《文學週報》。經梁啓超介紹，任北京松坡圖書館英文幹事。

一九二三年　（民國十二年），二十八歲。一月二日，梁啓超爲徐志摩和張幼儀離婚事，寫了一封長信勸他，但未奏效。

三月，「新月社」在北京成立，徐志摩取名自泰戈爾詩集《新月集》。五月，譯著《渦堤孩》由商務印書館出版。

七月二十六日，第一次致信泰戈爾，告知將在他訪華期間陪同兼任翻譯。

八月二十七日，祖母何太夫人在家逝世，享壽八十四。徐志摩悲痛至極，於十一月二十四日作完悼念文〈我的祖母之死〉，旋載十二月一日出版的《晨報五週年紀念增刊》中。

一九二四年

（民國十三年），二十九歲。四月十二日，詩人泰戈爾應北京「講學社」邀請，搭乘日輪熱田丸號訪華抵滬，至五月三十日爲止舉行多場演講。徐志摩做爲翻譯和陪同人員並代表北方學界前往歡迎。

九月，擔任北京大學英文系教授。秋起，因爲新月社的活動關係，凌叔華很快地成爲徐志摩的異性知己。徐志摩並經常寫信給叔華，傾吐自己的空虛苦悶，但字裡行間似乎也透露出敬愛之意。

秋冬時初識陸小曼。陸小曼一九二〇年嫁王賡，平時喜歡跳舞聽戲、交際應酬，時年二十二。志摩、小曼初識時，王賡還在北京擔任北洋政府交通部護路軍副司令。

一九二五年

（民國十四年），三十歲。三月十九日，次子因患腸膜炎殤於柏林，才剛滿三週歲。

三月至七月在旅歐途中寫作《歐遊漫錄》共十五篇。八月九日起開始寫日記《愛眉小札》。該月第一本詩集《志摩的詩》自費出版，並重回北京大學任英文系教授。

十月，陸小曼與王賡離婚。

十月一日，接編北京晨報之《晨報副刊》，發表〈我爲什麼來辦，我想怎麼辦〉，說明其編輯的態度和方針。

十一月七日，譯作法哲伏爾泰之長篇小說《贛第德》開始在《晨報・晨報副刊》連載，迄翌年十二月十三日載畢。

一九二六年

（民國十五年），三十一歲。四月一日，《晨報副刊・詩鐫》創刊，每週四刊出一次，由徐志摩主編，聞一多負責選稿，迄六月十日停刊止，共出十一期。

六月十七日，《晨報副刊・劇刊》創刊，每週四刊出一次，迄九月二十三日停刊止，共出十五期。同月，第一本散文集《落葉》由北京北新書局出版。

十月三日，徐志摩與陸小曼在北京結婚，由梁啓超證婚。十月中，徐志摩辭去《晨報副刊》主編職務，也離開北京大學，偕陸小曼南下。婚後，徐志摩生活拮据，一度決心靠譯書還債。

一九二七年

（民國十六年），三十二歲。四月，譯著《曼殊斐兒小說集》出版；六月，譯著《贛第德》出版。八月，新月書店出版第一批書四本，包括他的散文集《巴黎的鱗爪》。同月，應上海光華大學之聘，任英文系教授，講授翻譯和英文小說派別等課程。

九月，第二本詩集《翡冷翠的一夜》由新月書店出版，收新詩四十二首。

秋，泰戈爾在美國、日本講學結束，在回國途中停住上海二天，宿徐志摩家。

冬，新月書店積極籌備創辦《新月》月刊，徐志摩負編輯組稿總責。

一九二八年（民國十七年），三十三歲。一月，散文集《自剖》由新月書店出版。二月，又兼任上海大夏大學英文系教授。

三月十日，《新月》月刊正式創刊，迄一九三三年六月一日出至四卷七期後停刊，歷時五年又三個月，每卷十二期，前後共出四十三期。

六月十五日，與王澂（文伯）自上海啓程出國，先後到日本、美國、英國、法國、印度等地遊歷，十一月中回抵上海。

七月，五幕劇《卞昆岡》（與陸小曼合著）由新月書店出版。八月，改訂版《志摩的詩》由新月書店重印出版，收新詩四十一首。十一月七日，赴北京探望病危的梁啓超。

一九二九年（民國十八年），三十四歲。二月，重任光華大學英文系教授，講授英國文學史、英文詩、英美散文、文學批評等四門課程。三月五日，致信恩厚之，告知江浙調查結果係「癡心的夢想，還是沒有實現的機會」。

七月，《新月》月刊編輯部再度改組，由梁實秋一人主編，徐志摩等人離去。八月，應聘兼任南京中央大學外國文學系教授，講授西洋詩歌、西洋名著選等課程，開始在上海、南京之間兩地來回奔波。

一九三〇年

（民國十九年），三十五歲。本年仍任光華大學及中央大學教授，並任中英文化基金委員會委員。與名舊詩人鄭教胥同被選爲英國詩社社員。

四月，生平唯一的小說集《輪盤》由中華書局出版，列爲「新文藝叢書」之一。五月初，與胡適之、郭有守、戈公振、邵洵美、程滄波等在上海籌備發起「國際筆會」之「中國分會」。八月，新任光華大學英文系系主任兼教授，並兼任上海大夏大學英文系教授。秋，辭南開中央大學職，應胡適之邀去北大任教，其間去瀋陽探林徽因病。十一月，開始籌劃創辦雜誌《詩刊》。

一九三一年

（民國二十年），三十六歲。一月，積極營救作家胡也頻，並提供旅費給丁玲母子回鄉。一月二十日，《詩刊》（季刊）在上海創刊，由徐志摩主編，新月書店發行，迄一九三二年七月止，前後共出版四期。徐志摩生前獨立主編前三期，第四期改由志摩在中央大學的高足詩人陳夢家主編，成爲「志摩紀念號」。

四月二十三日，母親病逝硤石老家，志摩已在家隨侍十七天。

八月，詩集《猛虎集》由上海新月書店出版，收新詩四十首及翻譯西詩若干首。在書前〈序〉中，徐志摩談論到自己的詩歌創作道路。

十月起，為擺脫因陸小曼生活揮霍所造成的經濟窘境，徐志摩熱心充當蔣百里及孫大雨在上海的房屋土地買賣仲介人。十一月十九日，上午八時持前北大同學保君健贈送的免費機票搭「濟南號」郵機從南京飛往北平，不幸在濟南附近黨家莊遇上大霧，飛機誤觸開山失事，遇難身亡。

附錄三

參考書目

《海寧市誌》　海寧市誌編纂委員會，漢語大詞典出版社，一九九五年十二月版
《徐志摩年譜》　陳從周編，上海書店，一九八一年十一月影印本
《梁任公年譜長編》　丁文江編，上海人民出版社，一九八一年版
《徐志摩全集》　趙遐秋、曾慶瑞、潘百生編，廣西民族出版社，一九九一年七月版
《徐志摩全集補編》　上海書店，一九九四年版
《徐志摩詩全編》　梁仁編，浙江文藝出版社，一九九九年四月版
《徐志摩散文全編》　來鳳儀編，浙江文藝出版社，一九九一年十月版
《徐志摩日記精選》　顧永棣編選，四川文藝出版社，一九九一年七月版
《珍貴的情書——徐志摩致陸小曼的信》　徐志摩著，書目文獻出版社，一九九二年十二月版
《徐志摩書信》　晨光輯注，湖南文藝出版社，一九八六年十月版
《志摩日記》　陸小曼編著，書目文獻出版社，一九九二年八月版

《愛眉小札》　陸小曼編，良友圖書出版公司，一九三五年版
《朋友心中的徐志摩》　張放、陳紅編，百花文藝出版社，一九九二年七月版
《新月詩魂》　趙遐秋編，東方出版中心，一九九八年八月版
《熱戀．蜜月．遺恨》　文木、郁華編著，中國國際廣播出版社，一九八九年十月版
《徐志摩傳》　韓石山著，北京十月文藝出版社，二〇〇一年二月版
《小腳與西服》　張邦梅著，譚家瑜譯，台灣智庫股份有限公司，二〇〇〇年六月版
《徐志摩與他生命中的女性》　高恆文、桑龍著，天津人民出版社，二〇〇〇年三月版
《飛去的詩人——徐志摩傳》　展望之、張方晦著，漢語大詞典出版社，二〇〇〇年三月版
《徐志摩傳》　馮亦同著，江蘇文藝出版社，一九九九年五月版
《徐志摩傳》　劉心皇著，花城出版社，一九八七年十月版
《徐志摩新傳》　梁錫華著，香港聯經出版事業公司，一九八二年版
《徐志摩傳》　趙遐秋著，中國人民大學出版社，一九八九年三月版
《新月下的夜鶯——徐志摩傳》　宋炳輝著，上海文藝出版社，一九九七年十二月版
《徐志摩與陸小曼》　曾慶瑞、趙遐秋著，中國青年出版社，一九九五年一月版
《藝術與風月——徐志摩傳》　宋益喬著，北岳文藝出版社，一九九〇年十一月版
《徐志摩評傳》　劉炎生著，廣州暨南大學出版社，一九九五年十二月版
《徐志摩評傳》　陸耀東著，陝西人民出版社，一九八六年七月版

《風流詩人徐志摩》　顧永棣著，四川文藝出版社，一九八八年六月版
《詩人徐志摩》　重慶出版社編，重慶出版社，一九八二年九月版
《林徽因傳》　林杉著，九州圖書出版社，一九九八年版
《林徽因文集．文學卷》　梁從誡主編，百花文藝出版社，一九九九年版
《梁思成與林徽因》　（美）費慰梅著，曲瑩璞、關超譯，中國文聯公司，一九九七年九月版
《紐約意識流》　王海龍著，中國發展出版社，二〇〇〇年三月版
《花之寺．女人．小哥兒倆》　凌叔華著，人民文學出版社，一九八六年版
《胡適來往書信選》　中華書局，一九七九年版
《現代文學的早期女作家》　陳敬之著，台灣成文出版社，一九八〇年版
〈《花之寺》序〉　徐志摩，《新月》第一卷十號
〈冰心眼中的徐志摩〉　桑龍，《文匯晚報》，一九九八年十月九日
〈徐志摩的八寶箱：一筆糊塗帳〉　卞之琳，《文匯讀書週報》，一九九四年一月十五日
〈此中果有文章〉　韓石山，《文匯讀書週報》，一九九八年二月七日
〈凌叔華．現代文藝．志摩遺札〉　《新文學史料》，一九九〇年第一期

內容簡介

今天一般讀者所熱衷於徐志摩者，皆是其喧騰一時的婚戀情事，對於他的文學成就相對來說較少關注。事實上在他短短的三十六年（一八九六—一九三一）生命中，創作僅僅約十年，便得許多精采篇章傳世。被茅盾譽爲「中國文壇傑出的代表，在志摩之後未有與並駕齊驅」。

一九二二年徐志摩歸國後積極投入新文化運動，爲文、教學傳揚新觀念，成立詩社，從事編輯出版，探索白話詩的形式與內涵，創作與譯著並舉。其與同時代人之間斯文往來，所形成的文化流風，乃是百年間難得再有的盛況。

一般人只說他風花雪月，卻較少人注意他積極認眞的這一部分。與當時的文人一樣，他也關懷中國的前途、社會觀念的改造。除在婚姻觀念上的身體力行外，他還撰寫散文〈政治生活與王家三阿嫂〉可說是一篇政治宣言。而早在他於哥倫比亞大學時，即對社會改造投注關懷，還被取外號爲「布爾什維克」。一九二三年發表〈就使打破頭，也還要保持我們靈魂的自由〉，支持北京大學校長蔡元培在「羅文幹案」所採取對北洋軍閥不合作的立場。

他對當時的中國社會還提出批評，認爲「文明而沒有靈魂，一個浮游著一堆體力弱、智力低，在德性上是懦夫，在靈性上是叫化子的國家，自然而然的就出現了文藝與人生隔絕的狀況」。他在〈藝術與人生〉中說：「正因爲我們沒有生活，我們才沒有藝術」。

對徐志摩來說，藝術即是他的生活，生活即是他的藝術。他是一個認眞生活的人，而且他就是要用他的理想硬生生地放到他的生活之中，以眞實的生活與作爲來檢驗他的理想。與他同時代的知名作家柳存仁說：「他的人格就是他的天才」，可以說是洞見。

徐志摩最大的信仰是「自由」，詩人楊牧評論時說：「徐志摩代表了一種個人的，獨立，自主的精神，在二十世紀前四分之一的中國，或甚至全世界，都是不平凡的。」

本書較多著墨在徐志摩的文學生活部分，以及他與他那時代許多精彩文人的往來互動，所形成的二十世紀中國最具華采的人文景觀。

作者

方慧

一九七一年生，湖南岳陽人，愛好音樂及文學。一九九二年畢業於湘潭師範學院歷史系。此後在湖南岳陽市第七中學執教七年。在從事教學之餘，經常閱讀有關中國近現代史上人物及思想研究的著作，了解有關研究現狀。一九九九年進入南開大學歷史系，攻讀中國現代史碩士學位，師從王永祥教授。

審訂者

李喜所

河北涉縣人，一九四六年十月生。一九七〇年畢業於南開大學歷史系。現任南開大學歷史系教授、博士生導師、中國教育研究中心主任及美國黃興基金會研究教授。主要著作有《近代中國的留學生》、《近代留學生與中外文化》、《近代中國的留美教育》、《譚嗣同評傳》、《容閎傳》、《梁啓超傳》（合著）等，發表論文百餘篇。曾被聘爲客座教授赴德國明斯特大學講學，及交換研究員赴日本早稻田大學從事學術研究，並前往英、美、法、荷、瑞士等國進行學術訪問。致力於中國近代文化史、留學史及中外文化交流史。

校對

關惜玉

輔仁大學中文系畢業，資深編輯。

責任編輯

馬興國

中興大學社會系畢業；資深編輯。

國家圖書館出版品預行編目資料

百年家族——徐志摩／方慧作.－初版
臺北縣新店市：立緒文化，2002（民91）
面；　公分.(新世紀叢書)

ISBN 957-0411-47-3（平裝）
1.徐志摩——傳記

782.884　　　　91001097

百年家族——徐志摩

出版——立緒文化事業有限公司
作者——方慧
審訂——李喜所

發行人——郝碧蓮
總經理兼總編輯——鍾惠民
副總經理——陳蕙慧
業務部經理——黃照美
編輯——許純青
行政專員——林秀玲
行銷專員——林時源
地址——台北縣新店市中央六街62號1樓
電話——(02)22192173・22194998
傳真——(02)22194998
E-Mail Address: service@ncp. com. tw
劃撥帳號——1839142-0號　立緒文化事業有限公司帳戶
行政院新聞局局版臺業字第6426號

行銷代理——紅螞蟻圖書有限公司
電話——(02)27953656　傳真——(02)27954100
地址——台北市內湖區舊宗路二段121巷28-32號4樓
排版——伊甸社會福利基金會附設電腦排版
印刷——祥新印刷股份有限公司

法律顧問——敦旭法律事務所吳展旭律師
國際通商法律事務所黃台芬律師

分類號碼——782.00.001
ISBN 957-0411-47-3
出版日期——中華民國91年　2月初版　一刷(1～4,000)

定價◉350元